햇빛 속에 도망친

햇빛 속에 도망친

이정미 수필집

수필과비평사

작가의 말

나이 40에 대학원 석사 과정에 입학하여 비교문학을 전공하게 되었다. 물론 20대 중반에 같은 대학원에서 '교육 사회학'을 전공하였지만 건강도 좋지 않았고 애착도 크지 않아 중단하고 말았다. 20 대부터 문학에 관심이 많아서 대학원에서 문학을 전공하고 싶었으나 뜻대로 되지 않았다. 그 아쉬움이 항상 남아있던 터라 교직 생활 중 하루를 빼기도 하고 다른 하루는 오전에 일찍 끝내고 하여 편도 4시간이 넘는 거리를 2년 반 동안 왕복하였다. 그 때 유일하게 작품 평을 할 수 있는 시간은 새마을호 기차 안에서였는데 시 한 편을 읽고 감상평을 여백에 틈틈이 써두는 게 그렇게 재미있을 수 없었다.

그 때나 지금이나 나는 시평을 학문적으로 딱딱하게 접근하는 것이 싫었고, 후에 내가 이에 관한 책을 쓰게 된다면 학자와 일반 독자 중간 정도의 감상평(semi-critics)을 해보고 싶다는 바람이 있었다. 무슨 이론이나 사조에 비추어서 평하는 시평이나 소설평을 개인적으로 그다지 좋아하지 않을뿐더러 시나 소설이 시대적인 배경의 영향이나 요소를 지니고 있기는 하지만 어떤 주어진 틀 속에서 작품을 분석하는 방식이 탐탁지 않았기 때문이다. 그리고 학문적 전문 서적을 발간하고 싶은 게 목적이 아니라 어떤 문학작품을 읽고 자신도 한 독자의 눈으로 여러 관점에서 작품을 읽을 수 있음을 다른 독자와 공유하고 싶다는 생각이었다. 또한 한 작품에 대한 감상평도 다양한 관점에서 독해될 수 있다는 점이 작품을 읽는 매력이자 독자들의 존재 이유가 아닌가하는 생각이 있었기 때문이었다.

그런 의미에서 이 작업들이 꽤 많은 시간을 두고 틈틈이 이루어졌음을 밝힌다. 맨 처음 타인의 시를 읽고 그 시에 빠져서 '시평'이라는 것을 써 본 것이 1989년 한국일보 신춘 당선 작품인 노용희 시인의 '풀'이라는 작품에 대해서다. 시 전공 수업에서 그 평을 발표했다가 박사과정 남자로부터 엄청 깨졌어도 눈 하나 깜짝하지 않았다. 어떤 작품을 읽고 어떤 독자가 평을 하는 것은 전적으로 개인 취향에 의한 문제라고 생각되었기 때문이다.

석사 2학기 때는 시인 한 분씩 초청해서 그의 작품에 대한 공부를 하게 되었다. 그 때 황동규 시인의 『풍장』을 공부하는 순서가 있었다. 지도교수님이 시인의 시를 분석하고 할 얘기 하고 싶은 사람은 해 보라고 기회를 주셨다. 나는 발표자도 아니었고 미리 얘기하려고 준비한 것도 없었지만 무심코 손을 들었다. 내 얘기를 다 듣고 난 후, 황 시인은 "내 작품을 100% 이해하고 있다"라고 말씀하셨다. 20명이 넘는 석 · 박사 과정 학생들이 갑자기 조용해졌다. 이날의 기억이 아직도 생생하다.

토요일 오전 수업을 마치고 교수님을 모시고 대학가에 위치한 삼겹살집에 들렀던 날이다. 음식이 나오기 전 분위기도 그렇고 해서 교수님 시집에서 어느 어느 구절은 장자의 '나비의 꿈'에 견주어 보며 읽었다고 말씀을 드렸더니 "학생, 몇 학기인가?"라고 바로 물어오셨다. "석사 2학기입니다"하고 답을 했더니 "고대 국문과는 당분간 석사 과정이 쥐고 흔들 게 생겼구먼." 한마디 하시던 것도 기억에 새롭다.

그렇게 알아주면 알아주는 대로 아니면 아닌 대로 나는 내 식으로 작품을 이해하고 받아 들였다. 학자가 되고 싶은 것도, 전문 연구가가 되고 싶은 것도 아니고 나는 그저 내 방식대로 즐기고 싶을 뿐이었다. 지금도 같은 생각이다. 붓 가는 대로 마음 가는 대로 유유자적하며 쓰고 살다 가는 것이 내 역할을 다하는 것이라는 생각이다.

"사사미 짐대에 올아셔 해금을 혀거늘"*

* “사샤미 짐대에 올아셔 해금을 혀거를 드로라”: 고려가요 〈청산별곡〉에 나오는 대목인데 ① 천하고 외설스런 장면을 희학적(戱謔的)으로 묘사, 또는 세상을 조롱하는 오만한 해학어, ② 사슴으로 분장한 산대잡희배(山臺雜戱輩)의 놀이, ③ 기적을 노래하는 당시대의 관용구 등 여러 가지 풀이가 있다. 〈다음 백과〉에서 인용. 본인은 ③의 기적을 바라는 염원의 의미로 우리 인생에서 간절히 바랄 수는 있으나 이루어질 수 없는 불가능의 고독이 절절히 배어 있는 느낌으로 차용하였음.

출구상실

李 廷 美 <대학원 · 교육학>

「알리바바와 40人의 도적」에서는
열려라 참깨! 이 암호 하나면
바위門도 열리었다

여러차례의 出구상실에
여전히 욕망은 울음을 끙끙앓고
膿瘡에 가까운 상처에도 아랑곳없이
부끄러움 모르고
5月을
완고한 그리움은
통째로 띄운다

욕망은 숨이차다
헬렌이여! 가장 힘센 男子를 따르라
迷惑을 운명보다 강하게 흩뿌리어
잠시만 깨금발로
잠시만 더

수식어를 잘라버린 간결한 말투처럼
出口는 어이없이 막혀 있었고
암호마저 잃은 절박함은
가로놓인 시간의 江에
교만하게 힘찬 절벽의 山으로
빠른 5月의 배를 띄운다

아라비안 나이트에서는
분명히
그 암호로 바위門도 열리었는데
미움보다 단단한 마음의 門은
어떤 암호일까?
열려라 참깨!

바오밥 나무 봉선화
– 바오밥 봉선화

봉선화 한 그루 시골 농가 대문 앞에 우뚝 버티고 있었다
작은 식물 바오밥나무였다
본래줄기는 봉통아리져서 몇 가닥의 인삼 하체였다
쏟아 붓는 태양의 작렬에 녹아내리다 용암으로 굳어졌는가

울 밑에 선 여릿한 자태는 간 데 없고
햇살의 따가움과 바람에 씻기어
바다에서 소금바람에 내어 말린 선원의 등짝
떡 벌어져 땅 위에서
꽃대궁 색깔도 구릿빛으로 물들고

누구를 맞이하려는가
굵은 모가지로 받아치는 분기탱천한 땡볕
애달픈 그리움은 설 곳을 잃어
나무의 우직한 탄탄함으로
서러움일랑 걷어차버리게나
장독대 뒤편 그늘에 몸 기대어

언니들의 손톱 위에서 한 줄기 빛이었거늘

보아라
애절한 한의 가락으로 연명하던 울 밑에 선 봉선화도
백 년의 세월 겪고 나니
땅 위에 딱 버텨 봉통아리진 불룩함과 구릿빛 갈색
다시는 흔들리지 않겠다는
우렁찬 함성
뒤로 물러서지 않겠다는 뿌리의 내뻗음
바오밥나무 봉선화
찾아 나서겠네

목차

짧은 생각들

독후감

시를 읽고

기형도와 다른 시인들의 작품에 관한 감상

단편소설

짧은 생각들

명량 – 그 가볍지 않은 이야기

아리스토텔레스의 비극에 대한 정의를 나름으로 이해한 한 문장을 주문처럼 외우던 시절이 있었는데….

'명량'에서 다루고 있는 비극도 본질은 그 궤를 같이 하고 있다고 여겨진다. 12척으로 330척에 대항에서 싸우고자 하는 것은 오직 나라와 백성을 향한 '의리'때문이라고 이순신 장군은 말한다.

'의리'란 배반할 수 없는, 저버릴 수 없음을 일컫는 말이다.

"신에게는 아직 열 두 척의 배가 있습니다." 너무나 어처구니 없는 기가 막힌 상황인 것을 장군인들 몰랐을까.

그리고 12척의 배가 다 나간 것도 아니고 장군의 배 한 척이 앞으로 나아가서 고군분투하며 승기를 잡자 김응겸과 안 위의 배가 와서 도왔다.

배 31척의 완파와 수 십 척의 반파 그리고 수 천 명의 왜군 병사가 수장되었음을 역사가 전하고 나머지 배들은 전의를 상실해서 후퇴하였다. 이것이 명량대첩의 역사적 사실이다.

그런데 무엇이 이 영화를 이토록 단숨에 천 팔백만 관객을 동원했는가.

우리 모두는 처절하리만큼 비극적인 상황에서도 굴하지 않는 용기와 추진력을 가진 나라와 백성을 위한 지도자에 목말라하고 있는 것이다. 만화라는 허구라고 할지라도 독자들에게 전혀 긴장감을 줄 수 없는 133 척에 맞선 12척, 그럼에도 불구하고 12척의 배가 있다고 전의가 꺾이지 않았음을 임금께 전하는 신하의 의지는 그 진정성으로 인하여 화약을 지고 기름통에 뛰어 들겠다고 하는 무모함과 처연함을 안겨줌에도 하염없는 눈물을 촉발시킨다. 즉 비극적 상황에 맞서는 한 인간의 결연한 의지를 다루고 있기 때문이다. 즉 아리스토텔레스는 쓰나미에 의한 죽음 쪽이 아니라 전장에 나서기 전 처자를 베어 버린 의지가 작용한 계백장군의 행위를 '비극'이라고 보는 것이다.

다음은 배우 최민식의 묵직한 카리스마의 명품 연기다. 내면의 중후함에서 배어나오는 선굵은 연기와 목소리는 자잘한 대사가 많지 않은 이 필름과 궁합이 딱 맞아 떨어진다.

대사가 많지 않음과 스토리의 평면성이 명품 배우 최민식과 잘 어우러진다.

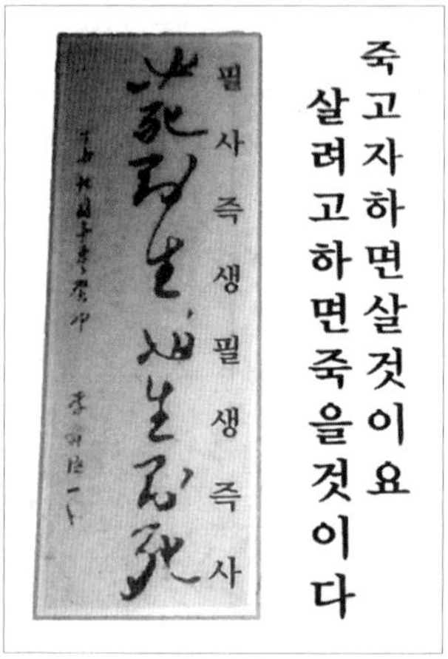

그리고 상당 수의 관객이 어떻게 이겼는지 궁금해서 영화를 보러 갔는데 보고 난 후에도 여전히 어떻게 이겼는지 모르겠다는 말이 상당히 이 영화의 미학적 부분을 대변하고 있다. 예술은 약간 애매모호하고 어렴풋한 장치가 있을 때 훨씬 매혹적이다. 장군과 수병들이 '필사즉생 필생즉사'로 싸웠기 때문에, 이순신 장군의 뛰어난 전략 때문에, 그 마을 노인의 경험에 의한 울들목 물살에 관한 지식 전수 때문에, 의리에 찬 전령사 역할을 했던 벙어리 아내 낭군의 목숨 건 희생 때문에, 혹은 이순신 장군이 말한 천행 때문에….

그런데 아들 회를 통해 반문케 하고 있다. "아버지, 천행이라 하심은 울들목 회오리입니까?"

그 때 이순신 장군은 "혹은 백성일 수도…."

KBS 〈강연 100도씨에 관하여〉

오래 동안 꿈꾸어 왔던 일반인들이 강연자가 되어 청중들 앞에서 자신의 얘기를 온전한 주인공이 되어 전달한다는 것은 뜻깊고 멋진 일이다. 이 프로그램이 장수 프로그램이 되기 위해서는 먼저 강연 내용의 다양성을 추구해야 한다고 생각한다. 지금은 한결같이 '고난 극복'이라는 주제에 한정되어 있기 때문에 다소 식상함을 느끼게 된다. 어느 프로그램이 꼭 어떠해야 한다는 일정한 틀은 거론할 필요는 없지만 좀더 '나은 방향'은 있지 않을까 한다. 가끔 들어가 보게 되는 미국의 한 강연 프로그램은 주제가 다양해서 참 와 닿는다. 가령 조명에 관한 이야기를 여러 각도에서 살펴 본 이야기, 여성학자의 이슬람 경전인 코란에 대한 소개, 여성 설치 미술가가 외국의 해변가에서 그물이나 배를 보고 얼마동안 놀기만 하다가 나중에 그 소중한 경험이 자산이 되어 고국에 돌아와 유명한 설치 미술가가 된 이야기, 카이로에서 민주화 항쟁을 트위터로 알리기 시작한 것이 민주화 투쟁의 선봉이 되었던 이야기, 시를 들려주던 연사, 싱가폴에서 최초로 간이식에 성공한 여의사의 교도소 죄수들에 얽힌 이야기 등등 참으로 그 주제와 소재의 다양함에 놀라운 것은 아직도 우리 사회가 추구하는 가치나 생활의 패턴이 다양하지 못하기 때문이 아닌가 한다. 그 많은 주제의 다양함 가운데 강연 후에는 따뜻한 인간미나 즐거움이 느껴지곤하는 체험을 하게 된다.

두 번 째는 버튼을 눌러 공감온도를 공개하는 것을 중단해야 한다고 느낀다. 우리 방송계에 오디션 열풍이 일기 시작한 것은 '브리튼즈 갓 탤런트'의 영향이 컸다고 생각한다. 거기에 작년에 '나가수' 열풍이 한 몫 하면서 곧 시들해지고 말 토너멘트 식 탈락이나 꼴찌 탈락이라는 불편한 수식어가 지리잡기 시작했는데, 이와 유사한 공감지수라는 조어로 강연자들의 고유한 정서와 인생관과 커리어를 존중하고 있지 않다는 불편한 심기는 강연자들만의 것은 아닐 것이다. 시청자로서 잘 듣고 난 후에 공감지수 점수를 보고 있노라면 왜 저런 일을 하고 있을까라는 의구심마저 지우기 어렵다. 강연자들이 신명나게 이야기할 수 있는 분위기를 거세시키는 느낌도 들기 때문이다. 개인적으로 다른 방송국의 〈스타 특강〉의 스타일과 분위기가 더 재미있다. 물론 차별화나 개성은 두 말할 나위가 없으나, 제목 100도C 때문에 공감지수 측정을 그만 두기 어렵다면 그 또한 형식적인 틀에 갇히는 꼴이 될 것이다. 수치화 하지 않는다고 해서 제목 100도C의 비등점이 내려가는 것이 아니다. 연사들의 강연 내용과 메시지 전달의 정열과 진실성이 살아 용솟음 친다면 언제나 그 강연은 제목처럼 100도C로 끓고 있을 것이기 때문이다.

신부님, 읽어 보시겠어요?

신부님을 처음 뵌지가 언제였는지 정확하게 기억나지는 않지만 아마 그 때가 처음이었지 않나 싶어요. 저는 작년 봄에서 여름에 이르는 기간 동안 크고 작은 일들을 겪으며 심각한 위기를 겪은 시절을 보냈습니다. 정신적으로 큰 충격을 받아서 신체에 이상이 생겨 수술을 받느라 한달간 휴직을 하기도 했으니까요. 어느 정도 정신과 육체를 추스리게 되자 거의 2년 동안 제대로 참석하지 못했던 미사가 그리워졌습니다. 위기를 무사하게 넘긴 데에서 오는 안도감과 주님에 대한 감사함으로 성당을 찾았습니다.

그 전에도 그리움이 물밀듯이 가슴을 연보라빛으로 물들이면 가벼운 차림으로 집 가까이에 있는 성당에 들러 그 주변을 꽤 오랫동안 산책하곤 했지요. 지금은 아스팔트 도로포장이 되어 전혀 옛 모습을 찾아 볼 수 없게 되었지만 큰 과자 공장 사이로 풀 숲길이 줄곧 이어져 있었고 연못은 연잎과 연꽃으로 빽빽하게 들어차 있어 우렁찬 개구리들의 울음소리가 아니라면 물이 있다는 사실을 잠깐 잊을 정도였습니다. 풀 숲길의 먼 끝 간 데를 바라보고 있노라면 저 끝까지야 갈 수 없지 하는 눈의 게으름과 어느새 절반 너머를 걷고 있는 발길의 부지런함 사이에서 저의 입가에는 주체할 수 없는 연보라빛 그리움이 그만 서서히 잦아들어 달콤한 미소로 피어나 시계풀 꽃의 하얀 꽃 더미를 그윽한 눈길로 어루만지곤 했답니다. 그런 그리움을 간직하고 있는 초여름의 성당 잔디밭에 들어섰습니다.

훤칠한 한 청년이 평상복 차림으로 막 걸어 나오고 있었습니다. 직감으로 보좌 신부님이신 것을 알아 차리고 공손하게 고개 숙여 인사를 했지요. 신부님은 그동안 자주 보지 못한 신자라는 느낌이 드셨는지 잠깐 저에게 눈길을 주셨던 것으로 기억합니다. 그리고 난 후 한두 주 걸러 미사에 참석하다가 십여 일간의 유럽 여행으로, 그것으로나마 고갈되어 가던 생활의 활기를 찾게 되어 그 후론 한 주도 거르지 않고 미사에 참여할 수 있었습니다.

신부님, 십여 일간의 유럽 5개국 여행은 주마간산 격이라 할 말은 없고 기분전환으로 충분했다고 느껴지는데요, 이집트 여행은 말씀드리고 싶어서 참기 어려워요.

아부심벨에 있는 크리스티앙 자크의 소설로 먼저 만났던 람세스

2세와 그의 아내 네페르타리, 그들의 조각상은 3천여 년 전에도 우리와 똑같은 영혼과 육체를 지녔던 인간들의 삶이 조금도 퇴색되지 않은 채 그 현존을 들이 내밀고 있는 도도한 시간의 흐름 앞에서 당혹감을 느끼게 했구요. 지금 막 그린 것처럼 생생한 벽화의 색감만으로는 3천 여 년의 시간은 티끌에 불과하나 우리 인간의 가엾은 한 生으로 치자면 상상이 안되는, 3천 여 년이 품고 있는 시간의 아이러니. 그것은 크리스티앙 자크가 30년 동안 품었던 이집트에로의 열정과 지성이라는 암호 해독 장치를 비록 지니고 있지 못한 제 입장에서도 꽤나 할 말이 많은 '꺼리'를 제공해 준 이집트에서의 열흘이었답니다. 그리하여 사막에서 부는 바람, 생각보다 훨씬 높은 낙타등, 허리를 계속 구부린 채 내려가야 했던 피라미드, 새벽길을 마차로 달리는 여유로움, 나일강에서의 돛단배 여행, 알렉산드리아 해변에서 그리스 해안을 바라보았던 일 등 하나에서 열까지 그 모두가 어제와 오늘, 번영과 쇠락, 생성과 소멸, 사랑과 미움, 부와 가난, 아름다움과 추함 등 테제와 안티테제로 이루어진 인간 삶의 현장을 극명하게 보여 주고 있어서 닿을 수 없는 '거리'에 대한 인식으로 도처에서 그리움을 더 많이 느낄 수 있는 곳이었어요.

겨울에 가본 이집트라는 곳은.

여름의 끝자락이 아직은 그 눅눅함으로 쉬이 초가을의 문턱을 단숨에 넘어서지 못하던 무렵, 신부님은 저녁미사에 청년연합 성

가대 노래모음을 미사에 참여한 전 신자들이 부를 수 있도록 연하늘색 표지의 책자로 만들어 성당 입구에 비치해 놓으셨어요. 그리고 한두 주일은 어색하겠지만 곧 익숙해질 거라는 말씀을 미사 시간에 하셨을 때 신부님에 대한 저의 그리움은 싹트기 시작했는지 모릅니다.

그 후론 신부님이 강론 중에 하셨던 말씀이 생활을 하는 가운데 저의 마음의 시냇가에 가볍게 물살지어 흐르곤 했습니다.

"너 어떻게 사랑이 변하니?"라고 묻는 남자의 질문에 "너 어떻게 사랑이 안 변하니?" 라고 묻는 여자의 표정을 전해 주시며 아마 인간이기 때문에 변할 수 밖에 없을 것 같다는 생각이 들기도 하셨다는 허 진호 감독의 〈봄날은 간다〉가 그 가을의 문화코드로 읽히고 있었다는 것은 한두 달 후에 서점에 가서 서너 시간씩 앉아 거의 모든 잡지를 섭렵하면서 알게 된 사실이었습니다. 그 후론 TV 코미디 프로에서도 그 대사를 패러디화한 것을 맞딱뜨리게 되었구요. 지난 가을의 가장 독특한 문화 언어로 회자되었던 그 대사가 있는 영화의 감독이 대상을 수상했다는 소식도 얼마전에 신문 지면을 통해 접하게 되었답니다. 아직도 전 안보고 있습니다. 신부님의 강론으로 들었던 그 대목이 아직도 그리움으로 물들어 있어 한 떨기 안타까운 이슬로 영롱하게 떨고 있으므로.

그러던 깊은 가을이었습니다.

저는 그날 일곱 시간을 걸었습니다. 제가 무작정 걷게 된 것은 어머니를 잃은 후부터였습니다. 마음을 어디에 앉히지 못한 채 하염없이 걷다 보면 버스터미널에서 집에 다다르게 되었고, 불쑥 집을 나서게 되면 어느새 대 여섯 시간을 걷고 있었습니다. 처음에는 걷는지조차 의식하지 못한 채 행했던 일이 지금은 저의 소중한 취미가 되었습니다. 저는 그날 먼 곳까지 걷도 난 후에도 끄덕없이 미사에 참여할 수 있게 되어서 속으로 콧노래를 흥얼거리면서 미사책을 사려고 발걸음도 상쾌하게 계단을 내려가고 있었습니다. 신부님께서는 미사집전을 위해 좀 일찍 계단을 오르려고 하시던 때였습니다. 깊숙이 고개를 숙여 인사했습니다. 아무 말없이.

안녕하세요?

생각지도 못했던 큰 목소리와 함께 빨갛게 물들어 버린 신부님의 얼굴.

저의 그리움의 엽서는 시위가 당겨져 이미 제 손의 영역을 벗어났습니다.

신부님, 읽어보시겠어요?로 시작되는 넉 장의 엽서는 두 달 동안 저의 삶 전부였습니다. 부끄럽지 않았습니다. 감추고 싶지도 않았습니다. 첫눈이 내리던 날은 친구와 커피를 마시면서 신부님을 노래했고, 크리스머스 전야엔 성당을 꽉 메워 발디딜 틈도 없이 떠밀려 내려왔던 그 밤의 장엄한 미사의식 때에는 기쁨과 설레임으로 충만되어 신부님과 함께 화려한 자정

을 맞이할 수 있었으며, 터어키나 스페인에로의 여행은 다음 기회로 미룰 수 있어도 신부님이 1월에 떠나실 때까지는 미사에 빠질 수 없었던 저의 절박했던 그리움을 저 혼자의 글로 음미하고 있습니다.

아직도 저는 꿈꾸고 있습니다.

신부님, 읽어 보시겠어요?로 시작되는 저의 엽서가 언젠가 절실하게 다시 신부님 곁에 자리할 수 있기를….

그 엽서에는 다음 귀절도 띄어 보낼 것입니다.

「인생을 다시 살 수 있다면
더 많은 실수를 저지르리라.
긴장을 풀고 몸을 부드럽게 하리라.
이번 인생보다 더욱 우둔해지리라.
가능한 한 매사를 심각하게 생각하지
않을 것이며 더 많은 기회를 포착하여
과감하게 부딪혀 보리라.
산에도 더욱 자주 가고
수영도 많이 하리라.
…
실제적인 고통은 많이 겪을 것이나

상상에 의한 고통은 가능한 한 피하리라.

…

이제 인생을 다시 살 수 있다면 장비를
간편하게 갖추고 여행길에 나서리라.
초봄부터 신발을 벗어던지고
늦가을까지 맨발로 지내리라.
춤추는 곳에도 자주 가리라.
회전목마도 자주 타리라.
데이지 꽃도 많이 꺾으리라.」

– 켄터키에서 살다 돌아가신 나딘 스테어란 할머니가 85세 때 쓴 글.

〈송봉모 신부님 저 「고통 그 인간적인 것」pp. 101–102 에서〉

하수동 빈터의 옥수수와 깻잎은 기억하는가

그렇다.

천 년 전에 본 적이 있다. 바닷가에서 그 때도 이렇게 나란히 앉아 있었었다. 지난 시간들이 상흔의 허물을 깨끗이 벗어 내던져 버리고. 가슴 속에선 사정없이 둥둥둥 울리던 여명의 북소리가 아직은 이르게, 상쾌한 새벽 대기의 투명함을 타고 전달이 될까봐 조바심하던 남산의 푸르른 잔디는 봄을 만나 예전의 그대로 푸른 빛이건만 꽃이 피어도 네 곁에 나는 없다.

은빛가루가 되어 중량없이 낙하하던 동숭동 골목길 가로등 불빛의 현란함 때문에 혹시 자신의 물리적 결함을 미처 깨닫지 못한 것은 아닌가 하고 유쾌하게 등뼈를 곧추 세우고 걸음걸이를 바로 잡아 보려고 애쓰던 그 부우옇던 불빛은 수 만마리 은빛 새들의 축복의 비행처럼 보이기도 했던 것을. 흔히 행복할 때에는 그것을 느끼기가 어렵다는데, 자신이 미혹되어 있음을 충분히 감지할 수 있는 행운까지 얻어 [모래가 산만큼 높이 쌓여서 새 한 마리가 모래 한 알씩 물어 가서 산이 없어지고, 한 알씩 물어 와서 산 만큼 다시 쌓고, 이러기를 수없이 해도 그것은 영원의 처음 시작도 아니됨] 이라는 J. Joyce 소설의 한 구절을 떠올리고, 지금 느끼는 이 미망이 앞으로의 많은 날들에 비해 채 시작도 아니 될 것이라는 득의만만한 만선의 깃발을 흔들어 보였다. 모두를 향해서. 엊그제 중앙청 맞은 편, 미풍의 봄 인사로, 가로수 이파리들의 초록별 명멸은 은빛 새들의 날개짓을 불러 들이고 그것을 바라보는 난 공허처럼 행복했다.

불안은 태동했다. 쉽게 대하려 하는구나. 조금은 삭은 기분으로 그러나 분명한 것은 좋았으므로. 삶의 일회성을 생각하고 조르바를 기억해내곤. 확대경으로 물을 보면 대장균이 우글거리는데 마시지 않을거냐, 확대경을 치우고 물을 마실 거냐. 인간의 입장에서도 신의 심판에서도 과연 어느 쪽을 벌할 것이냐. 욕망의 극기를 통해 super ego에 이르는 것이나 욕망의 충족으로 다다르는 것이나 방법의 차이에 불과할 뿐인거다는. 동양인들은 욕망을 극소화함으로써 행복을 모색했고, 서양인들은 욕망의 극대화를 추구함으로써 행복을 탐색해 왔다는 행복관의 편린을 끄집어냈을 때, 욕망이 무한하다는 전제라면 동양인이 상수가 아닐까? 그러나, 어느 때 부턴가 욕망이라는 것도 인간의 욕망만큼의 크기일 거라는 나름대로의 체험에서 배태된 사고 때문에, 또 인간 욕망의 자유로움을 부르짖으며 살고 있는 이 시대적 상황 안에서의 인간인 까닭에, 조르바의 버찌 한 바구니에 상당한 공감을 하고는 자신의 불안을 위로하려 했으나, 이별의 불시착을 위한 최초의 꿈은 미끄러지듯이 찾아 들었다. 활활 타오르는 불을 꺼버리는.

초연이 쓸고 간 비목의 적막함도 가슴으로 느낄 수 있는 사랑스러운 남자 같았다. 노래자랑대회와 함께 남사당패가 떠오르고 전생에서 집시나 남사당패였음에 분명타는 천 경자의 긴 얼굴이 close-up 되었었고. 방방곡곡을 정처없이 떠돌아 헤매던 애끊는 정선 아리랑 가락이 그 그리움의 한 때문에 곡조를 이기지 못하고 자맥질하던 강물의 시퍼럼을 보았다. 어둠 속에서. 바람이 분다. 거대한 분노의 휴화선이 가슴의 심연에서 미처 다 꺼져 버리지 않은 불씨로 남아 있음을 보여 주었고, 정의의 깃발을 이념의 푯대 끝에 매달 줄 안 이의 위대로움에서 생기하는 숙연함의 기여로 끝까지 들어 주는 인내심을 발휘할 수 있었다. 난 눈물의 풍어가를 부르며 힘차게 닻을 던졌다. 영원을 위해!

갑시다! 이 섬짓한 한 마디는 온갖 좋은 인상. 기억 등을 일시에 상쇄시키도 남음이 있어 해일처럼 거대하게 분출하는 굴욕을 출산

시켰다. 신선히 들어 섰다. 위로 빼내 입은 남방셔츠의 앞 섶 양끝 자락에 싸아한 바람을 자그맣게 일으키면서. 그 날 따라 정결했다. 악수를 청했다. 언제 어디서 누구에게나 효과적인 당당함. 이것은 소리 없이 나의 영역을 조금씩 침식해 오고 여린 난 보호 본능으로 안으로 안으로 잦아들었다. 말이 되어 나오지 않는 답답함이 자리하기 시작했다.

물냉면을 맛있게 먹던 때의 이쁜 모습.

거리에 나섰을 때, 온 몸에서 발하는 신선함으로 합정동 로터리 일대의 공기가 녹원의 풋풋함이 부럽지 않은 초록으로 침착되어 가벼웁게 떠다니고 있었다. 같이 걷는 게 자랑스럽다는 사실을 처음 느껴 보고 저만치 떨어져 신선한 모습을 박아 두려 애썼다.

불과 며칠 전의 체념의 연습에도 아랑곳 않고 함께 할 수 있다는 기쁨이 나른한 권태처럼 온 몸에 스며 퍼졌다. 어느 새 마음은 빌로오드처럼 등불처럼 부드럽고 매끄러운 평온을 찾아 감미로운 기쁨을 도처에 끌고 다녔다.

계륵, 말조심을 해야 한다는. 삼국지를 열 번 이나 원서로 읽었다니 주유를 화 치밀어 등창 터져 죽게 한 제갈공명의 독심법도 여간 잘 알고 있지 않을 거란 생각으로 search light앞에 서 있는 당혹감에 잠시 사로 잡혔다. 그럼에도 불구하고 도시의 밤 속을 걸어가면서, 그 속에서 속삭임과 비밀스런 이야기의 작은 섬을 이루어 내고 있었다. 눈이 제일 게으르니라. 아찔한 만큼의 친밀감을 어떤 형태로든지 표현하지 않으면 안 되는 절박함을 느꼈으나, 힐끗 표정을 살펴보는 그 여유로움이 웬지 전 중량을 싣고서 다가오지 않는 미흡함-안타까움을 느끼게 해 주었는데도, 볼 수 없다는 것은 그보다 더 견디지 못할 듯 싶었다.

어차피 산다는 것은 phenomenon과 noumenon과의 거리를 산다는 것일 테니까. These와 Anti-these와의, 또 logos와 pathos와의. [표]와 [리]의, [실]과 [허]의, [이상]과 [현실]의, [꿈속]과 [실제]의, [말]과 [생각]의, [참]과 [거짓]의, [분노]와 [온유]의, [금욕]과 [욕망의 충족]의, [깸]과 [미혹]과 또 그리고 [돌아 가고 있는 세상]과 [그에 대한 반발]의, 좋으면 좋은 만큼 싫으면 싫은 만큼의 그 거릴 사는 것이다. 기본강령인 서로에게 호감을 느낄 수만 있다면, 보여도 주어도 모자라는 마음을 이끌어 내는 대상이 현존해 있다는-그것도 가까이에- 인식만으로도 행복할 수 있는 첫째 조건은 아니 될는지. 그러니, 지엽적인 것은 눈을 좀 작게 뜨고 보면 되는 것이겠거니. 설마 대상에 미혹되어 바다에 몸을 날려 버린 Sappho의 그 시심까지야 닮지 못했겠지.

영원히? 뽀그륵. 공기를 못 만나 말로 빚어지질 못하고 목구멍 속으로 이내 꺼져 버렸다. 영원히라면!! 다시 한 번 내부의 진홍빛 열정의 자아가, 굳고 시커멓고 무뚝뚝한 외부의 자아에 대한 모반을 강력하게 시도했다가 출구를 찾지 못하고 미로에서 헤맨 그 열기 탓으로 체적이 팽창 할대로 하여 펑! 가슴은 풍선의 공중 파열 모양 너덜너덜 튀어 올라 두 어 바퀴 선회했는데, 그것을 쳐다보느라 유일하게 남아 있는 머리를 들어 올리는 순간, 우뚝하게 잘 빠진 콧대만이 그 높이로 하여 시커먼 밤하늘 속에서 희게 빛나고 있었는데, 음영의 조화와 원체 그 자체의 탁월함이 조상의 그것처럼 어디서 비현실적인 기분을 드리우고 있었다. 눈을 감았으므로 해서 더욱.

그러나 많이 훔쳐보았다. 설레면서.

공항에는 나오지 말고. 그것도 마음이 쓸쓸해지니깐.

나는 보았다. 진실의 부재를. 나는 들었다. 말의 허허로움을.

정공법의 한계성을 스스로 드러내 보인 것이다. 더 이상 무게를 지탱치 못하고. 괜찮아. 한꺼번에 놀래키지 않으려고 가끔 자기 dogma에의 침몰을 어쩌다 슬며시 한 자락 밝히게 하는 고마운 배려도 잊지 않았었잖어.

다 그런 거지. 뭐 그런 거야 그러길래 미안미안해.

다행스럽게도 닭다리는 이미 뜯겨져 나갔기에 그 신파에도 어쩌질 못하고 보자기 안에 그대로 그렇게 편안할 수 있었다.

등등등등등등등등등등등등등등등등

조급함의, 안타까움의, 미흡함의, 미움의, 내주고 싶지 않음의,

붙잡아 두고 싶음의, 어떻게 해야 진실을 바로 보는 것인지의 끊이지 않는 북소리는 전화의 남저음 목청에서부터 골목굽이의 뒤돌아선 걸음걸이까지 망령처럼 따라 붙었다.

그 놈의 지랄 같은 북소리 땜에 도통 아무소리도 할 수 없었다.

통.

〈내 기다림은 끝났다.
내 기다리던 마지막 사람이
이 골목굽이를 넘어 간 뒤
인젠 내게는 기다릴 사람이 없으니〉

– 서정주님의 시 「기다림」 차용

– 4월의 극렬한 그리움이 대분화를 일으키던 비와 초록과 바람의 날에 –

〈삶과 더불어 흘러 가는 시간은 누구에게나 공평하게 주어진다. 붙잡고 못잡고의 차이가 있을 뿐이다. 누리고 못누리고의 다름이 있을 따름이다.

시간은 인간에게 결단을 떠맡긴다. 휘어 잡으면 휘어 잡힌다. 망가뜨리면 무너져 버린다. 시간의 미분인 순간은 인간에게 지체없는 결단을 요구한다.

일회의 순간과 일회의 삶을 어떤 모습으로 누리느냐는 인간의 결단에 달렸다. 거짓과 허황의 삶이 결단되었을 때의 비극을 돌아 본

다면 시간은 인간에게 어떤 결단을 요구하는지가 분명해진다.〉

– 모 일간지 논설위원 글 인용

관 속에 누워가다가도 주머니 속을 뒤지지 않을지 염려스러운 일이 있습니다. 0형이 00으로 떠나시기 전날, 본심과는 전혀 달리, 사실과 관계없이 그토록 무책임한 언어를 난발할 수 있었던 자신을 생각할 때, 공든 탑이 무너진 느낌입니다. 뭐가 한 꺼풀 씌였었다는 생각도 들고 또 한편으론 평소의 수양되지 못한 인격의 표출이 아니었나 하는 자책이 들기도 합니다. 내부의 자아와 외부의 자아의 일치도가 근사하면 할수록 인격의 성숙을 의미하는 것이겠지요. 걷잡을 수 없이 뛰노는 외부의 자아를 내부의 자아가 저지하지 못했을 때 빚어지는 현상은 필연적으로 자학일 수밖에 없을텐데 말입니다. 그런데 그것이 타인에 대한 공격으로 시위가 당겨지면 상대방은 어이없는 피해자가 된다는데 자못 간과할 수 없는 문제점이 있다 하겠습니다. 결국의 피해자는 본인 자신이라는 것은 말할 나위도 없겠고. 저는 저대로 내심은 전혀 그런 마음이 아니었기 때문에 쏟아 내뿜어지는 말들이 상대방의 자존에 심각한 영향을 미치리라고는 전혀 염두에 두지도 않은 터 이였으므로. (한 달 후면 나온다고 했다가 하루 만에 아주 들어간다고 번복하던 일, 꼼꼼하게 잊지도 않고 공항에 나오지 말라고 당부하던 얘기들로 온 신경이 곤두서 있던 참에 마지막 날에는 확신을 가질 수 있는 암시라도 있을까 해서 저녁부터 꼬박 앉아 전화를 기다린 결과 너무나 여유 있게 친구 집에서 전화를 한다는 얘기. 일련의 이러한 것들은 '헤어짐'을 통고하는 완곡한 표현으로밖에 생각할 수 없었던 것까지는 그럴 수 있다고 하겠는데, 이러한 느낌을 솔직하게 얘기하지 못하고 엉뚱한 방향으로 비난의 화살을 퍼부었던 것은 아무리 생각해 보아도 이해하기 어려울 정도의 유치함이었습니다.)

그토록 불안하던 이유가 '너무 좋음'에서 연유한 것이라는 사실을 왜곡하려는 불성실함을 타파할 수 있는 용기를 가지기만 하였더라도….

'실수 한다'는 것도 개인이 지니고 있는 '됨됨이'의 일면이라고 생각할 때, 과연 긍정적 차원에서만 이해될 수 있겠는가라는 의문이 생깁니다. 커뮤니케이션의 어려움을 이토록 절실하게 실감해보기는 처음인 것 같습니다. '말하기'보다 '제대로 말하기' 또는 '말하기의 어려움'을 배워야 하겠습니다.

인간이 어떤 일에 능동적이고 긍정적으로 임했을 때 결코 한은 남겨지지 않을진대 그렇지 못했을 때 그 찌꺼기를 용해하려는 허망한 몸짓을 이렇게 다시 한 번 연출해야만 하는 것이 그들의 생존방식인 것입니다. 처음에는 '만남'을 그르치게 한 직접적 요소로써 그 일을 후회하였으나, 시간이 흐를수록 자신을 사랑하지 않음에서 기인한 언행이었음에 부끄럽고, 더욱이 놀라운 것은 본심과 표현의 차이가 그토록 엄청날 수 있겠는가라는 것입니다.

살아오면서 이유 없는 '비틀림'을 너무 많이 자행해온 터라 '사귐'을 제대로 받아들이고 있는 자신이 대견스럽던 터이었는데, 잠재해있던 악습은 어김없이 출현하고 말았으니 또 다시 유치한 자아가 승리한 것입니다. 동시에 해원 같은 풍요는 흔적도 없이 사라져 버리고. 이러한 시행착오를 마름하는 날, 처음으로 인간이 될 수 있을 것 같습니다.

0형! 이렇게 글로, 밝히지 못했던 마음을 전달하는 행위가 자학과 등가물이라고는 생각하고 싶지 않습니다. 잘못된 일에 대해서 그 잘못을 명백하게 밝힘으로써 너무나 싸늘한 남남의 동행이긴 하나 오해만큼은 서로 지니지 말고 살았으면 하는 작은 바램인 탓입니다. 말이나 글은 어차피 삐뚤어지게 마련인 것을 감안한다면 이 작업에도 다소의 회의를 느끼지 않는 것은 아니나, 본인의 의지와는 전혀 관계없이 구심점을 잃어버리고 난무했던 언어들의 혼을 위로하고 잠재움의 의식-O형께 정중하게 진심을 전하는 일을 통해 한 해를 마무리할까 합니다

〈삶과 더불어 흘러 가는 시간은 누구에게나 공평하게 주어진다. 붙잡고 못잡고의 차이가 있을 뿐이다. 누리고 못누리고의 다름이 있을 따름이다. 시간은 인간에게 결단을 떠맡긴다. 휘어 잡으면 휘어 잡힌다. 망가뜨리면 무너져 버린다. 시간의 미분인 순간은 인간에게 지체없는 결단을 요구한다.

일회의 순간과 일회의 삶을 어떤 모습으로 누리느냐는 인간의 결단에 달렸다. 거짓과 허황의 삶이 결단되었을 때의 비극을 돌아 본

다면 시간은 인간에게 어떤 결단을 요구하는지가 분명해진다.〉

진실의 바른 숨결만이 순간을 영원으로 이어낸다. 거꾸로의 결단은 오명의 영원으로 떨어진다.

진실의 숨결만이 영원을 구한다.

진실의 숨결만이 영원을 구한다.

진실의 숨결만이 영원을 구한다.

Seattle의 여름

영화 제목을 통해서 시애틀이라는 지명을 들어 보았을 뿐 별다른 사전 지식없이 미국의 북서부에 위치한 시애틀에서 한 달간 연수를 받게 되었다. 7월 26일 13시간이 넘은 비행을 한 후에 Sea-Tac 공항에 도착하여 기숙사에서 여장을 풀고 다음 날 우리 연수 일정의 코디네이터인 신디 장의 안내를 받으며 시애틀 관광에 나섰다. 다음 날 미시간 주립 대학교에서 만든 미시간 테스트로 하루의 일정을 시작했고 오후는 말하기 인터뷰에 응했다.

첫 주 둘째 날부터 본격적인 수업이 시작되었다. 오전 수업은 두 그룹으로 나뉘어 회화 위주의 수업을 받았고, 오후는 20명이 함께 모여 수업을 받았다. 어디에서나 마찬가지로 말하기가 유창한 사람은 능동적으로 활발했다. 평소에 꾸준히 해 온 보람을 느끼는 순간이었으리라. 교육자의 입장에서 피교육자로 바뀌어서 어느 순간엔 대학생 시절로 되돌아간 느낌이 들기도 하였다. 그러나 국내에서 1급 정교사 연수, 생활 연수를 통해 원어민들로부터 다양한 게임과 방법을 이용한 강의 덕분에 현지에서 받는 수업의 형태가 우월하다는 느낌은 들지 않았다. 언어학을 전공한 어느 강사의 수업에서 발음 부분을 주의깊게 경청한 점이 새로웠다. 선생님들 모두 진지했다. 지나칠 수 있는 사소한 것이라도 강사들이 교정해 주거나 제시해 주는 문제는 꼭 해결해 보려는 성실함을 지니고 있었다.

그룹별로 나뉘어 게임을 통한 발음, 철자를 익힌 시간에는 점수를 좀 더 올려보려는 학생의 순진함과 열의가 뿜어져 나오고 있었다. 또 카세트 테이프 레코더로 일정 분량의 대화를 들려 주고 그 대화에 관한 여러 가지 질문을 던지는 것은 듣기 향상에 도움이 되었고 신체를 활용하는 게임을 이용한 수업 시간에는 앉아서 청강하는 것보다 적극적으로 수업에 참여하게 되는 장점을 지니고 있었다.

학교 방문은 한 번이었는데, 로튼 초등학교를 찾아서 학생들의 2개 국 언어 학습 현황에 대해 설명을 듣고 질문하는 시간을 가졌다. 교사의 설명만이 아니라 수업을 참관하여 보고 느껴보고 싶은 아쉬움이 있었다. 수업 프로그램은 오전에 강의실 수업, 오후는 현장 학습을 통해 현장에서 듣고 말하는 수업 공간의 변화를 확대하는 것이 좋을 것 같았다. 일주일에 한두 번 현장 학습이 있는 날은 활기찼기 때문이었다. 작은 아쉬움을 빼면 시애틀의 Washington 대학교에서 한 달 동안 받은 수업은 교사로서 끊임없이 배우고 연구하려는 마음가짐을 다지게 하는 충분한 자극제가 되었다고 생각한다. 말하기는 국내에서 꾸준한 연마만이 유일한 해결책이라는 자신과의 싸움을 숙제로 안고 돌아왔다.

이제 수업이 아닌 시애틀에서 보고 느낀 얘기를 해야 할 차례다. 첫 한 주는 다소 지루함을 느낄만큼 빡빡한 일정이었다. 그렇지만 기숙사에서 생활하게 되어, 같은 생활의 터전을 공유한 가뿐한 마음으로 수업이 끝나면 곧장 삼삼오오 짝을 지어 시내로 나가서 여러 곳을 돌아다녔다. 공원의 잔디밭에서 신문지를 깔고 누워서 일몰을 바라보던 흐뭇한 한가로움, 그것은 이효석의 '메밀꽃 필 무렵'에서 달빛이 흐뭇이 내리비치던 풍경만큼이나 한가로움을 누리는 기분은 물고기의 비늘만큼이나 생생하고 싱그러웠다.

파이크 마켓에서는 남대문 시장의 큰 규모와 분주함을 머리 속에서 그려보며 조용한 단조로움을 지켜 보았고, 스페이스 니들에서 내려다 본 시애틀의 밤경치는 세차게 불어오는 밤바람과 함께 인상적이었다. 어쩌면 우주의 어떤 곳에서 수많은 별똥별들을 바라보는 우주인의 기분이 그런 것인지도 몰랐다. 어둠 속에서 하얗게 빛을 뿜어대는 빌딩의 불빛들은 참 아름다웠다.

한 주를 마감하는 토요일, 우리는 밴쿠버로 떠났다. 버스로 국경을 넘나드는 첫 경험이었다. 여권을 소지하고 밴쿠버로 떠났다. 처음에서 비롯된 다소 긴장감을 느끼며 우리 일행은 통과의례를 거쳤고 캐나다에 입국하였다. 넓은 풀밭에 군데군데 건초 더미를 동그랗게 말아 놓은 것이 눈에 띄었고 크게 특기할만한 풍경은 만나지 못했다. 다음 날 차이나타운에 들러서 점심을 먹고 그들의 이국땅에서 뿌리내린 억척스런 삶의 편린들을 곳곳에서 훑어 보았고, 스탠리 파크와 서스펜션 브릿지에 가보았다. 서스펜션 브릿지는 대둔산에 있는 구름 다리 형태의 관광을 목적으로 한 다리였다. 돌아오는 길에 콜롬비아 대학 박물관에 들러서 다양한 형태의 토템들을 구경하였다. 나무로 깎아 만든 여러 형태의 부조물은 동 · 서양 어디에나 있었나보다. 나중에 시애틀 박물관에서 아프리카 전시관에서도 토템이 아주 많이 나열된 것을 보았으니 말이다. 우리 인간의 가장 보편적인 기복 신앙의 한 전형적인 형태를 보여주고 있었다.

둘째 주 화요일, 보잉사로의 현장학습이 시작되었다. 먼저 조그만 영화관에서 비행기 제작 과정의 필름을 보여 주었고, 안내원의 설명을 들으면서 우리의 방문은 점점 흥분의 고조를 띠게 되었다.

세계에서 가장 큰 규모의 공장을 둘러 보게 되었다는 점, 그리고 수 만 개의 부품이 조립되어 비행기에 부착되는 과정, 거기에 투입되는 인력과 기술은 가히 놀랄만한 것이었다. 비행기 제작 과정의 일부분을 지켜보며 느꼈던 일말의 씁쓸함, 그것은 미국이라는 나라의 자본과 기술이 마치 지구의 어떤 시대를 점령했던 거대한 공룡으로 느껴졌던 것이다. 물론 해설가의 설명에 의하면 보잉사의 존립의 이유는 전 세계를 통한 부품의 조립으로 전 세계의 경제에 공헌한다는 이유를 내세우고 또 부분적으로 그것이 사실일지라도 자꾸 어떤 단편 소설이 떠올랐다.

서양의 가죽 신발의 위세에 밀리어 꽃신의 수요는 점점 줄어 들고 그 명맥을 유지하기 어려운 여건 속에서 그대로 평생의 직업인 꽃신의 수를 한 땀 한 땀 눈물 어리게 수 놓던 한 할아버지의 모습이 눈 앞에 어른거렸다. 세계화라는 거센 폭풍 속에서 한국의 신토불이인 꽃신이 과연 살아 남을 것인가? 결론적으로 말한다면 힘있는 자의 문명을 빨리 받아 들여서 좀 더 발전시키고자 발버둥 칠 때만이 살아 남는 것이라고 역사는 냉엄하게 가르치고 있지 않은가?

보잉사에서 근무하는 우리 한국 사람의 열정적이면서 친절한 설명으로 보잉사에 관한 브리핑을 끝마칠 즈음, 그는 한 마디 덧붙였었다. 보잉기는 수 없는 과정의 검증을 통과하므로 안전하다고….

바로 그 날 대한항공사 보잉기가 괌에서 폭발하였다는 불행한 사건은 다음 날 신문과 뉴스를 통하여 모두들 알게 되었다. 그 분들의 명복을 빈다. 그러나 그러한 사고에도 불구하고 우리는 또 다시 보잉기를 타고 세계 곳곳을 누벼야 한다. 다시 말하면, 시련을 극복하고 우리의 힘을 기르기 위해서는 영어에 능통해야 하고 기술 도입에 앞장 설 수 밖에 없다는 것을 보잉사의 방문을 통해 새삼 확인하게 되었다는 점이다. 그래서 어느 날, 우리는 보잉사에서 만든 비행기보다 더욱 안전하고 편안한 비행기를 세계 곳곳에 수

출해야만 한다. 우리의 후손을 통해서 그 꿈을 실현시켰을 때라야만 보잉사의 방문은 그 의미를 갖게 될 것이다.

둘째 주 금요일, 그 즐겁고 순간 순간 환희를 느끼기도 했던 편안한 기숙사 생활을 마감하고 홈스테이로 생활의 패턴을 바꾸게 되었다. 낯선 집에서 생활하게 된다는 편안하지 않은 기분으로 모두들 조금씩 긴장하고 있었다. 단원들이 한 사람씩 호명되어 주인을 만날 때의 어색하고 상기된 모습들은 낯선 땅에 왔다는 실감을 조금 더해 주었을 뿐이었다. 홈스테이 생활은 대체로 기숙사보다 불만족스러웠다. 왜냐하면 홈스테이 목적은 가정 생활을 통해 상호 친밀감을 바탕으로 원활한 의사소통과 함께 미국인의 사고 방식과 문화 생활을 배우려는 데 그 목적이 있었으나, 절반 이상의 가정은 우리의 하숙 형태로 돈벌이의 수단으로 받아 들이고 있었기 때문이다. 그러한 점에서 홈스테이의 선별 기준이 좀 더 개선되기를 기대해 본다.

셋째 주 일요일, 시애틀에서 유명한 마운트 레이니어(Mt. Rainier)로 소풍을 떠났다. 그 곳의 화장실은 시애틀에서 처음 겪은 공중문화의 부재였다. 한 달 동안 학교, 박물관, 백화점, 음식점, 서점, 공항 등 많은 곳을 들르게 되어 사용한 화장실은 만족스러웠다. 세면대에는 어느 곳에서나 더운 물과 찬 물을 이용할 수 있었고, 액체 비누와 손 씻고 난 후의 온풍 건조기와 손닦이용 휴지가 비치되어 있었다. 그것들이 고장 나서 작동되지 않은 경우를 경험한 기억이 없었다.

마운트 레이니어는 4,300여 미터가 넘는 높은 산이었으나, 관광도로를 타고 거의 산의 정상까지 버스편으로 달렸다. 거의 같은 고도에 한 쪽은 들꽃들이 활짝 피어 있었고, 다른 한 쪽은 눈이 쌓여 있는 모습이 인상적이었다.

시애틀에서 경험한 가장 인상적인 일 한 가지를 들라면, 장애자 편의시설과 그들을 대하는 사람들의 마음가짐을 내세우는 데 주저하지 않겠다. 어느 날, 동료 선생님들과 시내를 나갔다가 돌아오는 길에 버스에서 윙윙윙 듣지 못한 소리가 울리기 시작하였다. 우리는 버스가 고장 난 모양이라고 이야기를 나누었고, 조금 후에 낯선 광경을 목격하였다. 운전기사가 버튼을 누르자 도로에서 기다리고 있던 휠체어가 올라올 수 있는 받침대가 내려졌고, 휠체어는 힘들이지 않고 버스 안으로 올라 왔으며 운전기사가 일어나서 무엇을 조작하자, 일정 공간의 의자가 버스 바닥 밑으로 사라지고 그 공간은 휠체어가 차지할 수 있는 넓은 공간으로 바뀌었다. 운전기사는 휠체어에 앉은 사람을 안전하게 보호하기 위하여 벨트로 휠체어를 버스에 연결하였다. 그리고 친절하게 묻는 것이었다. 편안하냐고? 그 불편한 사람이 내릴 때에도 운전기사는 조금도 서두르지 않고 온화한 표정으로 그 일을 되풀이하였다. 우리들은 그 모습에서 잠시도 눈을 뗄 수가 없었다. 그 뒤로 똑같은 일을 다른 버스에서도 일상적으로 목격하게 되었다.

또 버스의 바깥 쪽 앞부분에는 자전거를 올려놓는 받침대도 마련되어 있었다. 많은 이들이 자전거를 접어서 받침대에 올려놓고, 내릴 때에도 누구하나 서두르거나 재촉하는 사람이 없었다. 버스 안의 승객이나 당사자의 표정은 그런 일은 당연하고 자연스러우며 언제라도 그래야만 마땅하다고 말하고 있었다.

그들은 몸이 불편한 사람들을 아웃사이더로 내몰지 않고 함께 삶을 공유하는 공간과 마음가짐을 실천하고 있었다. 어느 곳에나 장애자용 화장실이 꼭 있었고, 모든 버스가 편의시설을 갖추고 있었고 공공 장소나 대형 마켓에도 휠체어는 준비되어 있었다. 그들이 그늘진 곳에서 생활하지 않고 자연스럽게 드러내어서인지 몰라도, 마주치는 곳곳의 몸이 불편한 이들을 일상의 눈길로 대할 수 있었다.

로스앤젤리스나 샌프란시스코가 아닌 시애틀에서도 많은 한국 사람들을 만나게 되었다. 워싱턴 대학교 교정에서, 대학가 음식점에서, 시내에서, 백화점에서 때로는 스치기도 하고 얘기도 나누었다. 이 많은 한국 사람들이 해외에 나와서 뚜렷한 목적의식을 가지고 삶의 현장에서 전력투구할 때 우리의 힘은 벽돌 한 장 한 장씩을 쌓는 응집력으로 나타나게 될 것이고 관광을 하면서도 배울 점을 한 가지씩 돌아와 실천한다면,우리의 생활은 서로에게 더욱 편안함과 신뢰감을 가져다 줄 것이라고 확신한다. 다른 것 다 제쳐두고 내 나라의 소중함, 내 가정의 소중함, 내 직장의 소중함을 다시 한 번 절실하게 느끼게 되는 체험만으로도 (그 느낌이 절절한만큼 우리는 애정을 쏟아 부을 수 있으므로) 해외 연수의 대가는 충분하다고 말한다면 지나친 역설일까?

소금 광산과 아우슈비츠 수용소

1시 40분 발 비엔나 비행기가 1시간을 연착하고 있다. 비행기를 몇 대 먼저 보내야 한다는 것이 지체의 이유였다. 지난 겨울 마닐라 발 인천행 비행기를 탔을 때에도 꼭 1시간을 지체했다. 그 때는 오지 않은 승객을 기다리고 있다는 어나운스멘트가 있었다. 1, 2 십 분은 흔하게 있었어도 1시간은 이 번이 두 번 째였다. 비행기 안이 너무 추워서 모포를 석 장을 달라고 해서 뒤집어 쓰고 있고, 찬 것에 반응하는 알러지가 있어서 줄줄 새는 콧물을 닦아 내느라 조금은 귀찮은 기분이다.

이번 동유럽 여행은 시드니행을 두 번 취소하고 난 후의 선택이었다. 한 번은 발권만 하고 티켓 구입은 하지 않은 채, 또 한 번은 티켓 구입을 하고 나서 항공사로부터 12만 원의 페널티를 물어야 한다는 통고와 함께. 그러나 페널티는 여행사가 나서서 잘 해결해 주었다. 맨유의 우승 퍼레이드 · 하이라이트 경기를 기내 TV에서 방영하고 있다. 축구를 제대로 알고 즐기기 시작한 것은 2002년부터였다. 그 때 히딩크라는 명장이 이끄는 한국 축구는 아무리 홈그라운드 이점이라고 하나 충분히 스릴 있고 박진감이 넘쳤다. 대형 스크린과 수 많은 인파의 열광을 느끼고 싶어서 전주 월드컵 경기장을 찾은 날은 하루 종일 수업 시간까지도 볼에 태극기 스티커를 붙이고 다녔다. 치기라는 생각은 들지 않았고 그 열기와 분위기를 느끼고 싶었다. 이성과 감정의 괴리감 없이. 진짜인지 아닌지를 스스로 판별하는 기준이 있다. 하나의 자아와 또 하나의 다른 자아가 있기 마련인데 그 간극과 괴리가 크지 않으면 진짜인 것이고 크면 클수록 진짜와는 거리가 먼 것이라는 느낌이었다.

버스 안에서

동유럽의 8월 날씨는 마음에 들었다. 5년 전에도 8월에 들른 독일과 오스트리아는 쾌청하고 신선했다. 약간 쌀쌀한 날씨라 청 자켓을 입은 모습이 사진에 찍혔다. 오늘은 8월 3일, 지금 헝가리 부다페스트에서 슬로바키아를 향해 내달리고 있다. 작년의 인물들이 머리 속에서 클로즈업되고 있다. 젊고 수려한 외모로 직업 또한 교수님이라니, 지와 외모를 한 몸에 지니고 조금은 건조한 듯한 성격이 드러나던 키 크고 잘 생긴 젊은 남자가 우리 조의 조장이 되었다. 자매끼리 위해 주며 여행을 좋아하던 한 눈에 자매임을 알아 볼 수 있었던 같은 조였던 두 자매. 인천 공항에서부터 앞자리에 앉아 등받이를 우리 쪽으로 밀쳐내어 김 선생님과 사소한 신경전을 벌였던, 지적인 매력이 아니라면 타인의 관심 끌기가 썩 쉽지 않아 보였던, 그러나 법대에선지 행정학에선지 홍일점 교수라던 스페인에서의 학회에 참여했던 그 여 교수. 그 여 교수와 잘 어울리며 한 그룹을 이루었던 세 쌍의 교수 부부. 알함브라 궁전에서 가이드와 영어로 질문을 주고 받은 교수는 외견상 교수 타입은 아니게 보였으나….

그 아내는 교수가 아니었고 나머지 2명은, 김 교수 아내는 물리학 교수고, 다른 사람은 유아교육학 교수라는 것을 여행 끝나기 전날, 가우디 작품으로 유명한 그 불타는 뜨거운 곳을 걸으며 김 교수가 우리 김선생님께 그 연세에 E대 법대를 졸업하셨으면 대단하셨다는 칭찬과 함께….

김 교수 아내는 나의 버스 앞에서의 멘트가 끝나고 스페인 광장 건물에 내렸을 때 다가와 말을 붙였다. "어쩜 그렇게 말을 논리적으로 잘 하세요. 이런 사람은 버벅거리느라 제대로 못 하는데…." "말 잘 하는 게 살아 가는 거하고 무슨 큰 관계가 있어요…."

그건 사실이었다. 그리고 진심이었다. "주로 치마를 잘 입으시네요." "예, 일상 생활에서 거의 치마를 입다 보니 그냥 습관이 되어서요." 그녀는 비행기 안에서도 다가와 말을 걸었다. "많이 껴입으

셨네요.” 그 때 나는 윗도리를 네 개인가 다섯 개를 겹쳐 입고 있었다. “이목구비가 괜찮게 생겼고 성격이 선들 선들 하구나.” 그랬던 그녀가 남편의 입을 통해서 물리학 교수라는 말을 전해 들었을 때 뭐라고 해야 정확한 표현일지 모를 야릇한 느낌. 그것은 한 두 마디가 아니라 풀어서 설명해내야 할 그런 것이었다. 뭐랄까, 자신의 정체를 숨기고 상대를 적당히 칭찬하고 추켜 주면서 그 정도의 칭찬으로 자신의 영혼이 고갈되지 않을 위치를 확보한 데서 오는 균형 잡힌 우월감이라고나 할까….

그러나 어쩌랴. 산다는 것은 자신의 현장에서 얼마나 즐거움을 느끼며 사느냐가 문제일 뿐이라는 걸 진작 깨달아 버린 나로서는 교수=행복이 아니라 교수=명예라는 것을 다시 한 번 인식하고 나의 기억에서 놓아 주었다. 그러나 그 부부는 꽤 사랑하고 있는 부부처럼 느껴졌다. 그리고 모로코 물감 공장으로 가는 도중에 길을 잃어버릴 뻔 했다는 귀여운 여자, 흑인 인형을 사면서 반면 교육을 한다고 해서 유치원 선생님인가 했는데 유아교육학 교수라는 걸 알고 나서도 흑인 인형을 예로 들면서 반면 교육을 한다는 것에 고개를 갸우뚱거렸지만 속단은 금물이다. 흑인 인형을 예로 들면서 논리의 전개를 어떻게 하느냐는 것은 순전히 그 자신의 지적인 몫에 속하는 일이니까 말이다.

서울에서 함께 강단에 선다는 부부. 남자는 뱃살을 제외하면 풍채 좋고 인물 좋고 사람 좋아 보였으나 개인적으로 대담할 기회나 본인의 의견을 발표하는 것을 듣지 못해 무어라 말 할 수가 없고…. 그 아내는 외모만으론 지적인 느낌은 전혀 없었으나 본인이 하고 싶은 말 정도는 영어로 의사소통이 가능한 정도라는 것을 두어 차례 목격할 수 있었다.

싱글인 동생과는 달리 기혼의 스페인어와 영어를 잘한다는 언니는 대학에서 스페인어를 전공하고 2007년 무주에서 개최되었던 국제회의에 통역자원자로 뽑혀 시청에서 주관하는 영어강좌에 매일 참여하는 외모도 갖추고 인성도 좋아 보이던 그녀. 화려한 패션을 좋아하는 것이 자기의 동생과 내가 똑 같다던 언니는 나의 꽃무늬 원피스들을 한동안 잊을 수 없을 것 같다고도 했다. 그 아저씨는 깔끔하고 젠틀하게 생겼다는 것을 알았는데 비디오에 찍힌 모습이 워낙 깔끔해서 다시 한 번 놀랐다. 아들도 호감형으로 잘 생겼다. 우리 인간들이 외모에 연연해 하는 것은 신은 마음을 보지만 우리 인간은 눈으로 외모를 먼저 보기 때문이라는 얘기가 요즈음 웬만한 책에 다 씌어 있을뿐더러 하기야 옛날이라고 해서 다르다면 왜 양귀비와 서시의 이름이 오늘날까지 전해 내려올까?

이 곳 동유럽의 오늘 날씨도 한국의 전형적인 가을 날씨다. 작년의 모로코에서 40도가 넘는 머리꼭지가 타버릴 듯 더워서 여행이고 뭐고 마음에 한 가닥 감성이 둥지를 틀 여유조차 없었던 것에 비해서 모든 것이 안정되고 여유가 있는 이 곳 동유럽 여행은 아직까지 대만족이다. 딸과 함께 언니네 가족과 함께 온 ㅇㅇ이 엄마.

요즘 현대의 미시족 엄마답게 화려한 멋을 내는 걸 즐기고 있었다. 딸 ㅇㅇ이는 버스 안에서의 멘트가 인상적이었는지 조심스럽게 다가와서 "교수님이세요?"라며 궁금증을 토해냈다. 길고 곧은 두 다리가 반바지 차림 아래서 미류나무처럼 길고 곧음을 한껏 뽐내고 있었다.

부산에서 딸은 유럽으로(이탈리아) 여행을 보내고 혼자 온 미술 교사. 아는 것이 꽤 많았다. 비행기 안에서 승무원과 영어를 곧잘 구사하는가 하면 컴퓨터의 사이트에 대해서도 버스 안에서 뚱뚱한 장학사 아저씨와 잘도 얘기를 나누었다. 그러는 그녀가 나의 패션에 대해서 거침없이 뛰어 들었다. "학교에서 화제를 몰고 다니겠어요." "옷 전시회를 열어 보세요." "못 입는 옷은 저한테 좀 양도하세요." 심지어 대학가 양품점에서 1만원 주고 산 레이스 달린 T셔츠를 의상 디자이너 김ㅇㅇ씨 작품 아니냐고 묻기도 했다. 그러나 나의 원칙이 있다. 독특하고 패셔너블한 옷을 좋아하기는 하지만 옷을 비싸게 구입하는 일은 전혀 매력적이 아니라는 사실이다. 비싼 옷은 옷 가격에 압도되어 즐겁지도 않을 뿐더러 즐겨 입게 되지도 않는다는 사실이다. 흰 옷 또한 그냥 볼 때는 예쁘지만 모셔 두게 된다는 점에서 공통점이 있다. 자주 입을 수 있고 편하면서 싼 가격과 독특한 매력이 느껴지는 옷이 내가 가장 좋아하는 옷이다.

슬로바키아에서 폴란드 쪽 국경으로 달리고 있는 버스 안, 지금 TV는 〈쉰들러 리스트〉를 상영하고 있다. 내일 방문지에 '아우슈비츠 수용소'가 포함되어 있기 때문이다. 동부 유럽은 서부 유럽에 비해 생활 수준이 낮다. 생활의 윤택함과 빈곤함은 어디에서나 한눈에 드러나 보인다는 속성을 지니고 있다. 8월 3일, 지금 버스에선 난방 히터가 켜져 있다. 싫어서 가이드에게 말했더니 버스 온도가 자동이라서 감지기가 작동해서 하는 것이니 운전 기사는 어쩔 수 없다는 것이다. 내 참! 8월 3일에 난방이 나오는 버스를 다 타보다니 쯔쯧! 차창 밖의 도로 양 옆에선 생활의 고단함이 줄줄이 배어나오고 있다.

영화에서는 불과 6, 70년 전에 이유없는 학살이 대량으로 이루어지고 있는 장면이 나오고 있다. 하기야 아르메니아, 세르비아는 몇 년 전까지지도 또 아프가니스탄, 이라크에서는 지금도 진행 중이다. 우리 인간은 제한된 공간과 시간 · 상황에서만 정의를 실현할 뿐이다.

어느 학자가 말했다. 인류 역사상 최대의 대량 학살은 인디언 학살이라고. 그러나 지금 인디언들은 너무 소수고 힘이 없어서 그것조차 주장하지 못한다. 무엇이 정의이고 역사는 무엇을 기록하는 것인가?

아들 하나를 데리고 온 얌전하고 가냘프고 예쁘게 생긴 아줌마. 또 딸 둘을 데리고 온 셋이 친구처럼 어울려 잘 지내던 통통하고 귀엽던 젊은 아줌마. 또 한 때 몸이 좀 불편했던 남편을 잘 모시며 이목구비가 예뻤던 아줌마와 같이 다니던 또 한 쌍의 노년 부부.

그리고 말하기를 좋아하고 아는 것도 많고 여행을 즐기던 장학사 부부와 아내의 여동생 팀, 또 아내는 언제나 애교를 부리고 남편은 그런 아내의 모습에 한껏 고무되고 즐거워하며 행복해 하던 큐빅이 유난히 많이 달린 샤넬 선글라스를 썼던 중년의 부부. 그러다보니 외견상 인상착의를 다 끝냈군요. 사람들에 대한 인상착의는 선명한데 무엇을 보았는지 유적지나 경치에 대한 기억이 희미한 스페인 · 포르투갈 · 모로코 여행. 날씨가 무척 더워서 날씨에 짓눌려 유적이나 풍광을 보기에도 지쳐버린 작년의 여행에 비하면 이번 동유럽 여행은 날씨가 덥지 않아서 편안하고 단출하고(15명), 또 이렇게 회상할 수 있는 잡동사니 글까지 쓸 수 있어서 행복하다. 버스 밖은 추적추적 비가 내리고 있다. 현지 사람들은 점퍼까지 입고 있는데 살짝 걱정이 된다. 이제 국경을 넘어서 폴란드를 달리고 있다. 작년에 페사에 가서 미로 한 곳을 들르고 다시 5시간을 돌아서 되돌아 온 일정이 생각난다. 섭씨 42도의 모로코에선 내장까지 태양열에 달구어져 이상해졌다. 사람 목숨을 앗아갈 더위에도 불구하고 람세스 2세는 전쟁에서 승리했다는 사실이 믿기 어려웠다.

폴란드 풍경은 안정되어 보인다. 2 · 3층 집에 꽃밭과 정원이 넓게 펼쳐져 있다. 확실히 꽃밭과 정원 가꾸기는 경제의 풍요와 비례하는 것 같다. 스페인에서 잘 가꾸어진 정원이 있는 집 앞의 도로를 달렸을 때의 기억이 새롭다. 남국의 꽃들의 빛깔은 유난히 선명했다.

8월 4일 폴란드 소금 광산 및 아우슈비츠 수용소

소금 광산은 기대 이상이었다. 폴란드에서 세 번째로 큰 도시 크라카우(쿠라쿠프–폴란드식 발음)에 위치하고 있다. 14세기 중엽부터 시작된 광산이라고 하니 700년 가까이 되었다. 나무 계단을 돌고 돌아서 1차 지점인 64m 깊이에 내려섰다. 지하 갱도 자체가 소금으로 이루어져 있는데 강도는 대리석의 1.2배라고 한다. 지하 갱도에서 일하는 말까지 키우며 생활한 모습을 볼 수 있었고 작은 성당엔 예수님의 십자가상과 맞은 편에 마리아상이 소금으로 조각되어 있었다. 암염이라는 소금 암석인 것이다. 소금을 파내다 보니 물웅덩이가 생기고 그 물을 퍼 나르는 계단을 만들고 가지고 올라온 물을 외부로 내보내는 수로도 만들어져 있었다. 사람의 힘이 이 정도인가 싶으니 입이 딱 벌어졌다. 또 하나의 커다란 성당은 외부의 웬만한 성당의 크기와 맞먹었는데 크리스탈 소금으로 샹들리에를 성당 천정에 여러 개 만들었는데 140년 동안 세 명이 바톤을 이어 받아 완성했다고 한다. 그 세 사람의 이름이 암염 벽에 새겨졌는데 나머지 한 칸은 세 번 째 바톤을 이어 받은 사람의 요청에 의해 공사를 하다가 이름 없이 죽어간 사람들의 희생을 기리는 여백이라고 했다. 제한된 인력인데도 이토록 엄청난 일을 할 수 있다는 게 놀라웠고 유네스코 자연 유산에 등재되었다는데 폴란드 정부에서 홍보만 잘 한다면 폴란드 국민에게 마이더스의 손이 될 것이란 확신이 들었다.

불과 60여 년 전에 600만 명이라는 대학살이 이루어졌다는 사실이 믿기지 않았다. 순전히 유태인이라는 이유만으로 광기어린 한 인간의 통치하에서 이런 만행이 저질러질 수 있었다니 제 1 수용소의 흔적과 기록과 잔여물이 아니라면 믿기 어려운 얘기였다. 600만 명, 현대의 거대 도시 하나의 인구에 해당하는 엄청난 인구가 희생되었다. 지금도 남아 있는 1인용 조그만 침대, 가스실로 들어가기 전에 잘랐던 머리카락, 신발들, 가방들이 한 곳에 모아져 웅크리고 있다.

미국의 이라크 침공, 아프가니스탄에 대한 미국 개입으로 아프가니스탄 정부군과 탈레반과의 끊임없는 내전 등 '인류가 존재하는 한 전쟁 또한 있다'가 맞는 표현일 것이다. 그래도 유태인은 1948년 건국과 더불어 미국의 정계와 재계를 뒤흔들 정도의 막강한 파워의 후손들이 있고 스티븐 스필버그와 같은 명감독 후손이 있어서 〈쉰들러 리스트〉나 잔혹한 역사를 잊지 않으려는 몸부림이 있어서 그나마 다행인데 그보다 더한 대량학살을 자행했던 영국인(지금의 미국인)들에 대해 인디언들은 하소연조차 할 수 없는 위치로 전락시킨 영국(미국)의 잔혹함은 침묵 속에 묻혀 있다. 과연 역사는 무엇을 기록하며 정의는 누구의 편인가?라는 물음을 되묻지 않을 수 없다. 외부의 여건에 크게 흔들림없이 내부의 고요한 평화와 적당한 즐김과 휴식. 이 모든 것이 좋다. 여행을 떠나오기 전 친구에게서 선물 받은 무척 큰 화분에 2단으로 핀 채송화 비슷한 꽃들이 아침에 피었다가 해가 지면 일제히 오므라드는 수 백 개의 꽃송이들의 열리고 단힘을 지켜보면서 행복했다. 동유럽에서 서늘한 바람의 기분 좋은 쾌적함이 비집고 들어 왔고 작년의 스페인 · 모로코에서의 더위는 평생 다시 경험하고 싶지 않은 기억이었다. 지금은 체코의 수도 프라하로 이동하고 있고 점심 후에 본격적인 관광에 나설 예정이다. 사는 것이 그렇게 크고 경이로운 일들로만 이루어진 것이 아닌 것을 깨닫게 된다면 이렇게 여유롭고 호젓한 여행을 할 수 있다는 것도 사치라면 큰 사치라는 생각이 들었다. 고흐의 작품과 그의 생애를 짚어 나가면 그의 그림에 대한 치열함, 그것은 정신적 광기로 병원을 들락거리기도 했던 그 자신의 삶에 대한 치열함이기도 했지만 결국 자살로 생을 마감하는….

그러나 그는 자신의 삶에 최선을 다했다는 생각이 들었다. 시지프스 신화에서 신화니까 시지프스는 끊임없이 굴러 내리는 돌을 다시 밀어 올리는 작업을 반복할 수 있지만, 고흐는 자신의 천재성을 소진하고 죽음을 택했다는 생각이 든다. 모든 생명체는 발단→정점→고갈→기진이라는 힘의 분배과정이 있기 마련이다. 최대의 힘의 분출인 교미 후에 죽어 버리는 몇 몇 수컷의 생명체가 있듯이. 자연스러움이란 몸에 익어 나오는 기운이므로 체험없이 이루어지기 힘든 것처럼 좀 더 많은 경험과 생각의 정리를 거쳐 어느 때 자연스러운 글이 술술 풀려 나오길 스스로 기대한다.

고흐의 작품들이 살아 꿈틀거리는 혹은 그의 내면의 절규처럼 푸르른 빙하에서 보이는 흰 것의 푸르름 혹은 죽음에서 얼핏 펄럭거리는 검은 것의 푸르름이 그의 〈자화상〉이나 〈까마귀가 날고 있는 밀밭〉에서 완벽하게 표현되어 있어서 고흐의 짧은 생은 불행했으나 그의 작품은 오래도록 행복할 거 같다.

2007년 8월 6일

아침에 체코의 작은 도시 체스키 크롬로프를 향해 출발하고 있다. 어제 하루 정말 많이 걸었다. 프라하 성, 그 성 안에 있는 성 비타 성당, 카를교, 화약탑, 천문 시계, 바출라프 광장 등 하루 종일 걷고 또 걸었다.

2007년 8월 7일

〈아마데우스〉 영화를 버스 안에서 보았다. 왜 한결같이 천재들의 삶은 불행한 것인지…. 고흐가 정신 병원에서도 붓을 놓지 않고 그림을 그린 것을 보면 열정과 통제가 적절하게 배분되었다는 것을 뜻하기도 하는데 자신의 귀를 잘라 버리고 권총으로 자살해 버림으로써 광기가 결국 통제를 넘어섰다는 것을 의미하듯 광기는 천재들의 숙명일까?

영화 속에서 궁정 악장 살리에르가 "신은 모차르트에게 완벽한 재능을 주시고 자신에게는 그 재능을 알아보고 인정할 수 있는 능력만을 주신" 신에게 불평하는 대목은 자신이 평범한 사람들 중에는 최고임을 인정하는 것과 맥락이 통했다. 천재와 평범을 젊은 날에 한 번쯤 생각해보지 않은 이가 있을까? '천재'는 하늘이 점지해 주는 축복인 동시에 지상의 삶에서 고난을 짊어지고 걸어가는 십자가를 함께 주심을 천재들의 삶에서 맞닥뜨리게 된다. 지상에서의 일상은 고단하기 그지없으나 그들의 업적을 통해서 천재들의 삶이 빛나는 것이 아니라 그들의 업적만이 캄캄한 밤하늘에서 별빛으로 빛난다는 생각을 하게 한 〈아마데우스〉였다.

나를 매혹시켰던 예쁜 아이

그 아이를 맨 처음 본 것은 후기 여자대학교 강의실 시험장이었다. 조막만한 얼굴에 눈코입이 참 예쁜 뽀글머리에 베이지색 니트 상의에 하단에 밤색 꽃무늬를 빙 둘린 플래어 스커트를 입고 검정색 단화를 신고 있었다. 남자 담임이 파이팅을 외치며 응원하고 빠져 나갔다.

강의실에서 너댓 과가 합반한 사회학 강의 중에 깔끔하게 단장한 여자 강사가 그 아이를 가리키며 답변을 요구한 날은 운현궁의 커다란 한옥 대문을 지나쳐 제비같은 몸매로 깡총거리며 올 때 머리 위에 아우라가 떠 있던 날이었다. 노란 스웨터에 초록 마니스커트 그리고 하얀 삭스가 무릎 밑에서 진정한 아름다움의 가늠자 역할을 제대로 하고 있었다.

국문과 애가 다가와서 그 아이에게 엄마가 얼마나 예쁘면 이런 딸을 낳느냐며 너의 엄마를 꼭 한 번 보았으면 좋겠다고 조그만 캠퍼스에서 진심을 전한 날은 그 아이가 팔등신 하체를 여지없이 드러내는 뒷부분 허리에서 밑위까지 x자 가는 끈이 교차된 진분홍진 바지를 입고 있었다. 거기에 19인치 허리가 아슬아슬하게 가냘프던 같은 천의 벨트로 액센트를 주었던 귀여운 조그만 동자승들이 자유롭게 이곳저곳으로 떠다니고 있던 분홍색 폴리에스터 브라우스를 입은 철쭉이 만발하던 화단 앞이었다.

입학하고 한 달쯤 후 교양영어 시간에 같은 반에서 두 세 번 본 적 있는 애가 찾아왔다. 너희 과 아무 개 전화번호를 알고 싶어서 왔다고 했다. 사실 알고 있지도 않았으나 그 주인공이 내가 아니라 다른 사람이라는 씁쓸함에 조금은 무심하게 대했었다. 그리고 그 약학과 친구는 공부를 파고 들 분위기인데 예쁨에 반하였다는 사실에 고개를 혼자 갸웃 거리기도 하였다.

그 시절은 해외여행 자유화가 되기 이전이었다. 그녀가 방학 때 해외를 방문하게 되었다고 했다. 그런데 해외에서 우리과 강의를 하시던 한 교수를 우연히 마주쳤나보았다. 인사하고 몇 마디 나누는 중에 귀국일시도 얘기 나누게 되었다고 했다. 그 누가 짐작이나

했을까 예쁜 아이가 귀국하던 날 그 교수는 꽃다발을 안고 마중 나왔더랬다. 흠흠, 지금 시절 같았으면 루머 감이었다. 그 예쁨에 발길이 저절로 공항으로 인도했겠지.

그 예쁜 아이는 의상학과 교수님에게도 눈에 띄어 의상학과 졸업 발표회에서 의상과 아이들의 두 세 차례 무대에 서는 기회를 힘들이지 않고 제치고 무려 예닐곱 벌의 무대 의상을 입는 기염을 토하였다. 그 중에서도 〈헨리 8세와 그의 여인들〉과 〈하와이언 아가씨와 기타〉인데, 두 번째 작품은 제목이 확실하지 않다. 목에 리프가 높게 올라온 빅토리아 왕조 시대의 드레스와 영국인 회화 교수가 만돌린을 들고 그 예쁜 아이가 하와이언 아가씨로 분장한 무대는 사진으로도 남아 있는데 그 미모에 조용한 삶을 살았다는 게 쉽게 수긍이 가지 않았다.

영어연극에서도 주인공을 맡았고, 외국 시인 탄생 기념 축시에서도, 하다 못해 졸업식 이벤트에서 미스허리를 뽑는 데서도 19인치로 미스요로 뽑혔던 그녀는 언제 어디서나 그녀가 등장하기만 하면 그 곳에서 그녀는 모든 이들의 시선을 사로잡았다.

그 예쁜 아이는 인천에서 종각까지 전철 통학을 하고 있었다. 나도 버스에서 내려 학교 쪽으로 걸어 가고 있었는데 저만치서 그녀가 앞서 걷고 있었다. 운현궁 옆에 교동 초등학교가 있었다. 초등 3, 4학년 쯤 되어 보이는 소년은 그 예쁜 아이와 반대 방향으로 걷고 있었다. 그 소년이 예쁜 아이를 지나치고 난 후 휙 돌아서서 하염없이 바라보느라 걸음을 떼지 못하고 있었다. 나 또한 그 소년의 모습을 줄곧 지켜보면서 그 예쁜 아이 뒤를 따라가고 있었다. 40년 전의 일인데도 어제 일처럼 생생한 것은 무엇을 말하는 것일까.

대학 4년 동안 지켜 보았던 그녀의 집을 방문하지 않고 졸업한다면 두고두고 후회스러운 일이 될 것 같았다. 같은 과의 친한 친구와 졸업을 앞두고 인천으로 향했다. 그녀가 집 밖 어디만큼 나와서서 있었다. 그 때 그녀는 허리까지 내려 오는 웨이브 긴 머리에 연회색의 몸에 붙는 코트에 스타킹을 신고 짧은 양말을 신고 서 있었다. 아, 이건 바비인형이지 사람의 모습은 아니야 하고 마음 속으로 외치고 있었다. 햇볕이 잘 드는 2층 집은 일하는 언니가 깨끗하게 청소해 놓았고 고양이가 울며 계단을 내려 오고 있었다.

그 때 몸이 많이 아픈 오빠의 등장으로 한꺼번에 그 예쁜 아이를 이해하게 되었다. 그렇게 예쁘면서 타인들이 시샘할 수 없는 자연스럽고 젠 체 하지 않는 태도, 친절한 말씨, 고 3 때도 학급 실장을 했던 성실함과 리더쉽, 피아노 반주, 영시 낭독, 영어 연극, 타인들과의 원만한 인간 관계 등이 어떤 마음가짐에서 비롯되었는지

한 눈에 알아 볼 수 있었다. 그러나, 똑 같은 환경에서 모든 사람들이 그 예쁜 아이처럼 할 수 있는 것은 아니었다. 그녀 내면에 얼마쯤은 운명에 대한 이해와 또 주어진 환경 안에서 최선을 다하고자 하는 감사와 성실함이 그녀의 예쁜 외모와 더불어 그녀의 머리 뒤편에서 후광을 만들어 내고 있었던 것이다.

같은 대학에서 조교를 하면서 과사무실에 몇 번 들렀던 같은 대학교의 가정과 동기를 같은 고향의 시내에서 우연히 마주친 후로 몇 년간 친분을 나누게 되었다. 그 친구와 어느날 옷가게를 지나게 되었다. 무척 예쁜 옷이 걸려 있어서 보자마자 그 예쁜 아이가 떠올랐다. 저 옷은 우리과 그 예쁜 아이가 입으면 참 잘 어울리겠다. 그 때 그녀는 힘주지 않고 말했다. “그 아이는 걸레쪽만 걸쳐도 예쁠 아이야”.

기자단이 만난 사람들

– 이정미 선생님을 만나다

이정미(영어) 선생님께서 2019년 8월 29일 자로 30여 년간의 교직 생활을 마치고 정년 퇴임을 하신다. 신문기자부(인터뷰어 김정현, 이나은, 백나현)에서는 퇴직하시는 선생님을 모시고 인터뷰를 진행하였다. 기자단은 인터뷰를 통해 30년 교직 생활에 대한 소감과 그동안 몰랐던 선생님 개인에 대해 알 수 있는 뜻깊은 시간을 가졌다.

Q) 본인 소개 부탁드립니다.

A) 패셔니스타 영어 선생님이라고 하는 게 어떨까 해요.

Q) 왜 선생님이란 직업을 선택하셨나요?

A) 그 당시 대한민국에서 여자들이 가질 수 있는 직업 중 교사만큼 사회적 대접이나 보수가 좋은 직업이 없었다.^^(굉장히 솔직하시다.)

Q) 처음 선생님이 되었을 때를 기억하시나요?

A) 1989년 3월 2일 남성고등학교에서부터 시작됐다. 6개월 재직기간 동안 하루도 빠지지 않고 진학지도실에서 밤 11시까지 꼬박 공부했다. 알고 보니 열심히 공부하는 선생님이라고 나중에 학교에 소문이 났더라^^

Q) 교직 생활 중 좋았던 점?

A) 40대 초부터 영어 연수를 많이 받았다. 해외를 많이 나가봤다. 이를 통해 영어 실력이 일취월장하여 기뻤다.

Q) 교직 생활 중 후회되는 점?

A) 특별히 후회되는 것은 없지만 단지 두 번 정도 사춘기 반항하는 학생들을 보며 속상했었다.

Q) 만약 학교에 더 계신다면 무엇을 하고 싶으신가요?

A) 지금처럼 학생들과 게임도 열심히 하고 재밌게 수업도 하고 싶다.

Q) 다음 생에도 영어 선생님이란 직업을 택할 것인가?

A) "꼭 그러고 싶다."라는 확신은 없다. 프로스트의 '가지 않은 길'이란 시처럼 사람들은 가지 않은 길에 미련을 갖는다. 이번 생에는 30여 년을 영어교사로 즐겁게 재직했지만, 다음 생에는 아직 본인에게 물어본 적은 없다^^. 그렇다 아니다 단답형 하기 어려운 질문이다.

Q) 퇴임 후 계획은?

A) 책을 많이 읽고, 글을 많이 쓰고 싶다. 이후 내 책을 많이 내고 내 책을 소개하며 깊어진 사고와 지식의 양으로 유튜버 등의 활동을 하고 싶다.

Q) 퇴임 소감 한 말씀 부탁드립니다.

A) 본인의 아버지께서 44년간 남성학원의 교사로 재직하셨다. 그뿐만 아니라 5남매 모두가 남성학원과 관련이 있다. 우리 가족의 남성 관련 햇수를 세보니 100여 년이 된다. 남성재단과 인연이 무척 깊다. 비록 몸은 떠나지만, 마음으로는 남성 가족이라는 생각을 한순간도 놓지 못할 것 같다.

Q) 패션이 굉장히 화려하다. 이러한 패션을 좋아하게 된 계기는?

A) 서울로 대학을 갔을 때, 같은 과 친구가 무척 예뻤다. 패션도 화려했던 그 친구는 무얼 입어도 어울렸다. 그 친구를 보고

자극을 받아 '여자는 내면의 아름다움과 더불어 외면도 가꾸어야 한다.'라는 생각을 가졌다. 그 친구 덕에 지금의 나다움이 갖춰졌다.

Q) 스타킹은 어디서 구매하나요?

A) 40대 미국 연수 시절 시애틀의 백화점에서 인디언 핑크 등 우리나라에서 볼 수 없는 스타킹을 발견하고 신게 되었다. 이후, 국내 백화점을 돌며 총천연색의 스타킹을 찾아 신었고, 지금은 세월이 변해서 인터넷에서 산다.^^

Q) 옷은 어디서 구매하시나요?

A) 옷에 대해서 관심이 많다. 전에는 유명한 디자이너의 세일 시기에 사서 입었었는데, 좋아하는 브랜드가 사라진 후 외국 스파브랜드(스페인)를 애용하고 있다. 결국, 인터넷이다. 편하고 싸다. 반품도 공짜다.

Q) 인생의 선배로서 제자들에게 한 마디

A) 성공은 이중잣대이다. 하나는 사회적 성공, 다른 하나는 내면의 성공이다. 만일 사회에서 요구하는 성공이란 것을 했을지라도 마음이 죽었다면 성공한 삶이라 생각지 않는다. 요즘 "소확행"이라는 말이 있다. 이 말처럼 자기에게 만족한다면 그것이 성공이라 생각한다. 역시 인생은 즐겁게 살아야 한다.

이를 위해 동아리 활동을 많이 해라. 종교활동도 좋다. 단, 최소한 1년은 해보아라. 그리고 10년은 해야 한 분야에서 어느 정도 인정을 받을 것이다. 고민만 하지 마라, 행동해라. 실천해라. 손녀딸 같으며 또한 나의 후배들이기도 한 여러분들에게 전하고 싶은 말이다.

-신문 기저부 김정현(3년), 이나은(3년), 백나은(3년) 기자[사진]-

퇴임사

30대 후반에 천여 통의 편지가 든 여행용 가방이 부담스러워서 절반쯤의 부피를 덜어내어 공터에 가지고 가서 활활 불에 태웠다. 몇 년이 지나고 나니 괜히 태웠다는 후회가 밀려와 아버지와 대화를 나누던 중에 유명해지면 그 기록물들이 귀중한 가치를 지닐 텐데 아쉽다는 안타까움을 호소했다. 그때 아버지는 입가에 미소를 띠며 말씀하셨다. "걱정하지 마라. 유명해지는 일은 없을 테니까" 보기 좋게 한 방 먹었다.

절반은 여자 친구들에게서 나머지 절반은 남성여고에서 2년 반 동안 재직 때 학생들에게서 받은 편지였다. 고 1의 학생들이었는데 거의 필명으로 영어 시간과 영어 선생님에 대한 일종의 팬레터였다. 30여 년이 지난 지금 읽어보아도 고등학생 특히 여고생들의 문학적 감성은 향내 나는 과육으로 영글고 있었다. 학생들의 편지들을 모아서 책 한 권으로 발간할 수 있을까 해서 자문을 구했으나 지적 재산권을 학생들 개개인이 소유하고 있어 어렵다는 얘기를 듣고 아쉬워했다. 자문해주시는 분이 물었다. 학생들에게 숙제를 내주었느냐고. 그렇다. 흔한 일은 아니다. 학생들에게서 30년 동안 받은 캐릭터들이 35개쯤 되어서 지난 가을 축제 때 코팅해서 교정의 한편에 전시하는 행사도 했다. 두어 명의 여선생님들이 어느 시간에 학생들에게 그려달라고 부탁했느냐고. 30년 동안 받은 것들이어서 30여 년의 세월의 바람이 훑고 지나갔을 뿐이라고….

올해 5월에 학교에서 마련해 준 편지 쓰는 시간에 정성껏 쓴 편지를 전해 주고 간 3학년 학생이 있었다. 1, 2학년 때 내 반에서 수업을 들었다. 자신은 중학교에 들어온 후 어느 과목에도 흥미를 느끼지 못하여 잠만 자며 수업 시간을 보내었는데 내 수업 시간에 발표도 많이 하게 하고 게임도 많이 해서 참여하다 보니 점점 재미를 붙이게 되어 전혀 줄지도 않고 재밌게 수업 시간에 참여하게 되었다는 내용에 덧붙인 일화가 가슴에 와닿았다. 진로 탐색 시간에 미래의 직업에 관한 얘기를 써야 했는데 주저하지 않고 남성여중의 영어 선생님이 되어서 학생들을 재미있게 가르치고 싶다고 썼다는 것이다. 그런데 왜 그런 생각이 들었냐면 이정미 선생님이 학생들을 가르치면서 행복해하는 모습을 보고 꿈을 그렇게 정했다며 "살짝 낯 간지럽지만 사랑합니다. 존경해요"라고 끝맺었다.

학생들을 가르치며 행복해하는 모습을 보고 후배 교사가 되어 행복한 영어 선생님이 되고 싶다는 편지는 따뜻한 새 가슴이 뛰는 심장의 고동을 손바닥이 느끼는 펄떡이는 잔잔한 감동을 전해 주었다.

대부분 현대인이 자신의 직업이 삶의 주된 일상인 건 당연하지만 사람들과의 관계가 껄끄럽고 원만하지 않다면 행복한 감정을 느낄 수 없을 것이다. 30 년 동안 여학생들과 함께하며 그들과 똑같은 캘린더의 수레바퀴 학교생활을 지루함을 느낄 틈 없이 즐겁게 마무리할 수 있도록 건강과 행복한 일상을 실어다 준 고향의 신선한 바람에 고맙다는 인사 전하고 싶다.

교사 및 학생문예

술래잡기

이정미(영어) 선생님, 시인

학보를 펼쳐 든다
중학생 철부지 때 항상 잘 웃던 하은이 녀석
벌써 고 3이 되어 교내 백일장 운문부 3학년 장원
또 책읽기 독후감 3학년 대상 수상
백자 항아리 얼굴로 당당하게 안부를 전한다.

"펜은 살갗을 파고들어 붉은 흔적 번지고
새로운 언어로 꾹꾹 눌러 쓴 얼굴 새파랗게 질려 있다"
반짝이는 언어들
두려움 없는 눈부신 햇빛 아래
탄탄한 줄기와 고운 꽃 이파리로
환하게 웃음 짓고 있는 너
어디까지 갈래?
선생님, 펜이 생각을 대변할 때
저는 새로운 동반자를 얻었습니다. 시는 제 반려입니다.
내미는 너의 참신한 도전장

아마도
돼지 꼬리 달린 아이 태어날까봐 전전긍긍했으나
칠 대에 걸친 가족과 나라 이야기
뺄 냄새와 땀 냄새로 뒤범벅 된
칠 대에 걸친 근친상간
연금술의 광기보다 혹독하게 호세 아르카디오 가문에 눌러 붙고
그 〈백 년 동안의 고독〉에 창을 겨누게나
그가 프르덴시오 목에 창을 겨누어
한 방에 꿰뚫어 버린 것처럼
헛것으로 밤마다 나타나서 목이 마르다는
프르덴시오를 위해 양동이마다 물을 채워서

집안 구석구석 물이 마르지 않게 했듯이
그리하여
목 마른 프르덴시오 시중들다 지치고 지쳐
서서히 미쳐 가는 호세 아르카디오

하은아
우리 한 번 술래잡기 해볼까?
누군가는 프르덴시오
다른 누군가는 호세 아르카디오

이정미 선생님 캐리커처 설명

1~5 〈나의 30대〉 남성여고에서 처음 캐릭터를 받아 보았다. 다섯 장 모두 누가 그려준 것인지 알 수 없다.

6~11 〈나의 40대〉 돌에 나의 이미지가 잘 반영되었다. 돌 밑에 3학년 홍선희라는 이름이 있어서 참 반가웠다. 스튜어디스 컨셉의 캐릭터는 고교 때 장관상을 받은 장민지 학생이 중3 때 그려준 작품이다.

12~19 〈나의 50대〉 가장 활발하게 나의 이미지가 특성화되어 있다.

20~28 〈나의 60대〉 60대에 접어든 캐릭터들인데 40대와 변함없는 이미지다. 오직 학생들의 사랑에 의해서만 가능한 일이다.

29~30 〈퇴임의 해〉 2019년 5월에 교실 책상 위에 그려진 캐릭터다.

독후감

최명희 작가의 〈혼불〉을 읽고

"그저 저희끼리 손을 비비며 놀고 있는 자잘하고 맑은 소리, 강 건너 강골 이씨네가 살고 있는 마을에서 이쪽 대실로 마실 나온 바람이 잠시 머무는 소리, 어디 먼 타지에서 불어 와 그대로 지나가는 낯선 소리, 그러다가도 허리가 휘어질 만큼 성이 나서 잎사귀 낱낱의 푸른 날을 번뜩이며 몸을 솟구치는 소리, 그런가 하면 아무 뜻없이 심심하여 제 이파리나 흔들어 보는 소리, 그리고 달도 없는 깊은 밤 제 몸 속의 적막을 통소 삼아 불어 내는 한숨 소리, 그 소리에 섞여 별의 무리가 우수수 대밭에 떨어지는 소리까지라도 얼마든지 들어 낼 수가 있었다"

작가 최명희가 눈치챌 수 있는 대숲에서 일고 있는 바람 소리의 빛깔들이다. 〈혼불〉은 우리네 인생살이가 대숲의 바람 소리라면 작가는 인생살이의 켜켜를 무늬 놓은 빛깔들을 끄집어 내어 펼쳐 보이고 있다. 〈혼불〉의 인물들은 혼이 나가 버린 이미 껍데기 뿐인 삶을 살고 있으면서 그리움과 아픔과 시림이 혼불 그 자체로 떠돌고 있는, 넋이 빠졌으나 그 빠진 넋의 몸부림으로 밖에 삶을 살 수 없는 처절함을 보여 주고 있다. 그리하여 방죽에 몸을 던진 인월댁이 혼수에서 깨어 났을 때, 청암 부인이 정신들기를 기다렸다가 “한꺼번에 다 살려고 하지 말게나. 두고두고 살아도 꾸리로 남는 것이 설움인데, 원수 갚듯이, 그렇게 단숨에 갚아 버릴 생각일랑 허지말어… 그런다고 갚아 지는 것도 아니니.”

–생략– 그 말소리와 숨소리 사이에 복숭아 꽃잎 지는 소리가 들리었던가.

육신은 건져졌으나 빠져 나간 넋은 아직 제 자리에 온전히 들어앉지 못하여 인월댁에게 귀신의 촉각으로 복숭아 꽃잎이 지는 소리도 들리는 것이다. 글의 기교이긴 분명하나, 소름 돋는 삶의 허무함과 우두망찰을 神氣로 표현하고 있다. 읽는 이의 가슴이 후루룩 새가슴 마냥 떨린다. 아직은 천상과 지상 사이에서 연기로 존재하는 인월댁의 의식이 손에 잡히는 듯 하다. 이 작품이 소설이긴 하나 시어를 소설의 경지로 끌어 들였다는 느낌이 든다. 한 문장 한 문장 붓가는 대로 맡겨진 것이라기보다는 점점이 한 자 한 자 혼의 피어림으로 방울 방울 맺혀 있는 듯하다. 마치 혼을 언어의 숫돌에 갈고 갈아서 선연하게 핏빛이 얼룩진 한 마디 한 마디는 작가의 몸뚱어리에서 시퍼런 불덩이로 빠져 나와 이 순간에도 세상을 떠돌고 있는 것이다. 작가의 혼을 떠나 버린 혼불이 세상의 수많은 사람들의 혼을 빼앗으며 그들의 혼에 견고하게 동지를 틀고 있다. 자신의 혼을 쏙 빼버린 혼이 다른 사람들의 혼을 살게 하는 이 모순이라니….

남편이 신행 다녀간 후 죽어서 생과부가 된 청암부인은 확고한 의지와 대찬 행실로 청춘이라는 누려야 할 대상이 사라짐으로써 박탈당한 청춘이긴 하나 다른 인물들처럼 떠도는 혼불로 느껴지지 않는다. 청암부인은 당신의 삶에 혼불을 끌어 들였다. 물론 혼불이라는 것은 죽을 사람의 넋이 시퍼런 불덩이로 지붕 위로 휙 떠올라 사라지는 것을 말하며 그것을 본 후 삼일 이내에 혹은 석달 이내로 사람이 죽는다고들 전해 내려 오는 애기일 뿐이다. 그러나 혼불을 다른 말로 표현하면 넋일 것이다. 살아 있는 동안 살아 있음을 느끼게 해주는 가장 근원적인 뿌리가 되는 넋, 넋이 있으면 살아 있는 것이고 그렇듯 혼불은 혼이고 넋이다.

청암 부인은 이승에서 마주 한 삼일 간의 인연을 안고 매안의 이씨 가문 종부가 된다. 종부가 되어 이기채를 양자로 맞아 들이고 살림을 일으켜 세우며 어른 노릇을 하는 모습은 칠십 여 년 전의 시대의 탓으로 돌려도 큰 그릇의 인물됨이 조금도 주눅 들지 않는다. 청안 부임의 헌헌 장부다운 기상과 대참은 종손인 강모와의 대조로 더욱 그 빛을 발한다. 청암 부인의 삶은 없는 것을 하나 하나 만들어 일으켜 세워 가는 삶이었다. 청암 부인 그 어른이기에 가능한 삶이었다. 현실적이고 올곧고 도량이 큰 혼을 지니고 이만하면 한 평생 잘 살다 가는 것이라고 토로 한다. 한을 시리게 받아 들여 얼리지 않고, 다순 훈김으로 녹여 내어 자신의 심중에 혼을 다잡아 두고 스스로 경영하며 관리하는 청암 부인의 삶은 잃어버린 길을 찾아 제 갈 길로 가게하는 횃불과 같은 존재다.

그러나 심약하고 우유부단한 강모는 이루어질 수 없는 강실이에게로의 연심이 이미 떠돌아 다닐 혼불의 씨앗으로 자라고 있었다. 결혼을 했으면서 사촌 누이 동생 강실에게로 향해 내달리는 연정을 다스리지 못하며 강실을 명주 여귀 대 풀밭에 눕혀 버렸다. 그것도 문중 친척 형제인 강수가 사촌 남매인 진예를 못 잊어 상사병으로 죽은 몇 년 후 영혼 혼인식을 치르게 되어 그것을 구경하러 갔던 밤에. 그리고 나서 후회하며 탄식한다.

그리움으로 가득할 때에는 내 것이더니 소유하는 그 순간에 내 속에서 빠져 나가다니 진실의 하찮음이라고. 이 때부터 강모는 혼불로 떠돌며 강실만을 애타게 그리워하던 것에서 부질없음의 허방을 혼불로 떠돌며 헤맨다.

강모만 허무한 것이 아니라 독자는 더 허무했다. 어쩌자고 '진실의 하찮음이여'라는 한 마디를 내뱉기 위해 '강실이' 하고 이름만 떠올려도 가슴이 메이던 그 숱한 시간들을 부여 안고 몸부림 쳤는가?

모든 그리움과 애태움의 실상은 정말 이런 것인지도 모른다.

'무너지고 쓰러지는 것들에 대한 애절한 사랑과, 무너지게 하고 스러지게 하는 것들에 대한 무력한 증오'를 지녔던 작가 나가이 가후를 좋아 하는 강모의 성향을 미루어 짐작할 수 없는 바는 아니나 강모는 비겁한 넋이다, 그리움으로 꽉 차 있는 강실의 자리에 오유끼가 육으로 대신하여 곁에 있는 것은 아닐까하고 자문자답하는 강모는, 자신의 마음에 중심을 잡지 못하고 결혼한 효원에게 애정을 느끼지 못하고, 사촌인 강실의 등으로 명주 여뀌대 부러지는 소리를 내게 하고, 공금 삼백원을 횡령하여 오유끼를 풀어 주고, 게다가 자신의 비겁함을 느끼는 순간 '강실아 차라리 네가 죽어 버려라, 나를 놓아 다오.' 라고 마음 속으로 절규 하는 모습은 뻔뻔하기조차 하다. 아무런 매듭도 짓지 못하면서 이쪽 저쪽에 흙탕물을 튕기면서 푸욱푹 빠지며 허우적거리는 모습은 안쓰럽기는 하나 아름답게 느껴지지 않는다. 하지만 어찌 우리의 삶이 옳고 곧은 것으로만 채워질 수 있으랴. 그렇다면 밤은 그늘은 달빛은 죽음은 우리의 삶에서 치워내야만 하는 것일까. 그 다른 한 쪽의 다른 빛깔이 존재함으로써 이 세상이 우리의 삶이 그토록 끊임 없는 빛깔의 이야기들을 빚어내는 것이 아닌가.

〈혼불〉에는 유난히 넋이 나간 인물들이 많다. 하기야 삶의 길목에서 어느 한 때 넋을 빼앗기지 않고 대부분의 우리들이 살았다고 말할 수 없기도 하겠지만.

툇마루 끝에 앉아 넋이 나간 얼굴로 물끄러미 발끝을 내려다 보던 강수는 결국 상사병으로 죽었다. 살아 있을 때는 진예의 넋으로 자신을 채우느라고 넋이 나가 버리더니 죽어서는 진예의 넋이 허공에 둥둥 떠다니게 아예 진예에게서 넋을 뿌리째 쑥 뽑아가 버렸다. 청암 부인의 시부는 젊은 나이에 연달아 세 번이나 상처한 아픔이 있다고는 하나 삼취한 젊은 아내를 그림자처럼 대하며 자신의 삶 또한 그림자로 떠돌다가 마감하였다. 이는 마르께스의 소설 〈백년 동안의 고독〉에서 약혼자의 구혼을 몇 번이나 거절하고 자신의 팔 한쪽을 아궁이 불 속에 넣고 지져낸 후 붕대를 감고 평생 문 밖에 나가는 일 없이 살았던 아마란타의 자학을 행함으로써 삶을 죽여 버리는 잔인한 고독을 떠올리게 한다. 스스로 말라 비틀어지는 넋. 청암 부인 시부의 넋이기도 했다.

강실이의 강모에 대한 상사는 딱 한 번 강수의 사혼이 있던 날 밤에서 비롯되었다. 신문의 기사라면 한 줄로 보고될 수 있는 이 사건이 〈혼불〉의 중심축이 된다. 허공 중에 서러운 이름 하나 걸어 놓고 실체 없는 그림자에 넋을 빼앗겨 그림자처럼 살고 있는 강실이가 답답하게도 느껴지기는 하나 "나를 어쩌랴"하는 이 한 마디가 가볍지만은 않다. 삶을 살아 보면 살아 볼수록 "어찌할 수 없음"의 구렁에서 빠져 나오지 못하고 허우적거리는 모습이 삶이라는 사실을 깨닫게 된다. 삶이 아이들 로고 장난감처럼 이것 빼서 저것 만들고 저것 빼서 이것 만들고 할 수 있는 것이라면 넋이 빠질일이 무엇이며 혼을 심을 곳이 어디 있을까?

소쿠리를 쓰기 위해 처음에 소용 없는 테를 두르지만 테가 있음으로써 소쿠리의 소용이 닿는 것처럼 작가는 우리 삶의 굽이굽이에서 목도하는 자잘한 일에도 놀랄 만큼 애정을 쏟아 붓는다. 그 하나 하나에 의미를 두는 만큼만 살아 낼 수 있다는 마치 삶과의 사투를 내 건 투우사처럼. 비장이 말라 비틀어지고 피가 마르는 강실의 가슴애피를 독자들이 앓게 한다. 넋이 나가 죽은 강수, 넋이 나가 떠돌아 다니는 진예, 그림자처럼 자신의 실체를 몰라 떠다니는 강모, 진예의 경지에 들어 선 강실, 허깨비로 살다간 청암 시부, 살구꽃 그늘로 살고 있는 김씨부인과 인월댁, 이들의 삶이 기골과 당참이 떠받치는 청암 부인의 삶의 빛깔과는 다르지만 아지랑이 같은, 무지개 같은 금방 스러져 버리는 것이기는 하지만 또 다른 실체를 보여주는 우리들의 그늘진 삶의 모습들이다. 세월을 한숨으로 삭혀 내는 강실이가 있는가 하면 옹구네처럼 체면이나 도리를 앞세우지 않고 내면의 심정과 생각을 거침없이 드러내고 행동하는 살아 꿈틀거리는 인물이 있다. 그 단아하고 정갈하며 격조있는 그리하여 기골을 느끼게 하는 글쓰기가 옹구네의 입심으로 옮겨질 때는 차지고 쫄깃쫄깃 하면서도 가슴이 확 트이는 후련함을 맛보여 준다. 종은 아니나 상것의 천대를 받으며 옹구애비를 잃은 옹구네의 춘복이를 향한 농밀한 연심, 상황에 대처하는 발빠른 움직임, 뒤따를 수 없는 현란하고 아귀 들어 맞는 입심에 이르러서는 작가의 종횡무진한 내면과 맞닥뜨린다.

작가는 〈혼불〉에서 떠도는 넋만을 보여 주지 않는다. 청암 부인이나 심진학 선생이나 지용훈과 같은 공명정대한 삶을 살고 있는 넋은 태백산 줄기처럼 위용있고 든든하다. 작가는 공명정대한 넋, 떠도는 넋, 큰 것의 웅장함, 작은 것의 섬세함과 부드러움, 막힌 것과 트인 것, 높고 낮음, 귀함과 천함, 이름 있는 것과 이름 없음 등 삶에서 부딪힐 수 있는 모든 일상을 다루고 있다. 작가는 〈혼불〉을 쓰고 있던 17년동안 그녀의 혼불은 육신을 빠져나가 옹구네로, 강실이로, 강모로, 강태로, 인월댁으로, 오류골댁으로, 쇠여울네로, 이기채로, 청암 부인으로 혼신을 다 바쳐 살아 내느라고 진이 빠져 작품을 끝내고 혼은 작품 속에 시퍼런 불덩이로 살아 남고 육신은 사라졌다. 작품에서 말하고자 하는 삶과 작가 자신의 삶의 정신이 이처럼 일치할 수 있을까 의아해 하다가도 그럴 수 밖에 없겠다는 결론이 난다.

부지깽이나 바가지도 삼십년을 손에서 정들이다 보면 주인의 정령이 스며든다고 한 작가인데 자신의 삶을 17년 동안 혼을 빼서 한 자 한 자 박아 내고 나면 소설 속의 인물들은 자신의 혼의 정령으로 오래 오래 살아 숨쉬겠지만, 자신은 머지 않아 한 줄기 대숲 바람 소리로 아지랑이에 무지개에 실려 천상에 닿을 것을 그녀는 이내 알았던 것일까?

권정현 작가의 〈칼과 혀〉를 읽고

소설의 배경은 만주국을 공간 배경으로 조선 중국 일본이 전쟁 혹은 구국단을 조직 운영하며 해방군(연합군)이 원자폭탄을 투하하기까지가 시간 배경의 주를 이룬다. 필자 세대에게는 일제 시대의 직접 경험은 없으나 영화 · 소설 · 드라마를 통해서 일본의 잔학함을 보고 느꼈기에 일본이 전쟁을 주도한 시대 배경이어서 처음부터 긴장을 느끼며 페이지를 넘겼다. 만주국을 배경으로 일본 · 중국 · 조선의 숨막히는 물고 물리는 전쟁 혹은 구국단의 긴박함을 다루고 있지만 중국의 첸, 조선의 길순, 일본의 모리 이 세 인물을 통해서 전개되는 이야기는 기존의 어느 소설에서도 발견하지 못한 흥미를 유발한다. 그것은 '맛'과 '요리'를 근간으로 세 주인공들의 전쟁에 얽힌 험난한 인생 여정을 그리고 있기 때문이다. 그러나 첸이 모리(야마다 오토조)의 요리사로 들어가서 24명의 장성들을 요리로 독살하겠다고 유도화 가루를 음식에 넣었다가 일부는 화장실로 뛰어 가고 모리는 병원에서 깨어나는 장면을 읽을 때부터 이 소설이 말하고자 하는 것이 적군 대 아군의 투쟁은 아니란 것을 알아차렸다.

특이하게도 이 소설의 화자는 첸이기도 길순이기도 일본의 만주국 사령관인 모리이기도 하다. 화자들의 입장에서 다수의 시선과 생각으로 기술됨에 따라 이야기가 보다 입체적이고 다면화되어 흥미롭다.

조선을 대표하는 인물인 길순은 고향인 청진에서 몇 백 명을 태우고 남쪽의 방직공장으로 간다는 말에 속아서 루손섬에 도착하여 매일 수많은 사내들을 받아 들이다가 후엔 이시하라 중대장 집에서 도망나와 숨어든 곳이 첸의 집이었다. 첸의 집에서 첸의 노모인 베베를 부양하며 첸의 아내노릇과 더불어 구국의 일원으로 의무를 행할 기회를 엿보고 길순의 오빠는 만주에서 권총 한 자루로 세상의 불의를 끝내고자 했으며 중국의 첸은 칼과 도마로 세상을 바꿀 수 있다고 믿었다.

광뚱의 유명한 요리사였던 첸의 아버지는 도마에 놓인 것이 무엇이든 숨통을 단박에 끊어 놓을 듯 위협하면서 동시에 재료를 상하지 않게 배려하는 것이야말로 중요하다고 말해 주었다. 모리의 요리사로 맨 처음 받은 명령이 1분 안에 요리를 해내지 못하면 목을 칠 것이라는 살벌한 과제에도 불구하고 58초를 쓰고 태웠던 겨울 송이를 다시 태운 부분을 벗겨 내고 그 오묘한 속살을 제대로의 맛으로 내놓은 것도 도마 위의 재료를 다룰 때 아버지가 들려 주었던 촌철살인의 교훈에서 비롯된 것이었다.

24명의 일본인 장성들을 포탸오탕으로 독살하려는 계획을 하며 첸이 떠올린 아버지의 가르침이 있었다. 광동식 복어 요리를 가르쳐 주시며 아버지는 독은 제거하는 것이 아니라 숨기는 것이라는 말 속에서 첸은 숨긴다는 것은 중화中和라고 이해한다. 상어 지느러미를 기반으로 한 담백한 국물 요리인 포탸오창은 재료가 서른 가지가 넘게 들어 가는 하나의 음식이되 또한 백 가지 음식 맛을 내는 요리이기 때문에 독인 유도화 가루로 중화가 용이하다고 생각한다.

이처럼 어떤 상황에 동반되는 그 요리의 설명에 중첩되는 묘사는 감칠 맛 나면서 그 상황을 보다 더 잘 기억하게 하는 필자에게는 역사적 시 · 공간의 배경서술보다 더 흡인력있는 색다른 장치로 느껴졌다. 거기에 더하여 철학적 깊이와 언어의 아름다움을 한껏 느끼게 해주는 소중한 소재였다.

인간의 상처를 고아 낸 듯한 쌀죽이 들어 있고 밥알 사이로 드문드문 붉은 빛이 도는 문어 조각들 그리고 부추와 당근 조각 등의 야채로 뒤섞인 문어죽은 두 개의 표정을 숨기고 살아 가는 사내들처럼 포악함과 다정함, 부드러움과 딱딱함, 약한 것과 강한 것, 풀이 죽은 살기와 고요를 동시에 지니고 있다고 묘사한다.

하루에 한 가지씩 새로운 요리를 해내라는 요구를 한 모리였지만 결국 첸이 해준 어떤 뛰어난 음식도 그의 혀를 만족시키지 못했다. 어머니의 무릎을 베고 먹었던 분고규가 가장 맛있었던 것은 혀가 기억하는 것이 아닌 간절한 마음이 기억하는 것이 음식이기 때문이라고 생각했다. 그래서 첸에게 칼로 자신의 혀를 이겨보라고 명령했지만 첸에게 너를 지금까지 살려둔 것은 너의 요리가 자신을 전혀 만족시키지 못했기 때문이라고 말했다. 자신의 혀를 만족시키지 못하면 목을 벨 것이라고 했던 자신이 자신을 만족시키지 못했기 때문에 살려둔 것이라는 이 아이러니는 무엇인가. 이 모순은 전쟁의 처절함은 그 처절함으로 인하여 반드시 평화가 찾아 올 것이라는 의미가 떠오르게 하는 혹독함 속에서도 한 줄기 따스함이 피어오르게 하는 행간으로 읽혔다. 그러나 이 소설의 분위기를 관통하는 것은 잔혹함, 극악무도함이 아니라 전쟁의 시대를 살아가고 있는 사람들의 마음 속에 흐르고 있는 인생의 모순, 부모의 애정, 동료애 또는 꿈꾸었지만 닿을 수 없는 이성간의 사랑 등이 음식의 재료, 음식을 만드는 도구(첸의 도마에 얽힌 아버지의 기억) 등과 함께 맛깔나게 버무려지고 무쳐져 있다.

모리가 패망하고 도망하기 전 첸의 목숨을 빼앗을 전날이라고 알려진 날에 첸은 조선식 피요리를 한다. 갓 잡은 돼지의 선지를 바가지에 담아와 굳혀 놓았다가 조선 된장을 풀고 시래기와 함께 볶다가 끓인다. 거기에 손목의 핏줄을 그어 피를 흘려 넣는다. 첸의 핏줄을 타고 흘러 내린 피와 함께 요리했던 마지막 음식은 쓰레기 같았으나 요리사를 경외하며 먹어 치웠다고 모리는 말한다.

응답하여 첸은 말한다. 우리의 내기는 끝났다고. 나는 무엇도 요리하지 않았고 당신은 아무것도 먹지 않았다고. 우리는 다만 외로웠을 뿐이라고. 불과 싸우던 시간도 온갖 요리의 맛들도 시대가 만들어 낸 순간의 고통일 뿐이라고.

감옥의 차디 찬 바닥에 내던져졌을 때 첸은 곰팡이 핀 두부를 기름에 튀긴 취두부가 먹고 싶었다. 첸의 아버지는 썩어가는 것들일수록 깊은 맛을 풍긴다며 발효시켜 썩힌 음식을 최고로 쳤다. 간절하게 하는 그 무엇이 없다면 요리는 겉치레일 뿐이라고 했다.

'간절하게 하는 그 무엇'의 체험은 모리에게도 있었다. 대 여섯 살의 어린 시절에 마당에서 놀던 모리는 닭에게 눈 아래를 쪼여 피가 철철 흘렀다. 그때 어머니는 조용히 피를 닦아 주고 나서 그 닭의 두 눈을 손가락으로 후벼 파내고 펄펄 끓는 물에 산 채로 집어 넣어서 부드러운 살을 모리의 입 안으로 흘려 넣어 주었던 시간이 채 1시간도 되지 않았음을 생생한 기억 속에서 끄집어내는 일이었다.

어떤 이는 시대의 배경에 요리가 삽화로 낀 것이라고 말할 수도 있겠지만 필자에게는 이 요리들에 얽힌 시대 상황이 삽화로 읽혔다고 말할 수 있을 정도로 요리들에 곁들인 에피소드들로 인하여 상황이 훨씬 선명하게 각인될 수 있었다. 이 요리들에 곁들여진 각각의 화자들의 영혼의 대화와 실제 상황 전개는 박진감이 넘쳤고 연체 동물의 빨판의 위력을 지니고 단숨에 흡입되었다. 이 소설 속에서 작가의 뛰어난 필력으로 빚어진 시대 · 상황 · 삶 · 영혼을 관통하는 수 십 마리, 수 백 마리 나비들을 맞이하고 날려 보낼 수 있었다. 111년 만에 찾아 온 40도를 넘나드는 여러 번의 제대로 된 올여름 용광로 날들 속에서 언어를 담금질하고자 뜨거운 쇳물을 부었다. 칼과 혀를 베어 물고서.

귄터 그라스의 〈양철북〉을 읽고

20대에 영화로 본 〈양철북〉은 가히 충격 그 자체였다. 할머니의 치마가 영화에서는 네 벌이 더 되었던 것처럼 느껴졌다. 그 치마 사이로 기어들었던 콜야이체크가 할아버지가 되었고 둘 사이에서 어머니가 태어났다. 그 어머니에게서 나, 성인이 되어서도 94cm인 오스카가 만들어졌다. (물론 스스로가 세 번째 생일 날 사다리에서 고의적으로 추락하여 성장이 멈추었지만)

〈양철북〉은 1999년 노벨 문학상 수상작이자 귄터 그라스의 대표작이다. 그라스는 2차 대전 당시 독일군에서 복무하다가 1946년까지 미군 포로 생활을 했다. 이때의 경험을 바탕으로 〈양철북〉을 집필했으며, 1959년 출간했다. 나치 무장 친위대 대원이었다고

2006년 8월에 한 잡지와의 인터뷰에서 고백했다.

왜 작가는 94cm의 난쟁이인 오스카를 내세워서 양철북을 치면서 그것도 마음만 먹으면 유리를 산산조각으로 만들어 버리는 재능을 주어서 무엇을 말하고 싶었을까? 문학이나 다른 분야의 예술에서 무엇을 강조하기 위한 가장 두드러지고 편리한 장치 중의 하나가 희화화인데 그 우스꽝스러움을 통해서 무언가를 강조하게 되면 그 효과가 훨씬 명징하기 때문이다. 일반인의 기쁨이나 서글픔을 묘사하는 것보다 사회에서 대접 받지 못하는 난쟁이의 그것을 묘사하는 것이 훨씬 강렬한 것은 자명한 이치인데, 이것은 시대적 배경과도 맞물릴 수밖에 없다. 2차 세계대전이라는 것은 그야말로 괴물과도 같은 것이어서 2차 세계 대전 자체가 비정상적인 난쟁이로 상징될 수도 있고, 2차 세계대전이라는 이 엄청나고 무서운 전쟁 분위기 속에서 우왕좌왕하며 살아가는 소시민들의 삶이라고 할 수도 있고, 그 전쟁의 와중에서 헤게모니를 쥔 것처럼 보이는 나치정권의 집단 권력자들의 모습일 수도 있다. 사실 난쟁이 오스카는 어느 진영, 어느 편 입장에서 본다고 해도 다 가능한 다방면, 다심리 투영 조명이 가능한 어쩌면 이 세상의 모든 것들의 조망이 가능한 神의 또 다른 설정이 바로 이 못난 94cm의 장애를 지닌 오스카인 것이다. 물론 〈양철북〉에서 신에 반항하고 도전하기 위해 성당의 예수상이나

마리아 상을 훼손하고 연극을 통해 '내가 예수다'라고 외치는 장면도 〈그리스도 승계〉와 〈먼지떨이들〉그리고 〈예수 탄생극〉 챕터에서 상세히 묘사되고 있다. 즉 이미 고의적으로 사다리에서 떨어져 성장을 멈추겠다고 작정했던 자체가 이 세상의 기존의 질서나 체제에 대한 반항이며 더 나아가서는 신에 대한 반격이기도 한 것이다. 하지만 작가 또한 속 시원한 해결이나 대답이 있을 수 없는 혼돈의 아수라장인 이 세계 자체가 신의 영역이라고 보고 있는 건 아닐까 하는 생각이 들었다. 불과 70여 년 전에 이 지구상에서 일어난 일이라고는 믿기 어려운 600만 유태인 학살이라는 어마무시한 일이 자행되고 있었을 때 작가는 내면의 분노를 가장 소외된 계층인 한 난쟁이를 내세워 전쟁이라는 괴물에 맞서 조롱하고 우스꽝스럽게 만들고 싶었다. 혼돈의 아수라장인 제2차 세계대전이라는 시공간에 갇혀 있는 모든 인간들의 나약한 조건을 적나라하게 고발하고 또 천재작가 자신도 그러한 혼돈의 도가니를 주인공 오스카를 통해 관조할 수밖에 없었으리라고 생각한다.

즉 한쪽에서는 미군과 일본군이 루손 섬에서 횃불 춤을 추고 있는 동안에 다른 한쪽에서는 버마의 코끼리들에게 온갖 구경의 총알을 퍼먹이고 있었고, 태평양 한 가운데에서는 두 척의 거대한 항공모함이 서로 접근하면서 비행기를 발진시켜 상대를 격침시켰다. 이러는 와중에도 하루의 일과를 끝낸 약혼자는 프라이팬에 두 개의 달걀을 깨뜨려 넣고 있었다. 당연한 일이지만 전면에서 사건의 실마리들이 서로 얽히고설키면서 비극적 역사의 사건을 만드는 동안에 배후에서는 또 다른 평범한 일상적인 이야기가 또 다른 빛깔의 역사의 씨줄과 날줄로 짜이는 것이다. 이런 것처럼 오스카는 유리를 깨뜨리는 능력을 통해 세상을 조롱하고 우스꽝스럽게 만들어 보임으로써, 태연을 가장한 온갖 부조리를 낱낱이 드러내고 파헤쳐서 독자들에게 한 치의 한눈팔기도 허용치 않는 집중력을 선사할 뿐만 아니라 그런 태연한 서술의 상황이 반복되면서 '인생은 어차피 이런 것'이라는 뒤죽박죽의 온갖 세상 모습을 여과 없이 쏟아붓고 있다.

〈양철북〉에서 주인공 오스카가 난쟁이임에도 불구하고 패배자의 입장에서 염세주의나 비관주의에 빠지지 않고 주어진 환경에서 좌절하지 않고 生을 즐기며(앞 부분에서의 여성편력은 돈판이나 카사노바에 버금가는 느낌이었고) 아들 쿠르트에게서 아버지임을 인정받지 못하고 걷어차이고 심지어 돌을 맞고 혹이 생겨서 머리가 기형으로 커지면서도 그 부분에 심각하게 매몰되지 않는다. 이것은 인생이 어떤 위기와 비참함이 닥친다 해도 그것을 받아들이는 자세에 따라 얼마든지 즐겨 볼 수 있는 것이라든가, 혹은 세상의 이치는 아무리 역사적 비극이 일어난다 해도 다른 한 쪽에서는 그것에 편승하여 더 낫거나 아니면 순항을 하는 반대급부의 일들이 무심하게 일어나고 돌아가고 있는 것을 보여 주는 하나의 장치가 아닐까 하는 생각이 들었다. 작가는 난쟁이 오스카를 통해서 양철북을 치면서 노래를 부르거나 소리를 지르면 모든 유리들을 깨부술 수 있는 능력을 줌으로써 세상을 조롱하고 희화화하고 싶었을 것이다.

오스카가 마리아와 구스테(마리아 언니)와 아들 쿠르트를 떠나 새로운 집으로 방 하나를 얻어 이사한 집에서 뚱뚱이 클레프 앞에서 자신의 전 역정– 할아버지 콜야이체크가 뗏목을 타고 도망을 하고, 감자밭에서 비가 오던 10월에 할머니의 네 벌의 치마와 콜야이체크 사이에 어머니가 태어나고 등등 전력을 다한 오스카의 연주를 듣고 시체 냄새를 풍기던 클레프가 일어나서 목욕재계를 하고 재즈악단의 결성을 제안하고 오스카는 다시 드러머로 태어날 결심을 한다. 타악기인 드럼을 연주하게 함으로써 우리의 심장에 박동을 빠르게 가함으로써 오스카 인생의 변주만이 아니라 이 책을 읽는 독자들이 체험하고 있는 세계에 대한 깨달음의 변주는 분노의 표출을 통해 유리를 깨부수어 파편으로 만드는 장치와 그 궤를 같이하고 있다고 느껴진다.

오스카는 그가 난쟁이로서의 핸디캡을 안고 고난 받는 삶 속에서 양철북을 울리며 양파극장에서 일반인들의 희노애락에 동참하여 그들의 눈물을 닦아 주고, 개가 물어 온 도르테양의 손가락을 병 속에 보존하여 그것으로 자신도 정신병원에 감금되는 처참함을 겪게 된다. 하지만 그것으로 인해 억울한 도르테의 죽음도 밝혀지는, 예기치 않은 일들로 인해 선행을 베푼 결과도 맞게 된다. 그러나 어머니의 죽음, 당배지를 줌으로써 질식사를 맞이하게 된 마체라트씨, 배브론스키의 죽음 또 오스카가 의도한 것은 드러나 있지 않지만 그의 기행으로 인하여 불행한 일들을 당했던 수 명의 인물들, 반대로 그의 북소리가 구원이 되어 시체 냄새를 떨치고 일어섰던 그 기다란 복도의 월세방에 사는 옆집의 인물 클레프가 있다. 이처럼 수 많은 기행과 악행과 선행이 짜여 오스카의 30세 인생을 만들어내고, 한 인간의 인생역정이 이렇게 다채롭고 깊이 있게 서술된 작품은 일찍이 본 적이 없다.

김대현 작가의 〈홍도〉를 읽고

(홍도와 자치기의 환생)

이 소설의 실제 무대는 헬싱키 반타 공항에서 인천 공항까지 오는 비즈니스 클래스룸에서 피부가 하얗고, 눈빛같은 흰 스키니진을 입고 물빛같은 파란 색과 눈빛 흰색의 짧은 재킷을 입은 젊은 여인에게 영화제에 참석하고 3등상 쯤 되는 디플로마스 오브 메릿이라는 작품상을 타고 돌아 오는 젊은 청년 동현이 호기심을 느끼면서 엮어 가는 좀 새로운 기법의 구성 요소를 보여 준다.

맨 처음에 한 여자가 동현의 자리에 앉아서 동현의 스크랩 북을 펼쳐 들고 보고 있었다. 동현이 화장실에 갔다 오는 사이에…….

'천반산'과 '죽도서실'이라는 글자를 시작으로 죽 읽어 내려가다가 '정여립'이라는 인물 이야기를 시작으로 선조 임금 때 조선조 최대의 모반이라고 일컬어지는 정여립 사건을 풀어 나간다. 사이사이에 플롯 전개에 다양성을 가미하기 위해서 타임머신을 타고 비행기 안에서 그 여인과 죽도 할아버지(정여립)가 지어 준 '홍도'라는 여인에 대해서 일정 부분은 동현이 이야기를 이끌고 일정 부분은 이름을 알 수 없는 아리따운 아가씨가 이어가고 있다. 눈치가 빠른 독자는 이야기의 전개를 따라 가면서 홍도가 '환생'의 멜로디로 변주되고 있다는 것을 알아 차렸을 것이다. 그렇지 않다면 왜 사백서른 세 살의 홍도 나이를 들먹이게 될 것인가?

이 작가가 실제로 1999년 단편영화 〈영영〉으로 칸영화제 단편경쟁부문에 진출했으며, 핀란드 탐페레 국제 단편영화제에서 디플로마스 오브 메리트를 수상하고 이란 국제 청년 단편영화제에서 1등상을 수상했으며 이후 영화 시나리오와 TV 단막극을 집필한 다채로운 경력의 영화감독이다 보니 수시로 비행기 안의 2000년 대의 시공간에서 조선시대 소리실 마을에서 한성으로 또 일본으로 그리고 네델란드라는 먼 곳까지 400여 년이라는 시간을 넘나드는 기법을 매끄럽게 연결하고 있다.

"예문관 검열 리진길의 외동딸이고, 기축년 조선을 뒤흔들어 버린 정여립이 이름을 지었으며, 임진왜란 때 조선 임금의 딸과 함께 일본으로 끌려가 원수의 딸 이름인 정주로 살다가, 다시 조선으로 돌아와 연모하던 자치기와 운우의 정을 나누고, 두터비 형상을 한 항아를 만나 영원히 늙지도 죽지도 않게 되었으며, 덧없고 무료하던 세월을 지나, 새로 태어난 아버지 김한빈 백다록을 만나고, 또한 새로 태어난 얀 얀센 꼬르버와 함께 세상을 날아다니다가, 이제 백년도 훨씬 지나 떠났던 곳으로 다시 돌아온 홍도, 리홍도……."

P. 376의 1행에서 9행까지가 홍도 이야기의 근간이 되는 뼈대다. 여기에 죽도 할아버지가 시를 짓고, 도가의 도인이 되어 세상을 두루 살피는 아름다운 여인이 되라고 당나라 시인 설도의 자가 홍도인 것을 따서 홍도라고 이름 지어 준 정여립. 그의 천반산에서의 자결과 그 후, 가장 믿고 의지해야 할 자치기와의 이별, 그리고 자치기의 말을 듣고 양반 부녀자들 사이에 끼어 있다가 일본으로 오게 되어 조선 왕조 가문 이연의 딸 정주의 신분과 이름을 가로 채어 10년을 보내게 된 이야기. 그 후 조선으로 가서 방방곡곡을 찾아 헤매다 월악산 골짜기에서 두 다리를 무릎 아래로 잃은 자치기와의 운우의 정. 너럭 바위에 떨어져 널브러져 있다가 항아님을 만나서 4백 삼십여 년을 지나서 비행기 안에서의 아름다운 여인으로 나타난 홍도가 그 옛날 별 뜻 없이 지어 주었던 떠꺼머리 총각 자치기가 죽도 할아버지 밑에서 심신을 단련하고 스스로를 다스릴 줄 알게 된 자치기自治己로 거듭 나서 홍도의 오매불망 연인이던 그 자치기가 비행기 안의 영화감

독 젊은이로 현현하게 된 것이다.

이미 절반 정도를 읽게 되면서 홍도의 '환생'이 이 여인을 통한 것임은 거의 확신하고 있었으나 아버지 리진길이 김한빈으로 자치기가 네델란드인 얀 얀센 꼬르버 그리고 다시 젊은 이 김동현으로는 미리 짐작하지 못했다. 그러나 '환생'이라는 의미가 낯설게 다가오진 않았다. 티벳에서 '달라이라마'로 추대 되기 위해선 '환생' 작업이 수십 가지가 넘게 시험되고 있는 것이 몇 년 전에 TV로 방영되었다. 그 때도 개인적으로 황당하다기 보단 그럴 수도 있겠다는 생각이 들었다. 우리가 사람, 집, 마을, 일 등 일상 생활에서 부딪치는 일들이 전혀 낯설지 않고, 언젠가 꼭 해보았던 일 같은 몸과 영혼에 딱 들어 맞는 느낌을 지울 수 없을 때가 종종 있다.

"돌이켜보면 깔축없이 변하는 세상이 바람 모양으로 돌고 도는 것인지, 그리워하며 기다리다 보면 언젠가는 꼭 찾아오는 것이 인연인 것인지, 아니면 둘 다 맞는 것인지, 사백년도 훨씬 지났지만 아직도 잘 알지는 못합니다. 하지만 변화무쌍한 세상에도 아버지가 계셨고, 정주가 있었고, 자치기가 있었으니……. 이제는 무엇이 어찌 될까요?"

그렇다. 조선 시대의 포악한 탐관오리들이 죄없는 백성들을 수탈하고 몰매를 때리고 그것도 모자라서 옥에 가두어 죽게 했듯이 오늘 날에도 많은 나라에서 헐벗은 국민들이 밥을 해결하기 위해서 목숨을 걸고 난민선에 올라 수 많은 사람들이 바다에 수장되는 것과 무엇이 다르며, 왜구들과 오랑캐들이 시도 때도 없이 쳐들어와서 조선인들의 코를 베어서 소금에 절여 항아리에 담아서 자국의 대장에게 보고했던 극악무도함과 IS 대원들이 무자비하게 무고한 양민들과 각국에서 온 구호단원과 기자들을 참수시키는 것과 무엇이 다르며 새로운 사상으로 조선이라는 나라가 붕괴될까 두려워서 수많은 천주교인들을 사살했던 역사적 사실과 흑인이라는 사실만으로 손들라고 몇 번 경고한 후에 휠체어에서 앉아 있다가 백인 경찰의 총에 맞아 그대로 고꾸라져 나뒹굴던 그 연약한 청년과는 무슨 차이점이 있을까?

그렇게 우리 인간의 역사는 되풀이 되고 있다. 인연에 따라서 또 개개인의 역사도 그렇게 흘러 가고 있다. 사 백년 전 빨간 제비 부리 댕기를 하고 나풀거리던 홍도가 비행기에서 아리따운 아가씨로……. 쥬던(손수건)을 돌려 주려고 공항에서 불러 세운 동현에게 재킷에서 손 때 묻은 자치기自治己알을 건넨다. 동현이 말한다. “홍도, 리홍도 미가륵…. 저였군요. 자치기가….”

이제 무슨 말이 필요하랴. 그대가 알고, 내가 아는데…….

환한 미소로 바라만 보다 홍도가 동현을 끌어 안는다.

이 작품의 미덕은 시대와 장소를 넘나들며 430 여 년 만에 자치기와 홍도가 비행기 안에서 만나 공항에서 서로를 알아보는 큰 틀 안에서 이루어지는 변주곡과 같은 다양성이다. 그 둘의 삶의 배경은 조선시대 전주 사람 정여립에서 출발하여 홍도의 삶의 우여곡절과 부침 그리고 자치기와의 꿈결 같은 만남, 그 속에서 펼쳐지는 애환과 역사의 굴곡으로 빚어지는 한 개인의 삶의 파란만장을 마치 소설 속의 홍길동을 떠올리게 하는 점이다. 답답한 일상에서 이야기 속으로 빠지는 무모한 재미라고 표현하고 싶다. 때로는 무협소설처럼 때로는 역사소설로 또 주인공인 자치기의 몇 차례의 환생은 환타지 소설로 한 소설에서 지루하지 않게 소설의 장치가 다양하게 변주되고 있다는 점인데 그런 낯선 변주 요소들이 이 소설의 재미를 한껏 더해 주고 있다. 일종의 행운이기도 하였는데 학교에서 교사들로 이루어진 독서 동아리에서 작가를 초대하여 집필과정에 관해 듣게 되었다. 이 작품을 완간하기 위해서 닥치는 대로 거의 300여 권의 책들을 읽고 난 후 집필을 시작했다는 고백에서 수 백 권의 독서가 평소에도 창의성이 번뜩이는 작가에게 다양성의 활로를 제시한 것이 아닐까 하는 생각을 해보았다. 이처럼 해마다 창의성이 뛰어나고 글 솜씨가 탁월한 작가를 만나서 해마다 새로운 작품에 관한 독후감 제출을 꾸준하게 할 수 있는 노을을 향한 발걸음에 기운찬 채찍이 되어주길 기대한다.

한강의 〈채식주의자〉를 읽고

이 작품의 3분의 2분량까지는 작품을 통해서 무엇을 말하고 싶을까를 계속 탐색하는 과정이었다. 흔하게 이 작품에 대해 소개하는 '폭력성'에 대한 항거만일까? 내 자신의 저울에 올려 보고 싶은 조바심으로 단숨에 읽어 나갔다. 물론 부분적으로 보자면 영혜가 고기를 먹기를 거부했을 때. 아버지가 두 차례나 뺨을 갈기고 입을 벌려 억지로 입에 쑤셔 넣으려고 했던 태도에서 분노가 일 정도의 폭력을 느낄 수 있다. 또 남편과의 정사장면을 캠코더로 돌려본 후에 언니인 인혜가 자신이 영혜를 정신병원에 데리고 온 당사자이므로 영혜에 대해 느끼는 가책도 폭력이라고 이해할 수 있다. 또 영혜를 정신병원에서 더 큰 병원으로 옮겨야 생명을 유지할 수 있다는 통보를 듣게 된 날, 인혜는 어린 시절을 회상한다. 인혜 자신은 삽삽하게 굴고 아버지에게 술국이라도 끓여 냄으로써 아버지의 폭력 대상에서 비켜날 수 있었고, 남동생은 아버지에게 맞고 나서 동네 애들을 패줌으로써 그 상처를 상쇄할 수 있었지만 영혜는 고지식하고 솔직한 성격으로 마땅한 대처 방식을 찾지 못한 채 아버지에게 많이 얻어 맞았다는 사실을 들려준다. 그런 날은 영혜는 집 밖을 하염없이 바라보았고, 인혜랑 길을 잃어 헤매었을 때는 집에 가지 말자고 했던 얘기로 단편적으로나마 고기 먹는 것을 거부했던 이유를 설득력있게 제시한다.

그리고 인혜는 두고두고 의문을 가졌다. 인혜의 이사한 아파트에서 영혜를 때리던 아버지의 손을 막을 수 없었을까. 영혜가 손목을 과도로 자해하던 것을 막을 수 없었을까, 남편이 영혜를 들쳐업고 병원에 가던 것을 막을 수 없었을까. 정신병원에서 돌아온 영혜를 제부가 버린 것을 말릴 수 없었을까. 그리고 남편이 영혜에게 저지른 일을 막을 수 없었을까 하는….

위의 예시들은 타인에 의한 폭력이거나 자신에 대한 폭력이라고 볼 수 있다. 영혜가 고기를 먹지 않게 된 시점이 꿈을 통해서 본인의 의식 밑바닥에 자리하고 있었던 '죽이고 죽는' 폭력이 계속해서 생생하게 드러난 후부터 고기를 안 먹게 된 것은 분명하다. 거기에다 '예술성의 완벽한 추구'라는 장치가 있긴 하지만 결혼 후 처제를 처음 조우했을 때부터 지니고 있던 호감을 '도

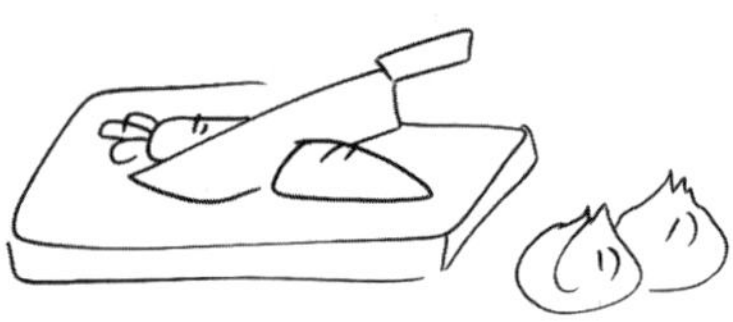

덕'의 금기를 허물어 뜨려가며 아내인 인혜와 정신병원에 다시 가게 되는 영혜에게도 결과적으로 폭력을 휘두르게 되는 인혜 남편도 엄청난 가해자다.

그러나 이 소설이 말하려고 하는 것은 타인에 의한 혹은 자신이 자신에 대한 폭력만을(영혜 아버지도 영혜에게 가해자지만 영혜가 정신병원으로 들어간 이후엔 피해자일 수도 있고 인혜도 영혜로 인한 피해자지만 또 영혜를 정신병원에 보낸 가해자이며 인혜 남편인 지우 아빠도 두 여인에게 가해자지만 가정과 아이를 잃는 피해자이기도 한) 나타내고 있는 것이 아니다.

인혜는 영혜가 더 큰 병원으로 옮기지 않으면 더 이상 생명을 유지할 수 없다는 말을 들은 정신병원에서 계속 스스로에게 질문한다.

남편을 좋아하지 않으면서도 결혼을 하게 된 것은 의사, 교육자가 많았던 시집의 집안 때문이었다. 그냥 견디는 것만이 삶의 유일한 대안이었던 그녀에게도 마른 먼지가 풀풀 날리는 황량함이 밀려 들었다. 그녀는 한 순간 죽음을 떠올리며 지우를 포기하려고 한 때도 있었다. 남편과 영혜가 금기를 어기고 달려 나가지 않았더라면 모든 것을 허물어뜨리지 않았다면 무너졌을 사람은 바로 자기 자신이었을지 모른다는 것을 깨닫는다.

이 부분에서 독자인 나와 작가가 한 마음으로 해후한다. 이 작품은 좀 더 넓은 의미에서는 인간이라는 유한한 존재가 무한인 시간과 공간에 내던져져서 자신에게 주어진 시간과 공간 속에서 시지프스의 신화처럼 끊임없이 주어진 '조건 혹은 운명'과 쉼없이 직면

해야하는 것이다. 그 직면에 지치거나 도피하게 될 때 '불운한 천재'인 전혜린이 될 수 밖에 없다. 이 작품을 읽고 '눈부신 태양' 때문에 살인을 저지르게 되는 뫼르쏘나 죽는 날까지 끊임없이 언덕 위로 돌을 굴려 올려야만 하는 시지프스가 생각나는 것은 인혜를 통한 인생의 성찰이 확고하게 드러나 있기 때문이다. 여기서 뫼르쏘를 떠올리게 된 건 '상황'을 통해 한 인간의 존재를 다루고 있다는 측면에서다.

'상황'이나 '조건'은 부분일 수 있으나 '존재'는 우리 인간을 설명하는 데 가장 큰 영역이며 삶의 이유이기 때문이다. 인간의 실존을 다루고 있는데, 폭력이 어떻게 한 인간의 영혼과 육체를 서서히 무너뜨리게 되는지를 실감나게 보여 주고 있다.

신영복 선생의 〈담론〉을 읽고

오래 전부터 신영복 선생님의 〈감옥으로부터의 사색〉제목과 그 분이 정권의 희생볼모가 되었다는 피상적인 상식은 있었으나 〈담론〉을 읽어보니 그 분의 인간승리라고 밖에 달리 표현할 방법을 찾을 수 없었다.

20년 20일 동안 그 정권이 아니라면 죄명을 찾을 수도 없는 인문사회학 도서의 독서모임의 정점에 있었다는 이유만으로 20년 20일을 수형생활을 했다는 것에 대해 책의 전편을 통해 어느 한 곳에서도 억울함이나 분노의 감정은 표출되지 않았다. 물론 남아프리카 공화국에서도 넬슨 만넬라 대통령이 인권변호사라는 이유만으로 27년 수 개월 동안 감옥 생활을 한 경우는 비슷한 처지라는 생각이 들지만 보통 사람 같으면 억울한 심정에 화병이 들거나 지레 자진했을 수도 있었을텐데 말이다.

이 분의 학생들에게 들려주었던 강의를 녹취하여 글로 엮어낸 〈담론〉을 읽어 보면 필담이 시냇물이 흐르는 듯 유려하다. 마치 한양 천도 600년을 기념하여 〈서울〉의 서를 북악산, 한자의 산山을 그려서 '서'를 만들고 한강을 떠올린 '울'은 강물처럼 썼다고 하는 설명에서 이 분의 철학과 성정이 함께 우러나서 이 분을 이해하고자 할 때 이 글자를 떠올리게 되고 그냥 가슴으로 이해가 되는 것이다. 물론 '산山'은 왕조권력을 의미하는데 왕조 권력은 권력투쟁에 몰두하여 백성들의 애환에 무심하지만 한강 물은 민초들의 애환을 싣고 700리 유정하게 흘러간다는 의미를 담았다고 하는데 이 책을 다 읽고 난 후의 본인의 느낌은 신영복 선생님의 인품과 성정이 '서울'이라는 글씨체와 의미로 함축된다는 느낌을 강하게 받았다.

이 분이 산과 같은 강골로 독서모임의 주된 모임의 일원이었다는 것과 20여 년의 수형생활을 겪었음에도 피폐해지지 않고 자신을 지켜내고 수형생활을 '대학생활'이라고 받아들이며 자신을 갈고 닦은 면모에서 '산山'과 같은 기골을 느낄 수 있었다. 재소자들 사

이에 섞여서 한 사람 한 사람 인간의 내면을 들여다보고 그들의 얘기에 진심으로 귀기울여 주면서 흐트러짐 없이 20여 년 전의 어제와 같은 모습으로 감옥으로부터 걸어 나와서 그 다음 달부터 성공회대학에서 강의를 맡았다. 그 후에 대학원장으로 퇴임하였고 석좌교수로 지금까지 강의를 맡아 자신의 지식과 품행을 후배들에게 전수하는 모습에서 흔들리지 않는 태산의 모습을 닮아 있음을 읽었다.

그리고 20년 20일의 감옥 생활 동안 간신히 엽서에 써서 부모님께 부친 글들이 모여서 〈감옥으로부터의 사색〉의 책으로 발간되고, 부모님 돌아가시기 전엔 부모님 주변에서 떨어지지 않기 위해서 중앙일보에 연재된 〈세계 여행기〉도 부모님 사후에 시도했으며 부모님께 더 이상 불효하지 않으려고 49세에 결혼하여 쉰에 늦둥이 하나를 두었다. 이 분이 자살하지 않은 이유는 겨울철 두 달 동안 두 무릎과 허벅지 부분의 넓이만큼의 햇볕 때문에 그 햇볕의 따스함으로 온갖 고난을 이겨 낼 수 있었다고 하며 하루하루 살아낸 이유는 깨달음과 공부였다고 하는 말씀은 겨레의 모든 한과 설움을 안고 어제도 오늘도 내일도 흐르고 있을 한강의 유정함을 닮은 그 분의 부드럽고 탄력적인 태도가 강江의 부드러움을 드러내고 있다.

문체도 그렇다. 내용은 딱딱할 수 있는 자본주의나 자본주의로 말미암은 인간의 고립 혹은 딱딱하고 어려운 학문인 주역을 부분적으로 다루고 있지만 그 내용을 풀어서 설명하는 기법은 마치 할

아버지나 할머니가 손자에게 들려주는 동화처럼 따뜻하고 말랑거려서 참 쉽게 와 닿기 때문에 마치 책을 읽는 독자가 본인이 현명한 것이 아닐까 하는 일시적 착각으로 제대로 내용을 이해했는지 당황하여 되짚어서 읽기를 여러 차례 반복하였다.

한 해를 마무리하는 시점에서 동시대에 이렇게 지식과 행동이 일치된 고결한 분의 책을 읽게 되어 크나 큰 선물을 받았다. 2016년 1월에 신영복 선생님은 떠나셨지만, 그 분이 생활 속에서 실천한 사람들과의 관계회복과 어떤 큰 상처를 어루만져주는 것은 꼭 그만큼의 큰 위로가 아닌 작은 것으로부터도 치유가 가능하다는 말씀이 오롯이 가슴에 다가온다. 감옥에서 자살하지 않고 견딜 수 있었던 이유는 신문지 크기만한 햇빛이었다는 가슴 시린 고백을 뒤로 하고 떠나신 선생님의 영면을 기원하며 그 분의 정신과 생활철학이 담겨있는 〈담론〉을 마음의 달력에 새기고자 한다.

나쓰메 소세키의 〈나는 고양이로소이다〉를 읽고

이 소설은 1905년 일본 작가 나쓰메 소세키에 의해서 발표되었다. 110년 전에 발표된 작품인데도 완성도에 있어서 현대 소설 못지않은 뛰어난 요소들을 꼽아 보았다.

작품의 화자가 사람이 아닌 고양이라는 점은 특기할만한 것으로 작가의 시점을 대변할 수 밖에 없지만 우리 주변에서 애완동물로 키우고 있는 고양이를 통해서 세상을 바라보는 작가의 얘기를 실토하고 있다는 것은 꽤 흥미 있고 색다른 느낌을 주는 소재 선택이라고 할 수 있다.

작가의 박학다식함을 엿볼 수 있는 대목이 이 책의 처음부터 끝까지 인용되고 있는 세계적인 철학자 혹은 문인의 얘기를 케케묵은 박제된 얘기로 진부하게 소개하는 것이 아니라 그 얘기를 인용하면서 좀 더 보편적인 얘기의 실마리를 풀어 나가는 단초로 사용하고 있다는 점은 더 개별적이고 개성적인 부분이라고 생각한다.

또 작가가 국비장학생으로 영국에서 영문학을 공부한 영향으로 영국으로 대표되는 서양사상과 일본의 동양사상을 비교한 부분들이 철학적 고찰에 바탕하여 비교 분석되고 있는데 100여 년이 지난 지금 시점에서 살펴보아도 무리없이 수긍할 수 있는 탁월한 예지력도 함께 번뜩인다.

옛날 사람들은 자신을 잊으라고 교육했지만 현대인들은 자신을 잊지 말라는 가르침 속에서 서양문명은 적극적이고 진취적일지 모르지만 그것은 불만족스럽게 일생을 사는 사람들이 만든 문명이라는 것이다. 서양인들은 산이 있어서 이웃마을로 가지 못하니 산을 부순다는 발상이라면 동양인들은 산을 넘지 않아도 만족스럽다는 마음을 키우는 것이라는 것이다. 작가는 현 시대의 문명의 경향을 발전시켜서 먼 미래의 추세를 점치자면 결혼은 불가능한 것이 된다고 예견하였다. 왜냐면 옛날에는 일가를 남자가 대표하고 하나의 현을 영주가 대표하던 시절에는 대표자 이외에는 인간에게 전혀 인격이 없었고, 있었다 해도 인정되지 않았다. 그것이 싹 바뀌자 '너는 너, 나는 나'라는 식이 되었다. 따라서 그만큼 개인이 강해졌다. 개인이 평등하게 강해졌다는 것은 개인이 평등하게 약해졌다는 것을 의미하게 된다. 강해진 것은 기쁘지만 약해진 것은 누구나 기쁘지 않으니 남의 약한 부분을 억지로 확대하려고 하기 때문에 사람과 사람 사이에 공간이 없어져서 괴로워하면서 생존하게 된다. 부부가 같이 있으려면 개성이 맞아야 하는데 개성이 강해질 대로 강해진 부부가 같이 사는 것은 서로에게 손해라는 인식이 팽배하게 되고 결혼이 점점 불가능해질 것이란 논리다. 이렇듯이 인문이 발달한 미래 시대엔 개개인이 특별한 개성을 지니고 있으므로 남이 지은 시 따위는 아무 재미가 없어지게 된다. 이런 경향이 점차 발달하여 결혼이 부도덕이 될 때에는 예술도 완전히 멸망하게 될 거라는 논리다. 작금의 현대 사조는 이 작가가 예견한 미래와 거의 부합하고 있다.

그리고 이 작가는 고양이 관찰에 일가견이 있음을 세세한 묘사를 통해서 여실히 드러내고 있다. 고양이가 사마귀를 사냥할 때에 사마귀를 공략하는 순서와 한꺼번에 먹어 치우지 않고 가지고 놀듯이 요리하는 장면, 고양이가 가려움을 해결하는 방법으로 주인의 다리에 등을 부비거나 소나무 껍질에 대고 몸뚱이를 부비는 방법 그리고 고양이가 나무를 올라갈 때와 내려올 때는 구부러진 발톱 때문에 내려오기가 마땅치 않다는 묘사를 상세하게 하는 대목 등은 작가의 뛰어난 그리고 유머가 실린 관찰력을 마주할 수가 있다.

이 밖에도 주변의 인물들, 옷, 외모, 심리, 문학, 역사 등 우리 인간이 접하고 영향 받는 요소들을 통하여 인생이나 예술은 하나로 관통할 수 있는 맑은 그 무엇이 아니고 뒤범벅이거나 혼재된 그 무엇이 인생이며 문학이란 걸 마치 오륙 년 전에 쓴 글인 것처럼 시대를 뛰어 넘는 통찰력으로 독자들을 압도한다.

심윤경의 〈나의 아름다운 정원〉을 읽고

이 책을 펼쳐 읽는 순간, 아마 1995년 쯤에 문학동네 공모상에 당선된 〈새의 선물〉과 똑 같은 시점에서 쓴 글이라는 게 첫 번째 인상이었다. 〈새의 선물〉에서는 영악한 여자 계집애의 시선인 것에 반해서 이 소설에서는 글을 읽지도 쓰지도 못하는 아홉 살 난 동구의 눈을 통해서 바라본 한 가족사인데, 한동구에게 가장 큰 좋은 영향을 주었고, 이 소설의 근간을 이루고 있는 박영은 선생님과의 우정의 이야기다. 물론 우정이며 첫 사랑일 수도 있고 열 살 배기 동구에게 가장 깊은 영혼의 울림을 전달한 박영은 선생님과의 한 학기 동안에 일어난 일을 구체적인 일화와 더불어서 세심하게 반응하고 느끼는 소년의 내면의 심리를 그토록 잘 묘사하는 것을 보면 작가가 되는 것도 일종의 신내림이 아닐까 한다.

후기에서 작가는 서른 살에 이 소설을 썼을 당시 단 세 명의 소년을 만났다고 언급하면서 한동구에게 가장 많은 할애를 하고 있는데, 그건 자기 남편의 순수하고 여린 심성에 기대고 있는 바가 컸다고 고백한다. 어쩌면 우리는 남자와 여자라는 다른 성 때문에 미리 지레짐작해서 사고의 체계나 감성이 많이 달라서 그런 소년이나 남성의 관점에서 글을 다루면 실패할 것 같은 예감에 압도되는 게 사실이다. 그러나, 심윤경의 이 소설을 읽다 보면 9–10 세의 소년과 소녀는 특별하게 다른 성 때문에 겪게 되는 사회적 · 문화적 · 정신적 · 육체적 경계가 그다지 확고하게 선 그어져 있지 않다는 점은 작가가 소년의 관점에서 글을 쓰게 협조하는 한 요인일 수도 있겠다.

이 소설에 등장하는 아빠 · 엄마 · 할머니 등은 흔하게 마주칠 수 있는 우리 주변의 군상들 중에서 가능한 캐릭터라고 여겨진다. 하지만 박영은 선생님이 한동구에게 쏟았던 애정은 글 읽기를 지도하기 전에 두 주나 걸쳐서 동구에게 먼저 마음 속의 말을 할 수 있도록 조심스럽고 단아하고 치밀하게 대화를 끄집어 내고 한글 자모음 하나하나를 익히게 할 때 떠오르게 하는 글자, 또 글자 공부가 끝나고 나서 학교 앞에서 같이 먹는 떡볶이, 또 세계 동물도감을 통해서 글자를 좀 더 쉽고 흥미있게 배우도록 하는 대목 등은 실제 체험을 통하거나 실제 체험 사례를 일일이 듣지 않고서는 그처럼 실감나고 자세한 얘기를 쓸 수 없다고 확신한다. 박영은 선생님을 통한 글 읽기와 쓰기는 한 개인의 일생에서 결코 잊을 수 없는 획기적인 일인데, 그 굵직한 기둥을 배경으로 겪게 된 섬세한 내면의 감정 묘사는 탁월한 고수임을 인정하게 하였다.

한동구의 인생에서 가장 중요했던 사람인 박영은 선생님이 5·18 광주 항쟁 때 사라진 설정과 그 무렵 예기치 않게 가족들 중에서 가장 사랑 받는 동생 영주의 죽음을 통해서 한 시절 가장 어두웠던 암울한 시대를 간접적으로 표현하고 있는 것 같았다. 개인이 시대의 변화에 전혀 영향 받지 않는다고 할 수 없으므로….

한 가지 작가의 색다른 시선은 이 작품의 아름다운 정원이 이웃 3층 집 정원이라는 사실이다. 일상이 무심히 흘러 가고, 인내하고, 상처 받고, 그 속에서 담담하게 기술하고 있는 동구네 그 원한의 감나무가 있던 동구네 집의 정원이 아니고 이웃집의 정원이라는 것은 나의 예상을 빗나간 것이었지만 충분히 가능한 얘기였다.

〈나의 아름다운 정원〉은 크게 신경 쓰지 않고 있는 그대로 읽어도 충분히 훌륭한 유년 시절의 성장 소설이라고 해도 좋다. 소년이 아닌 오히려 글 읽기와 쓰기의 부진아인 한동구를 통해서 한 개인이 세상을 살아 나가는 데 있어서 다른 사람의 진정한 애정이 어떻게 한 개인의 일생에 영향을 미치는지 아홉 살 동구를 통해서 생생하게 보여주고 있다. 가장 불행한 일은 어느 누구로부터 진심 어린 사랑을 받아 보지 못한 사람일 거라는 확신이 들게 하는 애정이 담긴 한 편의 소설이었다.

김정운의 〈에디톨로지〉를 읽고

김정운 교수의 글은 대체로 맘에 든다. 내숭이 없다. 화끈하다. 보통의 교수들이 가지고 있는 권위의식이 없다. 답답하지 않고 에두르지 않아서 통쾌하다. 그런 그가 이번엔 맘먹고 역작을 내 놓았다. 지난 번에 사서 읽은 '남자의 물건'은 제목에서 중의적인 메타포어를 사용했다. 남자의 물건이라고 하면 당연히 남자의 신체의 일부를 상상하게 하는 1차적 은유와 그 책에서 다루고 있는 작가와 친분이 있는 남자들의 애장품 물건을 다루는 직접적 사물을 가리키는 물건을 서술하고 있었다. 그러나 각각의 물건에 대한 묘사가 김 교수가 지니고 있는 학식과 안목에 훨씬 미치지 못해서 심심하게 책을 다 읽고 덮었던 기억이 난다.

이 책에서 필자는 미래는 에디톨로지의 시대라고 단언한다. 이미 도처에서 시작 되었다고 말한다. 에디톨로지라함은 에디팅(editing) +씨올로지(theology)의 합성어로 편집학이라고 한다. 필자가 독일에서 13년 동안 유학하면서 독일 학생들의 수많은 카드로 이루어진 초기 편집학 독학에서 나중엔 매킨토시 예닐 곱대를 놓고 스스로 만들어 놓은 자료의 방에 들어가서 마음대로 편집하고 해체하고 더하고 빼고 하여 새로운 자료를 만들어 내는 것이 정말 흥미 있어서 어느 정도 전문가 경지에 이르자 지도교수가 그 파트를 독립시켜 주어서 연구원 자격으로 에디톨로지라는 장을 확장 · 발전시키게 되자 그 자료들을 편집하는 것만으로도 자유자재로 자신만의 이론과 책을 쓸 수 있게 되었다는 실화를 직접 편집 설명과 함께 하는 대목에서는 그 작업을 제대로 해보지 못한 본인도 신명나고 엉덩이가 들썩들썩하는 신명을 내리누르기가 쉽지 않았다.

보통 사람도 그런 기술을 익히게 되면 많은 자료를 저장해 놓고 꺼내서 멋진 배열만 하여도 근사한 작품집 한 권이 탄생하는 날을 꿈이라도 꾸어 본다. 필자도 독일에서 큰 아이 때문에 집에서 공부할 수 없다는 핑계를 대고 교수님 연구실에서 책상 하나 내달라고 당부해서 그 연구실에서 숙식을 해결하며 몇 년을 매킨토시 예 닐곱 권에 자신의 열정을 불태웠던 시절이 있었다고 하지 않는가.

그리고 또 그 권위있고 편안한 교수직을 그만 두고 일본의 교토에서 30분 거리에 있는 조그만 소도시의 예술대학에서 아들보다 어린 학생들과 일본화를 3년 동안 공부하고 있는 필자의 열정으로 그는 죽을 때까지 그가 꿈꾸는 이어령 선생과 김용옥 선생을 흠모하며 끊임없는 그의 열정으로 두뇌와 컴퓨터의 에디톨로지 방을 넘나들며 사람들에게 재미와 영감을 동시에 주는 많은 책들을 써낼 것을 기대한다.

프레드릭 베크만의 〈오베라는 남자〉를 읽고

'오베라는 남자'가 그렇게 문학적으로 뛰어나다거나 재미있다는 느낌은 들지 않았다. 그런데 꾸미지 않은 투박한 진솔함이 페이지를 넘길수록 배가되었다.

얘기의 구성은 단순하기 이를 데 없다. 오베라는 남자가 중년을 넘어서 노년으로 넘어가며 살아가는 일상이 어찌나 무미건조하고 재미가 없던지 자살할 것만 같은 예감으로 조마조마하였다. 그러다가 아내 소냐를 만나게 된 얘기로 돌아가서 소냐로 인하여 한 생명이 불타오르기 시작하였다. 이 세상에서 소냐만이 오베라는 남자의 가치를 제대로 인정하고 평가해 주었다. 소냐는 어린 시절부터 집 안의 책이나 도서관의 책들을 읽고 또 읽은 사람이었다. 그래서 학교 임용시험을 거쳐서 장애우들이 있는 학교에서 그들이 책 읽는 것을 즐기고 일상화하는 데 앞장섰다.

심지어 오베가 세익스피어로 무엇을 할 수 있느냐고 물어도 소냐는 세익스피어는 많은 책을 쓴 사람이라고 대수롭지 않게 얘기하는 장면에선 아연실색할 수밖에….

친구들이 소냐에게 왜 오베를 택했느냐고 물었을 때, 불이 났을 때 다른 사람들은 불을 피해 달아나지만, 오베는 불 속으로 뛰어들 사람이라고 대답했다. 오늘날에도 그런 사람은 가뭄에 콩 나듯 하고 또 자신을 불살라서 타인들을 구해냈다고 해도 큰 감동은 없다. 너무나 각박하고 위험은 도처에 도사리고 있어서 하루하루를 살아가는 소시민들에겐 내일을 위한 빵을 준비해야 하고 자신을 위한 준비 하나만으로도 너무나 삶은 벅차기 때문이다. 그러나 더 본질적인 것은 본인을 불살라서 누군가를 살리고자 하는 열정이 죽었기 때문이다. 현대에 들어서서 가족은 해체되었고 이웃은 하나의 무정한 울타리로 존재하고 각 개인들은 외로운 섬으로 떠돌기 때문이다.

그러나 이 '오베라는 남자'의 소설에서 소냐와의 소울메이트적인 만남이 없었더라면 샤뮤엘 베케트의 '고도를 기다리며'의 아류작이 될 뻔 하였다. 샤무엘 베케트의 작품이 평론가들에 의해서 뛰어난 문학성을 인정받았다고 할지라도 일반인 독자들에겐 한없는 지루함만을 줄 뿐이라는 것은 읽어 본 독자들은 공감할 것이다. 끊임

없는 고독은 일상에서 체바퀴처럼 되풀이 되고 그 시간들 속에서 오베라는 남자는 한 인간에게서 제대로의 사랑 한 번 받지 못하고 고집불통의 그러나 자기의 자동차 사브는 끔찍하게 아끼고 동네의 기계고장은 군소리 없이 고쳐 주고 다니는 고마운 소파나 듬직한 장롱같은 인간으로 전락하고 말았을 것이다. 그러나 소설의 말미에서 파르바네의 딸이 생일선물로 사달라는 목록을 무뚝뚝하게 쳐다 보고 아이패드를 사다 내미는 할아버지를 그렇게 살갑게 구는 딸내미를 바라보면서 오베라는 남자의 진가에 더 매몰되어가는 파르바네는 결국 죽은 동네언니인 소냐에게 고백을 한다. 이 남자에게 느끼는 사랑의 감정을 소냐 언니도 공감하리라는 것을….

이 소설이 우리에게 주는 울림은 이런 것이 아닌가 한다. 물질만능주의 사회에서 인간의 인격이나 내면의 가치도 돈으로 환산되는 이기적이고 약삭빠른 인간관계 속에서 웃음 짓는 일이라곤 거의 없는 한 사내가 자기의 있는 그대로의 모습을 사랑하는 한 여자를 만나서 봄날 같은 인생을 맛보다가 여름휴가 때 스페인 여행에서 자동차 사고를 당해서 임신했던 아내가 아이를 잃고 휠체어 생활을 하다가 어느 날 꿈결처럼 아득하게 사라져버렸다.

그리하여 그 후에 항상 자살을 꿈꾸며 실행에 옮기려다 실패하고 그럼에도 불구하고 무미건조한 일상을 끄덕끄덕 견디어 내다가 결국 강도들에게 죽도록 맞았다가 그 후 또 동네 사람들 틈 속에서 공구와 기계들을 끝내주게 고쳐 주다가 어느 날 죽음으로 발견되는 일상이 과장 없이 지루하리만치 사실적으로 묘사되고 있다는 점이 현대를 살아가는 우리 모두에게 이건 내 얘기가 아닐까하는 강력한 몰입을 허용하고 있는 게 아닐까?

한 가지 인상적인 현대소설적인 기법 중의 하나로 주인공은 기차선로에 자살하러 갔던 것인데 우연의 일치로 선로 사이에 끼어 엎어진 한 남자를 구하게 되고 그것을 지켜본 기관사에 의해서 본인은 전혀 원하지 않았으나 선행이 알려지고 그 선행으로 인하여 기자에 의해서 오베라는 남자의 일생이 묘사되는 프레임을 갖고 있는 것은 이 소설이 지니고 있는 무미건조한 만큼의 사실주의 기법과 더불어서 이 소설이 갖고 있는 재미중의 하나가 아닌가 한다.

미치 엘봄의 〈모리와 함께 한 화요일〉을 읽고

저자의 말대로 서너 달 함께 했다면 많아야 12회의 만남이었음에도 불구하고 책 한 권이 완성되었다는 것은 이 저자의 오랜 기자생활과 앵커생활의 글쓰기 훈련에 힘입은 바가 크다고 할 수 있고, 무엇보다도 모리 교수님에 대한 애정과 대학시절에 온 마음으로 대해 준 교수님에 대한 존경이 그 바탕이 되었다고 할 수 있겠다. 그 많은 제자들이 전국 각지에서 교수님의 소식을 듣고 달려올 수 있다는 것은 결코 쉬운 일도 아닐 뿐더러 보통 사람에겐 그런 일이 일어나지도 않는다.

물론 핵심은 이게 아니다. 그 많은 제자들 중에서 이 프로젝트를 함께 하자고 제의하고 끝마칠 수 있을 거란 믿음을 갖고 있었던 제자는 이 책의 저자 미치다.

이 책은 대학교 은사 모리와 그 제자 미치가 매주 화요일에 만나서 나누었던 인생 강의록이다. 그런데 무엇이 사람들의 마음을 움직이게 했을까?

여러 가지 이유가 있겠지만, 나에게는 인간의 존엄성과 사랑이라고 말하고 싶다.

TV 방송의 진행자에게 가장 곤혹스러운 일이 될 것이라던 엉덩이 닦는 일을 타인에게 맡기게 될 것이란 얘기가 몇 차례 계속되는데, 어쩌면 다른 사람들도 똑같이 느끼는 난처한 일을 직접적으로 말할 수 있다는 것은 그 사실을 사실대로 받아 들임으로써 그것에 얽매이거나 도망치고 싶지 않다는 의미로 해석할 수 있었다. 아프고 괴로운 순간 쓸쓸할 때 그 감정을 그대로 느끼다가 벗어나기를 모리 교수님은 말씀하셨기에 비슷한 맥락에서 이해했다.

그 분은 어머니가 돌아가셨을 때 그 전보문을 초등학교 친구들 앞에서 국어책을 읽듯이 읽어 내려갔던 몸서리치는 아픔과 아버지가 시신 보관실에 눕혀져 있던 모습을 유리창 너머로 바라보면서 느껴야 했던 그 비참함을 자신은 자신의 사랑하는 사람들에게 결코 하지 않아야겠다는 결심과 더불어서 영혼이 또렷한 순간까지 한 인간으로, 한 인격체로서 세상을 살면서 가장 중요하다고 느꼈던 사랑에 대한 얘기를 참 많이 사랑했던 한 제자를 통해서 마치 드라마 제작자처럼 영화 감독처럼 인생의 마지막 순간까지 자신의 삶을 관리하고 조절하려고 했던 점은 보통 아픈 사람들이 하기 힘든 과정이다. 어차피 떠나는데 굳이 남기면 무엇하겠는가? 라는 생각이 들 수도 있지만 모리 교수가 그 험난한 인생의 과정에서 좌절하지 않고 꾸려 온 자신의 인생처럼 자신의 죽음마저도 그 엄청난 고통에 매몰되지 않고 정면에서 응시하며 맞아 들이고 겪고 한 권의 책으로 완성되도록 한 것은 인간이 가진 존엄성이라 말할 수 있겠다.

그러나 가장 마음에 남는 구절은 "사랑하지 않으면 멸망하리다" 이다.

이미륵의 〈압록강은 흐른다〉를 읽고

이 작품은 자전적인 소설이라고 볼 수도 있고 수필집이라고 볼 수도 있다.

시간의 순서대로 사물과 사람을 붓가는대로 쓴 형태는 수필의 형태이고 1919년 기미년이 저자의 안과 3학년 때였으므로, 1899년에 태어나서 구한말의 뒤숭숭한 시대의 기운을 느끼고 그 시대상과 그 시대를 배경으로 자신의 생활에서 일어난 일들을 보고 느낀대로 기술한 것으로 이런 측면에서 본다면 수필집이면서 근대소설의 태동이라고 말할 수도 있겠다.

아동용 버전으로 읽었을 때는 공감할 수 있는 부분이 많지 않았으나, 전혜린씨 번역으로 된 책을 펼쳐드는 순간, 제대로 된 번역에 글을 읽는 맛이 달라서 일사천리로 뒷 페이지까지 남김없이 한꺼번에 읽었다. 내용이 대단한 건 없으나, 현대소설의 장 그르니에의 〈섬〉을 읽는 것처럼 아름다운 문장으로 이루어진 1930~40년대에 씌어진 문학작품으로 70여 년이 지난 지금 읽어도 촌스럽다거나 거슬리는 문장이 없어서 참 놀랍기도 하고 그 아름다운 문체에 감탄하기도 하는 것이다.

줄거리는 조선 말기에 양반집 자제로 태어나서 서당에서 글을 배우는 과정을 묘사하고 아버지가 집안에서 기둥역할을 하시다 쓰러졌고 침을 맞고 그 의원의 말대로 그 날 밤에 운좋게 회생했다. 얼마동안 잘 지내시다가 평상시와 같이 활동하시던 중 어느 날 급기야 일어나지 못하고 이 세상을 하직했던 때의 집안 분위기 등으로 미루어보아 조선시대 후기의 가부장제의 가족 분위기를 잘 느낄 수 있었다.

필자는 서당에서 글을 읽었던 구학문의 실력으로 새로운 학교에서 여러 교과를 따라가기 바빴으나 학업을 도와주는 여러 친구들을 만나서 새로운 학문을 이해하게 되었다. 그리하여 서울에서 안과를 택하여 의학을 공부하던 중에 일제 압박에 항거하는 삐라를 거리에 뿌리는 일을 담당하면서 일본 경찰에게 쫓기는 신세가 되어 집에서 멀리 떨어진 송림에서 낚시하고 고기 잡는 일로 세월을 보내다가 어머니의 권유로 압록강을 건너게 된다. 압록강을 제각각 같은 날 같은 시각에 건넜던 세 명의 동반자와 중국에서 몇 개월을 보내고 난 후에 마침내 입국허가서를 얻고 프랑스로 향하는 배에 올랐다. 콜롬보를 지나서 베트남을 경유하고 그리스를 지나고 시실리섬을 지나서 프랑스에 마침내 도착하였다.

친구 봉운과 함께 파리에 가서 신문화가 숨쉬고 있는 거리를 활보하고 봉운에게 필자는 독일로 가고 싶다고 처음부터 의사를 표명했던 바 봉운은 그 약속을 지켜 주었다. 친구 봉운은 중부 독일의 조그마한 도시로 필자를 데리고 갔고 예전에 알고 지냈던 부인의 집으로 안내하였다. 필자는 가을의 싸늘한 기운을 느끼며 도시의 정원을 걸었다. 마음 속에는 그리운 고향의 산천과 사람들이 있었다. 그 해 스산한 가을에 편지를 고국으로 보낸 몇 개월만에 맏누나의 편지를 받았다. 어머니가 지난 가을에 별세하셨다는 소식이었다.

그가 독일에 가서 처음 읽은 책이 〈녹색의 하인리히〉라고 소개하고 있다. 구한말의 한 지식인이 몰락해가는 조국에서 아기자기한 소년 시절의 일상사에서 신학문에 눈을 뜨고 서울에 가서 의학을 공부한다. 일제의 강압에 학생의 신분에 걸맞게 저항하다가 암울한 현실에서 가장 문명국들이 모여 있는 유럽에로 떠난다. 외국어를 익히기 위해서 좀 쉬운 책을 선별한 것이 〈녹색의 하인리히〉라고 소개하고 있다. 현대소설의 입장에서 보면 성격이라든가 심리묘사도 거의 찾아볼 수 없어서 조금은 아쉽다고 할 수 있겠다. 하지만 1930, 40년대의 시대배경에 비추어 본다면 이 자서전적 소설은 문체의 유려함과 간결한 사물 묘사가 후대의 소설 창작에

근간이 되는 주춧돌의 역할을 하고 있다고 생각한다. 1946년에 이 책이 출판되었다. 한 잡지는 "올 해 독일어로 쓰여진 가장 훌륭한 책은 외국인에 의해 발표되었는데, 그는 이미륵이다"라고 썼다.

헤르만 헤세의 〈데미안〉을 읽고

싱클레어가 청소년기에 만나게 된 인물들을 살핌으로써 그의 정신세계의 성장과정을 알아보는 것도 이 책을 이해하는데 도움이 되리라 생각한다. 그는 크로머에게 동네 마을의 과일을 따다 판 얘기가 빌미가 되어 그에게 족쇄가 꿰어져 괴로움을 당하며 어둠의 세계를 처음 경험하게 된다. 학교에서 많은 인기가 있었던 것은 아니지만 전학 온 데미안을 통해서 많은 이야기들이 아닌 집중된 시선과 절제된 언어를 통해서 데미안의 화두라 할 수 있는 '한 세계를 알려는 자는 알을 까야한다.' 〈새는 알을 까고 나온다. 그 새는 아프락사스에게로 날아간다.〉는 답장을 통해 싱클레어의 정신세계는 급성장한다.

신학교에 가서 알게 된 피스토리우스와의 얘기를 통해서 그에게서 또 하나의 데미안의 모습을 발견한다. 실제적인 관계가 이루어지지 않았으나 베아트리체라는 인물을 멀리서 동경하며 꿈을 꿈으로써 크로머와의 어두운 관계 · 데미안과의 직관적 · 인생 선배의 관념적 관계에서 베아뜨리체를 향한 영혼의 이상형을 추구하게 된다.

피스토리우스에게서 싱클레어는 그 자신에게로 가는 용기를 발견했다. 서서히 성장해가면서 그에 대한 저항을 감지하고 어느 순간 환상이 깨졌다. 싱클레어가 자신의 운명을 찾아가는 한 구간의 길잡이였다고 할 수 있다. 학교 동료 크나우어는 자살하려는 것을 집에 우연히 찾아가 말리게 된 싱클레어에게 모든 것을 의지하며 그에게서 해답을 찾으려고 했는데, 귀찮아하면서도 크나우어를 통해 싱클레어는 자신에게 보내진 사람임을 느끼며 많은 문제점들을 스스로 길이 되어 찾는데 있어 인도자의 혹은 위의 모든 이들은 싱클레어의 한 부분이었고 한 인간의 영혼과 육체와 신성함과 더러움의 역할을 함을 알게 되었다.

데미안의 어머니인 에바 부인은 '모든 본질의 어머니'라고 묘사되고 있다. 과거와 미래와 혼돈과 명확함의 한 부분이었으며 한 때는 모든 것이기도 했고 또 별다른 충돌없이 시인되고 받아 들여지기도 한 나의 모습이다. 싱클레어의 이마의 표적은 안정적인 인도된 길을 가는 게 아니라 자신만의 길을 찾아 나선 이의 표징을 지칭하고 있다.

아벨을 죽인 카인이 죄인이 아니라 그 죄인을 옹호하고 감쌈으로써 그 죄의 표징이 더 두드러졌다는 점에서 카인의 표적을 지닌 이들은 먼 미래를 향해 가는 도중에 있고 그 모습은 아무도 모르는 그 법칙은 그 어디에도 씌어 있지 않은 미래였다.

다니엘 튜더의 〈기적을 이룬 나라 기쁨을 잃은 나라〉를 읽고

1982년 영국 맨체스터에서 태어난 다니엘 튜더는 옥스퍼드 대학에서 정치학 · 경제학 · 철학을 공부했다. 처음으로 한국을 방문했던 2002년 한 · 일 월드컵 공동 개최에서 전국민이 빨간 티셔츠를 입고 하나로 뭉쳐 에너지를 뿜어내는 그 신기하고 놀라운 힘에 압도 되어 2년 후에 다시 한국을 찾았다.

독자들 누구라도 '기적을 이룬 나라'라는 제목에서 경제적인 부흥을 말하고 있다는 것을 짐작할 수 있다. 물론 저자는 1960년 대 이후의 '한강의 기적'을 통한 급격한 경제성장과 더불어 1987년 수백 만 명에 이른 민주 시위대에 굴복해서 자유롭고 공정한 선거를 하겠다는 노태우 정치인의 선언과 더불어 그 후의 민주적 투표에 의한 민주 정권들의 들어섬과 물려줌은 그 어느 아시아 이웃 국가들도 이루지 못한 민주주의의 쾌거이며 기적으로 보고 있다. 독자로서 이 책에 기술된 문화 · 예술 분야의 '한류'가 또 하나의 다른 기적이라고 꼽고 싶다. k-pop, 드라마를 통한 아시아 · 유럽 · 남미에로의 문화 진출은 문화강국을 넘어 선 예상치 못한 또 하나의 강력한 대한민국의 랜드 마크가 되었다. 타 대륙에로의 문화 진출은 경제적 측면뿐만 아니라 우리나라의 이미지 위상 제고에 강력한 요소로 작용한다.

'기쁨을 잃은 나라'는 자원이 없는 나라에서 교육을 통한 경제성장 · 민주국가 확립 · 한류 문화의 성취에서 거꾸로 교육과 직업 세계에서의 끊임없는 경쟁으로 말미암아 세계에서 가장 높은 자살율과 낮은 행복지수의 아이러니를 드러내고 있는 우울한 현실의 일면이라는 것이 저자의 판단이다.

시를 읽고

노용희 〈풀〉
– 1989년도 한국일보 신춘문예 당선작

너의
숨쉬는 자유의 머리칼은
가장 고독하게 남아 있는
시대로부터 불어오는
찬 바람의 언어로 시작된 꿈.

그 바람 타고
원시의 멜로디로 이는 아픔이
구도求道의 노래로 불릴 때까지
선명한 아침의 깃털로

발목 묶인 사랑의 전통이 뿌리째 무너지던
지난날의 이불 속을 털자.
지극히 간단하나 결코 그치지 않는
가락으로
삶이 가난한 잎새로 호흡하며
떨고 있을 때에도
나는 변하고 싶었다. 향기 없는 꽃으로라도.

그러나 샘물이 흐르는 우주는
언제나 우리의 잠 속에서
껍질을 뚫는 청결한 한 잎,
피어나는 진동음의
까다로움을 기다리고 있었네.
지상의 아름다움을 모독한
내 불륜의
가슴 아릿한 기억까지도
부적처럼 몸에 감추고서
서리 낀 바람 위에 이렇게 쓴다.
불러다오, 아픔을 위한 노래.
내 헝클어진 영혼의 지독한 방황과
부서짐과 거듭남을 위하여.

〈풀〉의 전문의 주제는 한 개인의 사랑체험을 기조로 하고 있다. 이 불륜의 사랑을 거점으로한 시인의 영혼의 방황을 드러 내고 있지만 시가 액자 속의 아름다운 풍경화처럼 잘 정돈된 모습을 보여주고 있는 것은 샘물 같은 시어의 길어 올림이다.

〈너의/ 숨쉬는 자유의 머리칼은/ 가장 고독하게 남아 있는/ 시대로부터 불어 오는 /찬 바람의 언어로 시작된 꿈〉

〈숨쉬는 자유의 머리칼〉은 자유를 향한 끝없는 갈구인데 이는 우리 모두에게 내재하는 본성의 함성이다. 시인은 이미 획일적이고 고정된 영혼을 거부하고 영혼의 생명력을 노래함으로써 바람에 불리워 휘날리는 머리칼에서 연상되는 본능에의 추구와 본능에서 파생하는 불륜의 이미지로 나아갈 수 있는 징검다리를 놓고 있다.
〈찬 바람의 언어로 시작된 꿈〉

꿈이란 늘상 꿈꾸면서도 닿을지 말지 모르는 불명확함 때문에 찬바람이라는 다소 스산한 표현과 걸맞으며 〈언어로 시작된 꿈〉에서 언어란 단어선택은 '말이 씨가 된다'에서와 같은 의미로 말을 되풀이 하는 염력으로써 꿈을 끌어 들일 수 있다는 연상에서 사용한 것은 아닐까?

〈가장 고독하게 남아 있는 시대로부터 불어 오는 / 찬 바람의 언어로 시작된 꿈〉

〈가장 고독하게 남아 있는 시대〉란 어디쯤인가? 그것은 '나'가 존재하고 있고 내가 숨쉬며 살게 되는 날까지의 각자에게 주어진 시간의 한계인 것이다. 개개인의 시대(삶)는 그 개인에게 가장 고독한 시대일 수 밖에 없다. 나의 삶을 타인의 삶과 비교해 보는 것이 불가능한 것처럼(개인의 삶의 일회성、주관성、절대성에 비추어 보아) 자신의 삶이 존재하고 있는 그 시간안에서 인간은 절대적으로 고독한 존재일 수 밖에 없다.

〈그 바람 타고 / 원시의 멜로디로 이는 아픔이 / 구도의 노래로 불릴 때까지〉

일회성의 가슴 아린 시간의 한계 속에서 자유를 향한 한 개인의 몸짓은 행해지고 있다. 그 살아 있음의 생명력에 이끌려 불륜의 관계를 맺게 된 〈원시의 멜로디로 이는 아픔〉의 상황이 바뀌기를 바라고 있다. 즉 본능에로 쏠리는 자유를 사회화의 조화、질서로 변색시키고 싶은 욕망이 자리하고 있다. 영혼의 지독한 방황을 영혼의 거듭남으로 소생시키고 싶은 삶에의 의지를 보이고 있다. 그것은 심하게 병을 앓고 난 후, 건강을 얻고 싶은 자연스러운 욕구와 영혼의 부서짐 후에 자신을 추스려 다듬어서 언어의 연금술사로서 사회에의 입지도 그려 보고 싶은 그런 욕구이다.

〈선명한 아침의 깃털로 발목 묶인 사랑의 전통이 뿌리 째 무너지

던/ 지난 날의 이불 속을 털자.〉

발목 묶인 사랑의 전통, 다름 아닌 결혼의 구속을 말하고 있는데 그것을 뿌리 째 무너 뜨렸던 어제까지의 불륜의 사랑을 훌훌 털어 버리고 싶은 자신에의 다짐을 확인시키고 있다. 〈선명한 아침의 깃털로〉와 〈이불 속을 털자〉의 연상 기법은 탁월하다. 먼지를 깃털로 턴다는 자연스런 발상을 아침에 연결시킴으로써 3연에서 〈샘물이 흐르는 우주〉와 〈우리의 잠〉이라고 하는 같은 의미의 다른 색채의 언어를, 즉 본능에의 자유를 사회적 조화로 환치하고 싶은 자신의 다짐을 또 한 번 주입시키고 있다. 그러나 아직 이 연에서는 〈깃털로〉와 〈털자〉에서 내비쳐지는 유약함을 떨치지 못하고 있다. 〈선명한 아침〉이긴 하나 〈깃털〉의 완강하지 못한 부드러움으로, 〈털자〉고 자신에게 온유하게 청하고 있다.

〈지극히 간단하나 결코 그치지 않는 가락으로 / 삶이 가난한 잎새로 호흡하며 /떨고 있을 때에도 나는 변하고 싶었다. 향기 없는 꽃으로라도.〉

우리의 삶의 리듬은 지루하리만치 단순한 일상으로 반복 되고 있으며 그 삶은 어릴 때부터 우리의 꿈인, 나에게 만큼은 엄청난 일(명예、사랑、돈 등에 있어 기절할 만큼 멋진 방식으로)이 필연적으로 일어 나고야 말 것 같았으나 생의 견고하고 완강한 벽 앞에서 투정하고 울며 떼쓰다가 그래도 끄덕 없자 어느 순간부터 서서히 무릎 꿇고 침잠해 버리며 처절하게 절규하며 무너져 내리는 자신의 삶을 응시하게 되었을 때, 〈숨쉬는 자유의 머리칼〉인 우리의 자유의지는 〈향기 없는 꽃으로라도〉 정상에서 일탈하여서라도 변모하고 싶은 것이다.

〈숨쉬는 자유의 머리칼〉과 〈향기 없는 꽃으로라도〉의 두 구절의 대귀는 주목해 볼만하다. 태고로부터 멈춤 없는 살고 싶다는 온몸을 휘돌고 있는 뜨거운 피의 흐름은 〈향기 없는 꽃으로라도〉 변하고 싶은, 내출혈의 치명적 손상을 비록 변형의 형태이긴 하나 외적 상처로 터뜨린 것은 이 시인의 생에 대한 실존 방식이다. 향기 없는 꽃으로라도 변하고 싶었던 구절은 절박한 현실 수용이다. 물론 본래의 바램이야 야래향이나 천리향과 같이 세상을 진동시키는 당당한 사랑을 하고 싶었으나 〈향기 없는 꽃〉인 불륜의 사랑에 빠진 것이다 여기서 잠깐 〈변형〉에 눈길을 돌리고자 한다. 변형이란 정상에서 일탈된 형태이다. 몇 작품의 실존적 〈변형〉을 〈풀〉의 변형과 연관 지어 보고자 한다.

카프카의 〈변신〉에서 그레고어가 형이나 누나가 아닌, 잠에서 깨어 보니 자신이 벌레로 변해 있었다는 것은 가능성이 아니라 확실성이다. 그들이 벌레로 변할 수도 있는 가능성이 있었지만 그러나 이미 그레고어에게는 현실 그 자체가 되어 버린 것이다.

이 상황은 희랍비극에서 주인공이 과오로 인한 파멸에서 야기

되는 비극보다 더한 비극적 효과를 안겨 준다. 과실이 아닌 아무런 원인도 없이 파멸로 치닫고 마는 현대인의 부조리한 한계상황을 얘기 하고 있는 인간 실존– 부조리한 세계(정상으로부터 변형)에로의 인식은 현대인들에게 한층 설득력를 갖게 한다.

마르께스의 〈백년 동안의 고독〉에서 아마란타는 약혼자와 사랑하는 사이이면서도 결혼 신청을 세 번이나 거부함으로써 약혼자를 목매어 자살 하게 하고 그녀 자신은 아궁이 불에 팔 한쪽을 완전히 데게 한 후, 평생 붕대를 감고 문 밖에 한 번도 나가지 않고 집에서 자신의 고독을 정면으로 응시하며 죽어 간 삶에서 그 동안의 고독은 타인의 방해나 다른 한 쪽의 변심에서 비롯된 것이었으나. 현대에 와서는 그 전형적 틀이 깨지고 있다. 스스로가 사랑이 아닌 고독을 택함으로써 더욱 고독한. (똑같은 죽음이라도 자살이 더 고독하게 느껴지는 것처럼)

독일의 여류 소설가 잉게보르그、바하만의 〈맨하턴의 선신〉에서도 사랑하는 남、녀가 사랑이 가장 절정에 이른 순간에 자살하기로 약속하였으나, 남자는 약속 시간이 가까워 옴에 따라 〈신문의 활자가 더 크고 생생하게 보였다.〉는 구절에서 시사하듯이 생에의 애착을 버리지 못하고 약속 장소에 나타나지 않자, 여자는 남자가 오지 않음을 알면서도 자신의 사랑을 지키기 위해 자살을 택하는, 기존 남、녀 애정의 구도에서 변형된 모습을 보여 주고 있다.

〈풀〉의 화자는 결혼할 수 있는 필요 조건이 결핍된 불륜을 선택함으로써 정상에서 변형된 삶을 생존 방식으로 껴안고 있다. 〈향기 없는 꽃으로라도 변하고 싶었던〉내출혈의 치명적 손상을 불륜의 사랑으로 터뜨린 외출혈은 다행히 생명까지를 파괴하지는 않았다.

살고 싶은 피의 흐름이 일시 정상적인 통로를 일탈하여 스스로의 (반사회적인 독자적인 생의 존재방식)길을 뚫고 나아 가려다 정돈된 우주、세계에로 눈을 돌린다. 사회에 대한 개인의 함몰로 인한 것이라기보다, 시간의 흐름에 편승한 권태로움에 의한 것이라기보다, 우주의 질서、조화로움에 경이의 시선을 보내고 있음을 읽게 한다.

〈샘물이 흐르는 우주는 /언제나 우리의 잠 속에서/ 껍질을 뚫는 청결한 한 잎〉이라고 노래함으로써.

〈피어 나는 진동음의 / 까다로움을 기다리고 있었네.〉

새 싹의 생명을 움틔우는 데에도 우주의 섭리가 작용하는데 한 개인의 삶에 생명을 불어 넣는 사랑의 꽃피움에도 그만한 어려움과 인내가 내재해 있음을 인정하고 〈향기 없는 꽃〉으로부터 내 안에서 생명을 꽃피울 수 있는 〈향기로운 꽃〉으로의 변모를 기다리기로 한다.

이것은 한 송이 국화 꽃을 피우기 위해 봄부터 소쩍새는 그렇게 울고, 천둥은 먹구름 속에서 또 그렇게 울었던 기다림의 미학을 깨닫게 된 것이다.

〈지상의 아름다움을 모독한 /내 불륜의 /가슴 아릿한 기억까지도/ 부적처럼 몸에 감추고서〉

정상에서 변형된 사랑이었으므로 지상의 질서를 위배 했고, 그래서 밖으로 드러 낼 수 없는 불륜의 사랑은 부적처럼 마음의 갈피에 꼭꼭 숨겨 놓고서 〈서리낀 바람 위에 이렇게 쓴다. 불러 다오, 아픔을 위한 노래.〉

첫구절의 〈너의 /숨쉬는 자유의 머리칼〉은 아담과 이브가 선악과를 따먹던 때를 떠올리게 하는, 태고적부터 금지된 것은 무엇이든지 해 보고 싶은 본능적 자유를 흔들어 깨워 불륜의 선악과를 따먹는 달콤함을 누리게 하였으나, 우주의 조화ㆍ세계의 질서라는 아름다운 또 하나의 '유혹' 앞에서 서성거리며 〈지난 날의 이불 속을 털자〉고 자신에게 다짐하다가 좀 더 냉정하게 뒤돌아 보니, 미풍이 아닌 〈서리낀 바람〉으로 불륜의 사랑은 가슴 아프다.

〈내 헝클어진 영혼의 지독한 방황과 /부서짐과 거듭남을 위하여〉

물론 불륜의 사랑은 가슴 아릿한 기억으로 남아 있지만 〈불러 다오, 아픔을 위한 노래.〉에서 보여 주듯이 〈영혼의 지독한 방황과/ 부서짐과 거듭남〉을 다 함께 시인의 삶으로 받아 들인다. 거듭남을 위해서만 부서짐과 헝클어짐이 필요한 것이 아니라 부서짐과 헝클어짐을 위해서도 거듭남은 소용되는 것이다.

이는 순환원리를 말함인데 우리 인류나 개인의 역사가 진보、발전으로만 내닫는 것이 아니라 끊임 없는 부、침의 소용돌이 속에서 지속 되어 온 것처럼 이 시인의 생에서도 반복될 것 이기 때문이다. 우리가 생을 산다고 하는 것은 끊임 없는 유혹의 도전과 발(을) 담굼과 헤어 나오는 것을 죽을 때까지 반복할 수 밖에 없는 인간 실존– 부조리한 세계를 바람에 쓸렸다가 일어 서고 바람에 또 다시 휩쓸리는 풀의 이미지와 연관 지어 삶을 체험하고 글로 토해내고, 또 다시 체험하는 시인의 삶– 우리 모두의 삶을 유연한 사고와 아름다운 언어로 노래한 그녀에게 사랑을 전하고 싶다.

1989年 1月 5日 木曜日 10版 (12)

89년도 朝鮮日報 신춘문예 당선작 詩

풀

盧龍嬉

너의
숨쉬는 자유의 머리칼은
가장 고독하게 남아있는
시대로부터 불어오는
찬 바람의 언어로 시작된 꿈.

그 바람 타고
원시의 멜러디로 이는 아픔이
구도(求道)의 노래로 불릴 때까지
선명한 아침의 깃털로
발목 묶인 사랑의 전통이 뿌리째 무너지던
지난날의 이불 속을 털자.
지극히 간단하나 결코 그치지 않는
가락으로
삶이 가난한 잎새로 호흡하며
떨고 있을 때에도
나는 변하고 싶었다. 향기없는 꽃으로라도.

그러나 샘물이 흐르는 우주는
언제나 우리의 잠 속에서
껍질을 뚫는 청결한 한 잎,
피어나는 진동음의
까다로움을 기다리고 있었네.
지상의 아름다움을 모독한
내 불륜의
가슴 아릿한 기억까지도
부적처럼 몸에 감추고서
서리낀 바람 위에 이렇게 쓴다.
불러다오, 아픔을 위한 노래.
내 헝클어진 영혼의 지독한 방황과
부서짐과 거듭남을 위하여.

박남철의 자기 노출 — 그 까발림

시쓰기(글쓰기)란 숙명적으로 미완성의 작품일 수 밖에 없으며 개개 시인들은 같은 테마를 다른 방식으로 전개하는 사람들에 지나지 않는다고 할 수 있다. Canada vocal group 인 Nine Inch Nails가 부른 노래 중에 〈I want to fuck you〉가 있다. 노래 가사도 거의 이 구절의 반복인데, 우리 모두는 다른 대상물과 'fuck'하고 싶은 간절한 욕망을 지니고 있다. 나는 너와, 내 안의 닿을 수 없는 또 하나의 나와 간절하게, 은밀하게, 최고의 정점을 누리며 'fuck' 하고 싶다.

왜 이 이야기를 서두로 박 남철의 시 얘기를 하느냐 하면 시인이 자신의 시를 표현하는 방식으로 노출을 택하고 있으며 조금 더 속되게 표현하면 자기의 얘기를 〈까발리고〉 있기 때문이다. 그런데 그 까발림은 시인이 세상과 'fuck'하고 싶은데 그 욕망이 좌절된 데서 시작하고 있다. 내가 너에게 손을 내밀어 너의 손을 잡고자 하나 네가 뿌리칠 때 대응하는 방식에는 체념과 분노가 있을 수 있다. 시인은 세상과 화해하고 온유하게 지내고 싶으나 세계는 그의 내민 손을 거절하고 있다.

〈정신 병동 시화전 4〉에서「시를 쓰고 그림을 그리지만 어느 시 어느 그림도 조금씩은 뒤틀려 있다. 열등감이 지나치면 죄책감이 지나치면 그리움이 지나치면 살아 있는 송장이 되는걸까 605호실 606호실」

이 구절은 박 남철이 그의 시의 방식을 〈노출—까발림〉으로 드러 내고 있는 것을 설명할 수 있는 실마리를 제공하고 있다. 〈열등감、죄책감、그리움〉이 지나치면 타인과 또는 세상과의 관계는 불화일 수 밖에 없다. 지나치다는 것은 상대에게 과다한 기대를 하고 있다는 것인데, 이 기대감은 거의 충족되기 어렵다. 세상은 시인이 지나치게 바라는 바를 좀처럼 내놓지 않는다. 그 때 이 시인은 세계에 대한 반발로 분노하는 것이다. 이 분노는 '세상과의 불화'라고도 말할 수 있는데 이 불화가 외부를 향할 때 시인의 의지나 신념과 배치되는 세계에 대한 풍자、야유、욕설이 나타나며 자기 자신을 향할 때 과장된 자기노출이 나타난다.

첫경험

성에 관한 고백 또는 진실을 위한 한 각서

내가 처음 성을 경험한 건, 놀라지들 마세요, '수간'이었습니다. 암캐와 그짓을 했었다는 얘기죠. 친구네 집 암캐였는대 예쁜 개새끼가 얼마나 저를 따랐었던지요.

그후 저는 장터의 거지 여자와도 그짓을 했었죠. 이때는 이미 고등학교 때의 창녀 경험 다음의 비행이었었죠.

비 오는 날 깊은 밤 장터에 나가보면 거지 여자는 가마니때기 밖으로 허연 허벅지를 드러내놓고 자곤 했었죠.

아아, 세상 모르고 자곤 했었죠.

그러나 저는 아직 동성애 경험은 없습니다. 중학교 때 '송일천'이라는 예쁘장하게 생기고 싸움도 잘하던 친구에게 이상한 감정을 품고 서로 껴안기도 하고 만지기도 하고 같이 자기도 했었지만 '삽입행위' 같은 건 없었다는 얘기죠.

아, 언젠가는 『일간 스포츠』 문화면에 대문짝만한 큰 사진과 함께 제 인터뷰가 나갔을 때는 이상한 전화가 계속 걸하더군요.

그리하여 후배뻘인 기형도가 왜 하필이면 동성애의 온상이라는

'파고다극장'에서 죽었을까에 대해서도 곰곰이 생각해보기도 했었고, '무슨무슨 문창과'에 다닌다는 목소리가 이상한 녀석과도 직접 만나보기도 했었지만 아직 '항문 섹스'의 경험은 없었다는 얘기죠. (단, 여자와의 거시기는 … 에구…)

물론 문단에서 한 20년 굴러먹는 동안 문학적으로야 많이도 시달렸었죠. 그래서 나중에는 아예 이상한 눈치를 보이며 '흥흥 소리'를 내며 접근해오는 것들은 가차없구… 그놈의 그 듣기도 싫은 '코맹맹이 소리'들이라니…아이구우, 말도 마셔요. 나중에는 아예 저를 암컷으로 보고 덤비는 개 같은 녀석들까지 있었으니깐요… 으으으…

이 시는 마지막 연을 제외하고는 줄곧 자신의 정상적이지 않은 성경험에 대한 얘기를 까발리고 있다. 특별한 의미를 부여할 것도 없는 그렇고 그런 얘기다. 그래서 뭘 어쨌다는거야! 하며 냉소를 보낼 수 밖에 없는데 마지막 연이 역전을 시도 한다. 수간하고 또 뭐도 경험해 본 터이지만 문단、문인들이라고 하는 작자들은 그보다 더한 타락으로 냄새 나는 것들이어서 오히려 내 쪽에서 흥흥 냄새 맡고 달려 오는 것들을 싹둑 잘라 버렸다는, 자조 또는 자학에 가깝던 까발림이 외부로 투사되면서 독설、폭력으로 변모하고 있다. 타락한 세상에 대해서 이열치열로 똑같이 타락한 폭력으로 불사하겠다는 것은 기존의 시의 대응 방식과 비교해 볼 때 새로움이다. 이 새로움을 전하기 위해서 금기시 되온 것들을 '깨버리는'일에 몰두한다. 그래서 시인은 과격하고 난폭한 언행을 하지 않을 수 없게 된다.

또한 이 시는 〈낯설음〉이라고 하는 면에서 소기의 성과를 거두고 있는 것 같다. 앞에서 언급했듯이 시쓰기(글쓰기)란 같은 테마를 다른 방식으로 다루는 것이란 관점에서 〈낯설음〉은 〈새로움〉과 통한다. 너와 세상과 'fuck'하고 싶은 간절함을 〈너의 따뜻한 불빛 안으로 숨어 들어가 다시 한 번 최후로 찔리면서 한 없이 오래 죽고 싶다〉는 최 승자 식의 표현만이 아름답다고 고집하고 싶지 않다. 그러나 수간, 동성애 등이 여과 없이 노출될 때 그것은 변태 성욕자의 노출증이나 streaking을 떠올리게 한다. 이것은 한동안 시선을 끌 수는 있으나 충격은 더 이상의 충격을 동반하지 않을 때 진부함으로 추락한다는 것은 쉽게 생각할 수 있겠다. 그런데 이 시에서 권태로움을 동반할 수 있는 위험을 내포한 빼근할 정도의 까발림이 몇 번이나 더 효력을 발휘할 수 있을지 의심스럽다. 그러나 이 의심을 일게 하다가 이내 가라 앉혀 주고 있는 구절을 만날 수 있다.

〈심야 드라이브〉에서 「씹하듯이, 씹하듯이, 씹하듯이… (나아쁜 녀언…)」라고 말하는 것은 마치 위의 구절을 몇 번 반복하다 보면 본래의 찐득한 의미는 휘발되어 버리고 싸늘하게 감정이 식어 가는, 바꾸어 말하면 가장 절실한 말을 내뱉고 있는데, 절실함은 사라지고 허물만 남아 있는 싸늘함을 느끼게까지 한다. 즉 '나아쁜 녀언'은 언어의 폭력으로 읽히지 않고 연민의 빛깔을 띠고 따스한 정서로 자리 잡고 있다. '씹할 x x'이라고 하는 극심한 욕도 뒤집어 보면 내면에서 가장 원하는, 그것을 추구하는 지속성이 변하지도 않는 따스한 체온 속에 녹아들고 싶은 불멸의 강렬한 욕망 표현과 밀접하게 닿아 있다. 따라서 시인이 헤어진 여자를 욕하고 있는 것은 원망하고 있다기 보다 그리움을 호소하는 또 다른 형상화가 아닐까 생각한다. 최영미가 〈서른, 잔치는 끝났다〉에서 밑구녕까지 보여 주며 사랑한다고 애원했건만, 돌아 서는 애인의 무정함을 상기하면서 명령어를 치는 대로 순종하는 컴퓨터와 씹할 수만 있다면! 이라고 표현한 것은 거세될 수 없는 시인의 욕망이 분출된 표현이어서 그 뒤의 말이 독자의 입에서 저절로 '개새끼들'하고 튀어나오게 한다면 박남철의 〈씹하듯이〉는 식어 가는 욕망의 소진을 보게 한다. 그래서 최영미의 〈씹할 수만 있다면〉은 절박하게 미래를 향해 치닫고 있고, 박 남철의 〈씹하듯이〉는 추억 속으로 조용히 가라 앉고 있다.

세상에 대한 도전이나 성적 금기어나 욕설 등을 사용한 까발림 그 자체로만 해석할 때는 상당히 폭력적인 요소가 강한 것처럼 보이기도 한다. 그러나 그의 까발림은 세계와의 불화, 세계와의 싸움은 자폭에 이를 정도로 밀고 나가진 못하고 단말마적인 부르짖음에 그칠 뿐이다. 시인은 철저한 노출을 통해 자신을 무시한 세상에 복수하려고 하지만 자신의 고통과 절망을 암시할 뿐이다. 이는 논리적으로 당연한 귀결인 것 같다. 왜냐 하면 극도의 뜨거움을 이기는 방법은 차가움이듯이 자신의 의지와 상관없이 돌아 가고 있는 세상을 향해 독설과 야유를 퍼부어 보지만 절망과 고통이 해소되거나 줄어들 것 같지는 않다.

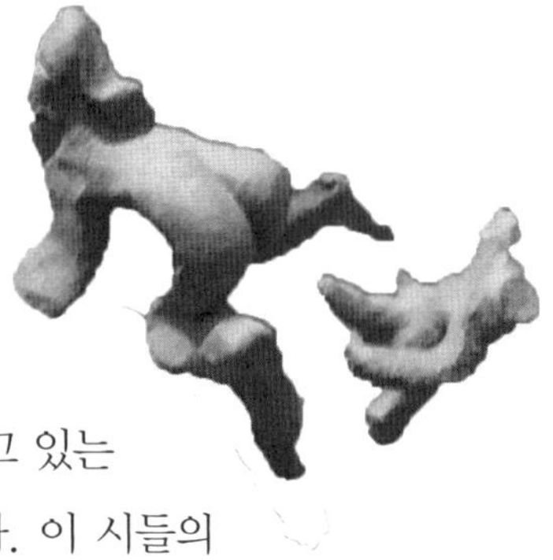

시인의 분노가 독자들과 공감대를 형성하고 있는 것 중에 〈목련에 대하여 Ⅰ、Ⅱ、Ⅲ〉이 있다. 이 시들의 핵심어는 (나는 자본주의의 정화조에 빠진 한 마리 개다)이다. 세상은 사나운 개로 대변되고 있으며 〈Ⅲ〉에서는 국민학교 시절 정화조 안에 빠져 허우적거렸던 개 한 마리를 보았던 기억으로부터 시인 자신이 자본주의의 정화조에 빠진 한 마리의 개라고 자조하고 있다. 끝내 빠져 나올 수 없는.

자본에 살어리랏다

1. 자본에 살어리랏다

살어리 살어리랏다 자본에 살어리랏다
머리랑 다리랑 먹고 자본에 살어리랏다
얄리얄리 얄랑셩 얄라리 얄라

우러라 우러라 새여 자고 니러 우러라 개여
널라와 시름 한 나도 자고 니러 우니노라

얄리얄리 얄라셩 얄라리 얄라

가던 새 가던 개 본다 믈 아래 가던 개 본다
'중과'오일레밍 가지고 믈 아래 가던 개 본다
얄리얄리 얄라셩 얄라리 얄라

이링공 뎌링공 ㅎ야 나즈란 디내와숀뎌
오리도 '중개'도 업슨 바므란 또엇디 호리라
얄리얄리 얄라셩 얄라리 얄라

어디라 더디던 돌코 누리라 마치던 돌코
돌도 황금도 업시 마자셔 우니노라
얄리얄리 얄라셩 얄라리 얄라

살어리 살어리랏다 이자에 살어리랏다
남의 자기 굴조개랑 먹고 이자에 살어리랏다
얄리얄리 얄라셩 얄라리 얄라

가다니 비부른 참나무통에 설진 깡소주를 비조라
조롱곳 알코올이 매와 잡사와니 내 엇디하리잇고
얄리얄리 얄라성 얄라리 얄라

시인 자신이 정화조에 빠져 허우적거리고 있는 한 마리의 개라고 자조하고 있는 것과 맥을 같이 하고 있는 〈자본에 살어리랏다〉에서는 자본이 자본을 낳고, 이자가 이자를 낳는 황금 만능주의를 꼬집고 야유하고 있다. 특히 마지막 두 연에 주목하게 된다. 시인은 한 개인의 인격이나 재능보다는 돈이라는 것만 있으면 원하는 지위나 품위를 유지할 수 있는 전도된 가치체계에 혐오를 느낀다. 그래서 똥개가 신시사이저를 연주하는, 바꾸어 말하면 이자나 따먹으며 배부른 졸부들의 행태를 금견에, 후기 산업사회를 대변하는 생명력이 고갈된 금속성 소리 악기인 신시사이저를 켜는 모습으로 변조한 것은 그의 탁월한 상상력이다. 그런 도정에서 시인이 할 수 있는 일이란 알코올을 흡입하여 잠시 마취되어 볼 뿐이라는, 고려 가요 〈청산에 살어리랏다〉에 다만 몇 단어를 개작하여 희화화한 시인의 변주곡은 성공이라 할 수 있다.

이 아름다운 지하자원

존경하는 국민 여러분!

저는 또다시 국민 여러분들의 신임을 얻는 데 실패했습니다. 저는 이것을 저의 부덕의 소치로 생각하며 저의 패배를 겸허한 심정으로 인정합니다. 저는 김영삼 후보의 대통령 당선을 진심으로 축하하는 바입니다. 저는 김영삼 총재가 앞으로 이 나라의 대통령으로서 정치 경제 사회 모든 분야에서 성공하여 국가의 민주적 발전과 조국의 통일에 큰 기여 있기를 바라 마지않습니다.

국민 여러분!

저는 오늘로서 국회의원직을 사퇴하고 평범한 일시민이 되겠습니다. 이로써 40년의 파란 많았던 정치생활에 사실상 종막을 고한다고 생각하니 감개무량한 심정을 금할 길이 없습니다. 그간 국민 여러분의 막중한 사랑과 성원을 받았습니다. 진심으로 감사합니다. 국민 여러분의 하해 같은 은혜를 하나도 갚지 못하고 물러 나게 된 점 가슴 아프고 송구스럽게 생각합니다.

한편 이기택 대표최고위원 이하 당원 동지 여러분께서는 오랜 세월 동안 저에 대하여 이루 말할 수 없는 협력과 성원을 아끼지 않았습니다. 당원 여러분이 베풀어준 태산 같은 은혜를 무어라 표현할 길이 없습니다.

앞으로 일당원으로서 저의 힘 닿는 데까지 당과 동지 여러분의 발전에 미력이나마 헌신 협력 할 것을 다짐하는 바입니다. 다시 한 번 국민 여러분과 당원 동지 여러분들의 건승을 빌면서 가슴 벅찬 심정으로 감사의 인사 말씀을 드리는 바입니다. 그동안 언론계 여러분께서 베풀어주신 은혜에 대해서도 깊이 감사드립니다.

1992년 12월 19일

민주당 대통령 후보 김대중

시인이 즐겨 쓰고 있는 독설 · 야유 · 까발림 등과는 다른 〈시치미떼기〉로 시선을 멈추게 하는 작품은 이 시라고 볼 수 있다. 이 시는 민주당 대통령 후보 김대중씨가 대통령 선거에서 낙선하고 정치 일선에서 물러날 것을 다짐한 전문을 실은 글이다. 전문을 그대로 옮긴 것 이외에는 시인의 말은 한 마디도 없다. 그러나 가장 힘있게 시인의 말을 전하고 있다. 자신은 말을 하지 않고, 자신의 감정은 일말의 노출도 없이 상대방이 했던 실수를 있는 그대로 들추어 보이기만 함으로써 온 세상에 진실을 밝히고 그는 큰 힘을 얻게 된다. 다른 시들은 푸념하고, 분노하고, 폭력을 휘두르고 있으면서도 치기를 느끼게 하는 면이 없지 않으나 이 시는 통쾌하게 상대방을 거꾸러뜨리고 있다. 차가움、야유、독설、비꼼、반어가 말없는 가운데 한데 어우러져서 다른 시들보다 더한 독설을 품고 있다. 이 전문은 시집 속에서 낡아 가고 그 장본인은 대통령에 당선되어 그깟것 아랑곳하지 않는 현실적인 낭패감의 그 거리만큼 역설적으로 생명력을 얻고 있다. 힘의 부조화로 말미암아 충격은 더욱 더 인상적으로 파급되는 효과 같은 것이라고 할 수 있겠다. 그런 의미에서 표현방법에 있어서는 전혀 그다운 노출을 하지 않고 시치미 뗌으로써 내용상 가장 심한 노출이라고 볼 수 있는 이 시는 이 시인의 시를 돋보이게 하는 시로 자리매김 하고 있다.

그러나 시인의 에너지가 까발림을 동반한 채 항상 외부로만 표출되는 것은 아니다.

이사를 와서

1. 이사

눈부신 공중곡예를 보여주시는 저 반가운 까치 아저씨—

이사를 와서
14층짜리 아파트의 14층 복도에 서서
북한산이며, 도봉산, 수락산, 불암산 들을 바라본다.

사람들이 사는 모습들이 이제 대충 눈에 들어온다.

화를 내지 않기로 한다. 절벽의, 벼랑의 시를 쓰면서도 다행히 목숨을 부지할수 있었고 아이는 잘 자라고
시골의 부모님들은 평안하시다.

부릉,
(부르르르릉…)

슬슬 차를 몰아 어진내, 봄내를 주유한다.

이 시에서도 분노의 목소리를 읽을 수 있다. 화를 내지 않기로 한다는 말은 화가 나 있다는 다른 표현임은 말할 나위가 없다. 다

행히 목숨을 부지하고 아이는 잘 자라고 시골의 부모님은 평안하시다고 하지만 그 말 속에는 이건 아니야, 이것이 전부가 아니야라는 절규가 배어 있는 듯 하다. 부릉 슬슬 차를 몰아 주유하지만 이 평화는 언제 시동이 걸려 폭발할지 모르는 간신히 다독거려진 평화일 뿐이다.

벤자민나무 그늘 아래서

벤자민나무 그늘 아래
가부좌 틀고 앉아 낮게 깔린 시가지를
내려다볼 뿐이다. 시간도 인환도 없이
6층 아래 내 배경에서는 7층석탑이 서 있으리라

마치 싯타르타가 보리수 그늘 아래 누워 무심의 경지에 다다른 양 벤자민 그늘 아래 가부좌틀고 앉아 시가지를 내려다 볼 뿐이라고 말은 하고 있으나 〈6층 아래 내 배경에서는 7층 석탑이 서 있으리라〉는 구절에서 잠들지 않는 욕망이 꿈틀대고 있음을 알 수 있다. 그림에서 주체보다 더 크고 멀리 떨어져 있는 것이 배경인데 그것보다 더 크게 주체가 자리잡고 있다는 것은 접혀질 수 없는, 구겨질 수 없는, 체념할 수 없는 욕망이 발기된 채 옷으로 가려져 있을 뿐이다.

싯타르타가 세속의 영광을 버리고 진리와 'fuck' 하고 싶어서 보리수 나무 아래서 득도하여 마침내 보리수 나무 그늘에서 쉬어도, 꽃그늘 아래서 낮잠을 자도 흔들리지 않는 자신의 세계를 발견한 것과는 대비되는 양상으로 〈쫓기는 아이처럼 부활하는 미아처럼〉 세상으로 〈유리걸식을 떠나〉고 〈그대 무서운 사랑으로 비틀거리면서 일어서〉는 싯타르타의 역여정의 비장함마저 느끼게 하고는 〈사랑으로 다시 내 안의 내 안의 내 안의 말을 회복하노니,〉로 말미암아 다시 힘을 얻어 세상을 향해 뻗어 볼 수 있으리라고, 시다운 시를 써볼 수 있으리라고 시인 자신도 기대하고 있다.

박남철 시인의 시가 단어와 단어, 행과 행사이의 미묘한 울림의 파장이 적어 해석의 공간 확장을 차단하고 있는 것이 아닌가 하는 아쉬움이 있으나 어떤 시의 특성이 시의 고전성과 기품이라는 한 좌표를 형성하고 있다면, 이 시인 또한 끊임없는 역동성과 노출이라는 다른 좌표를 형성하고 있는 것이리라.

이 시인이 벤자민 그늘 아래에서 세상으로 걸어 나와 시인이 꿈꾸었던 또는 꿈꾸지도 못했던 풍요로운 언어의 씨들이 꽃을 피워 벤자민 그늘을 드리우고 그 꽃그늘 아래에서 누워있기를 시평을 하다 보니까 관심을 갖게 된 독자도 기대해 본다.

황지우 : 허공에 매달린 사나이

– 그 허무를 살다

우리가 산다고 하는 것은 현상(phenomenon)과 실제(noumenon)의 거리를 산다는 것이 될지도 모르겠다. 명제(these)와 반 명제(Anti – these)와 이성(logos)과 감성(pathos)의, 참과 거짓의 금욕과 욕망의 충족의, 찰나와 겁의, 꿈과 실제의, 분노와 온유의, 돌아가고 있는 세상과 그에 대한 반발의 그 간격을 사는지도 모른다.

「수은 등 아래 벚꽃」

사직 공원 비탈길
벚꽃이 필 때면

나는 아팠다
견디기 위해
도취했다
피안에서 이쪽으로 터져 나온 꽃들이
수은등을 받고 있을 때 그 아래에선
어떤 죄악도 아름다워
아무나 붙잡고 입맞추고 싶고
깬 소주병으로 긋고 싶은 봄밤이었다.

우리 모두는 욕망의 끝 간 데까지 가보고 싶어서 금지하는 것은 무엇이든지 해 보고 싶은 충동을 느낀다. 보통 사람들은 그 금기를 깨고 싶은 욕망을 누르고 사회가 정해 놓은 일정한 테두리 속으로 편입되지만 보통 사람보다 뜨거운 피를 지니고 있는 예술가들에겐 그 상식에로의 편입이 여간 고통스럽고 두려운 것이 아니다. 그래서 그들은 그 고통이 터져 나오는 것을 나름의 방식으로 해결하고자 하는 것인데 황 지우도 그 예외가 아니다. 꽃들이 수은등을 받고 피어난 모습은 시인이 꿈꾸고 있는 세계일지도 모른다.

「태 양 제 의」

어어허 허허 하야 어허화뒤야
한 발 나가면 두 발 뒤로 물러나는 그 아름다운 집이

공중에 떠서, 붉은 지평선을 빠져나갈 때,
울 엄닌 죽어서 받는 그 호강 부러워하셨어요

시인이 꿈꾸고 있는 세계란 죽어서 받는 그 호강처럼 단지 이곳이 아닌, 지금이 아닌 것을 꿈 꿀 수 있을 뿐이다. 그래서 시인이 할 수 있는 일이란「아무나 붙잡고 입맞추고 싶고 깬 소주병으로 긋고 싶은 봄 밤 이었」을 뿐이다.

「점점 진흙에 가까워지는 존재」

발가락으로 마감 뉴스를 끌 때도
옷걸이에 축 처진 내 옷, 어떤 억센 힘에
목덜밀 붙잡힌 자세로
그것은 월요일이 된 공기 속에 있다.
이것도 삶이라면, 삶은 욕설이리라」

시인은 옷걸이에 걸린 자신의 축 처진 재킷을 보면서 자신의 존재를 느낀다. 자신을 타인과 구별할 수 있는 내용물은 무엇일까? 구체적으로 그 내용물이 무엇인지 명시하고 있지 않지만 〈서서히 금이 가면서 점점 진흙에 가까워지고 있다〉는 말로써 연상의 폭을 넓히고 있다. 그것은 내용물의 단단함에 금이 가면서 시인이 바라고 있는 본래의 모습(진흙=자연)에 가까워지고 있다는 해석을 하게 하기도 하고 본래의 괜찮은 내용물에 금이 가면서 굳이 받아들이고 싶지 않지만 무용지물인 진흙에 가까워짐으로써 안타깝다는 해석을 하게도 하는데 뒷 행에서 〈이것도 삶이라면 삶은 욕설이리라〉는 표현으로 시인은 지금의 삶을 수용하지 않고 다른 삶을 꿈꾸므로써 현실을 벗어나고 싶어한다.

「아직은 바깥이 있다」

아,
아직은 저기에 바깥이 있다
저 바깥에 봄이 자운영 꽃에 지체하고 있을 때
내몸이 아직 여기 있어
아름다운 요놈의 한세상을 알아본다

「바깥에 대한 반가 사유」

알지만 나갈 수 없는, 무궁의 바깥;
저무는 하루, 문안에서 검은 소가 운다

우리 인간은 생각이라고 하는 門을 치워 버릴 수도 없고 생각하기로는 門 밖은 자유롭고 무릉도원이 펼쳐져 있는데, 門안에 갇혀 울부짖는 존재로 자신을 규정 짓고 흐르는 시간 속에서 한탄하고 있는 존재가 아닐까? 시인은 이 문제에 집요하게 매달리고 있다.

「여기서 더 머물다 가고 싶다」

눈뜨면, 만발한 벚꽃 아래로
유모 차를 몰고 들어오는 젊은 일가족;
흰 블라우스에 그 꽃그늘 받으며 지나갈 때
팝콘 같은, 이 세상 한 때의 웃음

그들은 더 이상 이 세상 사람이 아니다
내장사 가는 벚꽃길; 어쩌다 한순간
나타나는, 딴 세상 보이는 생은
우리, 여기서 쬐끔만 더 머물다 가자.

환하게 웃음짓고 꽃그늘 아래를 지나는 사람들을 보고 더 이상 이 세상 사람이 아니라고 느끼는 것은『뼈아픈 후회』에서 〈그 누구도 걸어들어 온 적 없는 나의 폐허;〉라고 자조하게 한다. 그 자조는 〈다만 죽은 짐승 귀에 모래의 말을 넣어주는 바람이 떠돌다 지나갈 뿐〉이라는 허무의 극치를 표현한다.

「등우량선」

쏟아지는 힘을 비켜갈 때 방울을 떠 있게 하는 무지개;
떠 있을 수만 있다면 공을 붙든 막이 저리도 이쁜 것을

시인은 할 수만 있다면 생각을 바꾸어서 바깥의 세계(空)를 붙든 현실(膜)이 이리도 이쁜 것을 이라고 노래하고 싶은 것은 아닌지 모르겠다.

여기가 너무 비좁다고 느껴질 때마다
인도에 대해 생각한다
시체를 태우는 갠지스 강;
물 위 그림자 큰 새가
피안을 끌고 가는 것을 보고
세상이 너무 아름다워
기절해 쓰러져 버린 인도 청년에 대해 생각한다.
여기가 비좁다고 느껴질 때마다
히말라야 근처에까지 갔다가
산그늘이 잡아당기면 딸려 들어가
영영 돌아오지 않는 여행자에 대해 생각한다

「유혹」

어? 여기가 바깥인데 왜 안 나가지냐?
無明盡亦無無明盡
바깥을 보는 것 까지는 할 수가 있지,
허나, 바깥으로 한 번 나가 보시지
아아, 울고 싶어라; 투명한 것 가지고는 안돼
그 해 겨울, 그 통유리창에 눈보라 몰려올 때
나, 깨당 벗고 달려나가
흰 벌떼 속에 사라지고 싶었다.

유리창에 잘못 들어 온 말벌 한 마리를 보고 시인은 〈어? 여기가 바깥인데 왜 안 나가지냐?〉 고 묻는다. 시인이나 예술가가 수도자가 아니라는 것은 다행한 일이다. 수도자는 끊임없이 이편이 저편이고 내가 곧 너라고 말한다. 그들은 그 과정을 수행의 여정으로 삼고 그것을 살아간다. 그러나 시인은 이 편이 저편이 될 수도 있고 내가 곧 너일 수도 있지만, 안다는 것과 느낀다는 것은 다르다고 말한다. 그들은 그것의 일체에 관심이 가는 것이 아니고 그것의 분화를 느끼며 그 분리에 가슴 아파하는 것이 시인의 임무인지도 모르겠다.

「8월 16일」

나는 이부자리에 떨어져 있는
치모 한 가닥, 오래 내려다보고 있다가
손가락 끝에 침 발라 들어낸다.
언제 이번 생을 나는 인정할 수 있을까

시인은 영원히 꿈꾸는 자이다. 불가능한 것을 꿈꾸는 자들이다. 이번, 지금, 여기서의 생을 인정할 때, 시인은 영원히 추방될 뿐이다. 시인으로서의 추방 뿐만이 아니라 한 자연인으로서도 영원한 아웃사이더가 될 뿐이다. 시인은 결코 자연인이 될 수 없기 때문이다. 현실과 이상의 괴리를 다른 사람들보다 심각하게 인식하는 시인들은 보통사람들과 같은 삶을 영위할 수 없는 비극적 존재이다. 관음증 환자들처럼 삶을 구경할 뿐이며, 자신의 삶도 자신이 주인이 아니라는 인식, 생에서의 밝음은 환각처럼 스치고 지나갈 뿐이며, 허공에 매달려 발버둥치고 있는 어두운 자화상을 바라볼 뿐이다. 그러면서 밝음에의 희구를 완전히 저버릴 수도 없다. 「가을 마을」에서 〈나, 아직도 세상에 바라는 게 있나〉 라며 버리지 못한 꿈을 슬그머니 매만져 보고 있다.

「수은등 아래 벚꽃」

사춘기 때 수음 직후의 그
죽어버리고 싶은 죄의식처럼,
벚꽃이 추악하게, 다 졌을 때
나는 나의 생이 이렇게 될 줄
그때 이미 다 알았다

벚꽃의 아름다움도 분명히 실재하건만, 시인은 벚꽃의 추악함만을 떠올리며 생 또한 그렇게 되리라는 것을 알았다고 실토함으로써 자신이 시인의 길을 걷게 됨으로써 받게 될 형벌을 예감하고 있다. 시인은「안부 2」에서 처럼 〈머리 갸우뚱하고 물밑을 내려다 보는 게으른 새처럼 의아하게 제 삶을 흘러가게 하게요〉 이렇게 살고 싶었을 것이다. 흘러가게 하는 삶—시인은 이런 삶은 살 수 없다. 삶 자체는 흘러갈 수 있지만 그것을 바라 보는 시인의 자의식은 무심하게 흘러 가지 않기 때문이다.

「세상의 고요」

그 때, 이 세상은 문득 이 세상이 아닌 듯,
고요하고 한없이 나른하고 무궁과 닿아 있다
자살하고 싶은 한 극치를 순간 열어준 것이다.

〈한 여름 뒤란 감나무 밑 평상에서 낮잠 자고 깨어나 눈부신 햇살 아래 여기가 어딘지 모르게 집은 비어 있고 어디선가 다듬이질 소리 건너올 때〉 꿈속과 실제의 세계가 확연히 구분되지 않았던 그 때, 시인은 그 나른한 고요에 짓눌려 생을 마감하고 싶어한다. 바꾸어 말하면 그 고요함과 무궁의 세계가 죽음의 세계와 동일하다고 본능적으로 온몸으로 느끼는 것이다. 시인의 의식 속에서 굳이 안과 밖, 여기와 저기, 지금과 그때, 꿈속과 실제, 천상과 지상의 구분이 확연하지 않아서 뛰어 넘을 것도 없고, 걷어내야 할 것도 없고, 오락 가락 할 것도 없는 무념 · 무상 · 무위의 세계에서 가장 행복한 감정과 충일함을 맛보고 있는지도 모르겠다.

「막」

TV를 끄면서 금수처럼 하품하는 내 입;
막이 동시에 오므라들면서
빨대 끝에 매달린 비눗방울 처럼
나는 투명한 물고기알 속에 있다

「비닐 봉지 속의 금붕어」

이부자리에 엎드려 머리카락을 움켜쥐고,
이건 삶이 아냐

이렇게 사는 게 아니었어,
속으로 울부 짖는 나는
비닐 봉지 속의 금붕어를 생각하고 있었다

「물 빠진 연못」

가장자리를 밝혀 중심을 비추던
그 따갑게 환한 그 곳: 세상으로부터 잊혀진
中心樹, 폭발을 마치고
난분분한 붉은 재들 흩뿌리는데
나는 이 우주 잔치가 어지러워서
연못가에 진로 들고 쓰러져 버렸네

시인은 꽃들의 우주 잔치에 쓰러져 버렸고 깨어보니 〈한 때는 하늘을 종횡무진 갈고 다니며 구름 뜯어먹던 물고기들의 사라진 수면; 물 빠진 연못, 내 비참한 바닥, 금이 쩍쩍 난 진흙 우에 소주병 놓여 있네〉 더욱더 벌어진 꿈과 현실 사이의 비참한 간격만 목도하게 된다. 그러나 이 시는 시인을 더욱 시인답게 만들고 있다. 꿈과 현실의 괴리를 느끼면 느낄수록 시인

의 시는 붉게 꽃피지 않을까해서다. 그래서 〈헛된 것만을 밟은 신발을 벗고 돌아보면, 생을 '쇼부'칠 수 있는 기회는 꼭 이번만은 아니다〉 아파트 15층에서 뛰어 내린 독신녀의 생의 마감을 지켜보면서 헛된 것만을 밟은 자신의 생을 매순간 '쇼부'치고 싶어한다. 그러나 시인은 자신의 생을 마감하는 날까지 매순간 '쇼부'치고 싶었던 생을 끝까지 '쇼부'치지 못하고 끌고 가야만 하는 그 간격을 노래할 수 있을 뿐이다. 그것이 시인이 짊어진 멍에이자 영원히 벗어날 수 없는 운명의 굴레이다. 죽고 싶음의 절정에서 죽을 수가 없는가 하면, 죽어지지도 않는 자신의 실존 앞에서 이것이야말로 견뎌내야 할 비극이 아닐까 생각한다. 이것은 시인이 자신의 내면에서 삶의 본능이 집요하게 솟아 오르고 있는것을 명확하게 인식한 결과이며, 그와 동시에 죽음의 본능 역시 만만치 않은 세력으로 숨어 가라 앉아 있는 것을 감지했기 때문이다.

「타르코프스키 감독의 고향」

그 축축한 옛집에서 영원한 출발을 음모했던 것;
그게 내 삶이 되었다
그리움이 완성되어 집이 되면
다시 집을 떠나는 것; 그게 내 삶이었다.

〈그리움이 완성되어 집이 되면 다시 집을 떠나는 것; 그게 내 삶이었다〉 이 시인은 지상과 허공에서 〈뚱뚱한 가죽부대〉에서 格을, 일상의 나른함 속에서 완벽한 긴장에로, 꿈꾸며 모색하며 몸부림치며 얼마쯤은 살아 보다가 다시 침잠하고 자신의 〈폐허〉속에 갇혀 헤매다가 다른 시집을 들고 나타날 것이다. 지상과 허공에서 빚어지는 그 간극을, 다시 말하면 늙음과 일상 속에서의 안주, 그리고 어색함과 슬픔, 견딜 수 있음과 견딜 수 없음을 〈저무는 하루, 문안에서 검은 소가 운다〉에서 〈初經을 막 시작한 딸아이, 이젠 내가 껴안아줄 수도 없고 생이 끔찍해졌다〉로 시적 긴장감을 끝없이 생성해 낼 때 황지우는 〈완전히 늙어서 편안해진 가죽부대를 걸치고 등 뒤로 시끄러운 잡담을 들어 주〉는 〈그런 아름다운 폐인〉을 〈견딜 수 있〉게 될 것이다.

최정례의 「햇빛 속에 호랑이」
– 갇힌 자아와 시치미 떼기 –

그러니까 나는 모래 남자와 살다 모래 아이들을 낳고 걸어 다니는 사막이 되는 거지요.

모래를 퍼먹고 있어요.

이 집 벽시계는 코끼리 그림자를 그려요 코끼리가 쉬지 않고 타는 모래 언덕을 오르지요.

그래도 수년째 코끼리는 그 자리에서 한 발 짝도 벗어나지 못해요. 시계가 멈추는 날 코끼리는 벽 속에 화석으로 잠들 테지요.

낙타의 속눈썹을 길게 한. 강물을 안고 날아간, 그런 바람이 있다고 들었어요. 수증기가 되어 바람의 품속으로 뛰어들면 강물도 끌어올려 다시 먼 강에 떨어뜨려준다는 날마다 발이 푹푹 빠져요. 모래 아이들이 극성이고 모래를 씹는 일이 쉽지 않아요. 언제쯤 이곳을 건너게 될까요.

—「사막 편지」 전문

이 시의 화자는 〈모래 남자〉와 살다 〈모래 아이들〉을 낳고 걸어 다니는 〈사막〉으로 살면서 〈모래〉를 퍼먹고 있다. 여기까지의 시상만으로도 완결된 전달을 하고 있다. 삶의 팍팍함이 가슴의 전면에 비수처럼 꽂혀 온다. 2연에서는 부연설명된다. 시간인 세월인 〈벽시계〉는 화자를 〈코끼리 그림자〉로 만들고 시지프스의 신화에서처럼 〈타는 모래 언덕〉을 기어 오르지만 또 다시 〈한 발짝〉도 벗어나지 못하고 生이 끝나는 날 화자는 〈벽 아무도 모른 채 화석화하고 말 것이다. 그러나 화자는 다시 한 번 희망을 품어 〈강물을 안고 날아 간〉바람이 있다고 들었으나, 〈1〉연의 〈걸어 다니는 사막〉만큼이나 힘들고 현실감각이 전혀 없는 희망을 바람의 환영에 투사해 본다. 〈3〉연에서 〈모래를 씹는 일이 쉽지 않아요〉라며 화자는 〈언제쯤 이곳을 건너게 될까요〉하고 속내를 드러낸다. 이 시는 뒤에서 논하게 될 최정례의 다른 시들처럼 시치미 떼고 있지 않다. 손에 쥐어 주듯 투명하게 말하고 싶은 바를 전달하고 있지만 생에 대한 막막함을 느끼는 정도는 가슴이 먹먹할 지경이다. 겨드랑이에서 날개가 돋는 대신 〈강물을 안고〉 나는 바람일 것을 기대하는 화자는 이 시집 거의 전편에서 변형된 이미지로 형성된 또 다른 〈사막〉 등을 펼쳐 보이고 있다.

> 그 짐승은 나무 뒤에서만 산다. 내가 나무 뒤로 가면 그는 그 뒤편으로 간다. 내가 어느 편에서든 그 나무는 늘 뒤편을 만들고 나는 다시 뒤편으로 가고 그 짐승은 뒤편의 뒤편으로 간다.
>
> -「그 나무 뒤」 일부

자아를 확인하고 싶은 날고 싶은 욕망인 〈그 짐승〉은 늘 화자의 〈뒤편〉을 만들고 〈캄캄〉하고 〈난폭〉한 그 〈짐승〉은 〈시속 150 킬로〉로도 위치를 바꾸어 화자의 뒤를 떠나는 법이 없다. 화자가 욕망을 지니고 있는 한 욕망의 그림자인 그 〈짐승〉은 화자의 창 앞에까지 따라와 지켜 보고 있다.

> 그 방 안에는 죽음같은 잠을 자는 이가 있다. 제 몸에 시간을 쌓아 두는 이가 있다. 그이는 창 앞에 나무가 와 섰는 줄을 모른다. 그이는 나무가 우는 소리를 못 듣는다 세상에는 가슴속 불꽃을 재우려다 아주 재가 되어 버린 이가 있다 그 방에 그이가 누워 있다
>
> -「방」의 일부

최정례의 시에서는 도식적인 편가르기의 시어가 거의 없다. 밖으로 나가고 싶고, 위로 날고 싶은 그의 자아는 〈짐승〉으로 표현되

다가 창 앞의 〈나무〉가 되었다가 바람을 맞고 부서지는 〈삭은 종〉이, 〈추워 눈 못 뜨는〉 〈새들〉로 나타나기도 한다.

빗물이 고여 있다 네가 거기 가만히 있다 얕고 투명하다 잠깐뿐이다 네가 빗물에 담겨 있는 동안 구름이 나뭇잎이 들어섰다 갔다 택시가 비켜갔다 노랗게 흔들렸다

너는 거꾸로 말하는구나 추악하다는 아름답다로 사랑하다는 끔찍하다로 거꾸로 서서 훌쩍이는구나 누가 네말을 알아들을까 네가 길바닥에 엎어졌을 땐 자는 줄 알았다 자동차가 지나가고 다시는 일어나지 않는구나

길바닥에 빗물이 고여 있다 햇빛이 났다 새떼가 높이 날았다 새들은 웅덩이를 끌고 어디로 날아갔자 길이 움푹 패였다

–「길이 움푹 패이다」 전문

빗물에 패인 웅덩이가 시의 motif이면서 다양하게 변주된다. 패인 웅덩이가 빗물에 고이면서 갇힌 자아가 출렁이는 자아로 형태를 드러낸다. 풍경이, 고인 물에 투영되는 모습에서 거꾸로 말하는 것까지 읽어내고 있다. 삶의 모순들, 떠나 보내고 싶은 것은 남아 있고 붙들고 싶은 것은 날아가 버리는 모순 덩어리들을. 〈새들

은 웅덩이를 끌고 어디로 날아갔나 길이 움푹 패였다〉 햇빛에 물이 말라 버린 웅덩이를 묘사하고 있는데 빗물이 고임으로써 흔들리는 것으로 선명하게 부각되던 욕망, 갇힌 자아는 새떼들에 의해 끌려서 자유롭게 어디로 비상하였나, 아니면 〈길이 움푹 패이듯이〉 더욱 더 상흔만 깊이 남아 있는 것인가. 화자의 자아는 갇혀 있지만, 갇힌 자아를 표현하는 방식에 있어서 시상을 마음대로 주무르는 시인의 글쓰기는 퍽 자유롭다. 최정례는 〈날다〉라는 시상에서 날개만을 연상하지 않고 그 반대편인 깨어진 알의 껍데기까지 연상한다. 즉 〈어둠 속에 포플러나무 진저리를 치고 날아 오른다〉의 비상하려는 자아는 〈팽개쳐 일그러진 두 바퀴〉의 갇힌 자아이다. 〈소리치는 몸뚱이〉인 출구를 박차고 나가려고 몸부림치는 자아가 아니라면 그것은 또한 갇힌 자아도 아니기 때문이다. 그의 갇힌 자아와 날아 오르려는 자아는 서로 부딪치면서, 때로는 서로 모습을 바꾸면서 한 모습이기도 한 것을 유감없이 보여 주고 있다.

저건 포플러나무다
아니 저건 나귀의 두 귀다
저건 잎진 포플러 두 그루다
아니 분명 늙은 나귀의 두 귀다

핏빛 노을은 다 지나갔다
그는 유리창에 매달려 중얼댄다

유리창엔 늙은 나귀가 와 섰다

아득히 멀다
안개 속을
짐을
산처럼 잔뜩 싣고
저 허약한 바퀴로
어떻게 해쳐가나

유리창 속으로
그는 달아나려 한다
너무 오래 갇혀 있었다
딱딱한 어둠을 뚫고 뛴다 뛴다

어둠 속에 포플러나무
진저리를 치고 날아오른다

오, 날아오르지 못한다
사각의 유리창에 갇힌
나귀, 어리석은 두 귀

저건 포플러나무가 아니다

팽개쳐 일그러진 두 바퀴

소리치는 몸뚱이

저건 저건 내리치는 검은 칼

–「창」 전문

「창」에서 보면 더욱 〈유리창엔 늙은 나귀가 와 섰다〉 이 늙은 나귀가 〈유리창 속으로 그는 달아나려 한다〉. 단순한 도식인 안에서 밖으로 나가려고만 한다는 인식에 갇혀 있는 독자들은 이 표현을 새롭게 받아 들인다. 오래된, 그러나 삭지 않은 꿈인 〈늙은 나귀〉가 창가에 와서 〈유리창 속으로〉 달아나려 한다. 〈안〉에서 〈밖〉을 그리워하고 〈밖〉에서 〈안〉을 그리워한다. 사실 〈안〉과 〈밖〉은 우리의 관념이 상정하고 있는 임의의, 편의적인 상상 공간인 것이다. 따라서 필자는 또 한 번 변형시켜 〈사각의 유리창에 갇힌 나귀, 어리석은 두 귀〉로 일반 독자들에게 낯익은 공간으로 복귀하게 한다.

그의 욕망은 〈포플러 나무〉이다가 〈늙은 나귀의 두 귀〉였다가 〈팽개쳐 일그러진 두 바퀴〉였다가 〈소리 치는 몸뚱이〉 또 〈내리치는 검은 칼〉로 변모한다. 하나의 유리창을 풍경의 motif로 차용하면서 사각이 유리창에 갇힌 나귀가 검은 칼로 변하여 내리치는 속에서 여러 형태의 변주곡을 흥미있게 연주해내고 있다. 나는 포플러 나무이고 욕망이다. 또한 나는 포플러 나무도 아니고 욕망도 아니다. 왜냐면 이 시에서 화자의 주체를 붙박아 두고 있지 않기 때문이다. 다시 말하면 〈이건〉이라고 말하지 않고 〈저건〉이라고 마치 풍경을 바라보듯 욕망을, 거리를 두고 떼어내 바라보듯이 말하고 있기 때문이다. 이 시치미떼기는 일견 무심하게 바라보기로 일관하고 있는 것 같지만 그 이면의 상처의 흔적을 더 큰 것으로 느끼게 하는 힘이 된다.

한참동안 제 몸을 들여다보고 있다

날개도 날개 치는 소리도
보여주지 않는 냄새

냄새가 자신을 빠져 나와
냄새는 육신이 날리는 새다

딱딱한 지하를 헤치고 날아갈
어둠의 앞잡이다

고등어 한 마리를 구워 먹었는데
온 집안에 냄새다
숙제를 하는 애들에게서
설거지를 하는 내게서 냄새가
가지 않고 머뭇거린다

냄새를 쫓으려고 창문을 열어도
냄새는 옷장 속으로 문틈으로 숨는다
냄새는 조용하다
냄새는 악착같다
펼친 날개는 끝내 보여주지 않는다

납빛 배를 번쩍이며 해협을 누비던
그러나 냄새는 결국 날아간다
저녁 불빛 밖으로
이제 막 날아가는 숯덩이 같은 게 있다
멀지 않은 곳에 검은 하늘이 있다.
딱딱하게 굳은

–「냄새」 일부

앞의 시 「창」과 같은 동기와 제재를 지니고 있다. 〈포플러〉와 〈나귀〉대신 〈냄새〉로 바뀌었을 뿐이다. 〈냄새는 육신이 날리는 새다〉에서 보여 주고 있는 것처럼 냄새는 내 속에 있는 또 하나의 〈자아〉다. 그 자아는 욕망이기도 한데 〈어둠의 앞잡이이며〉 〈이제 막 날아가는 숯덩이 같은〉것이다.

그 치열한 끈덕지게 따라 붙은 욕망이기 때문에 〈어둠〉이며 고등어의 진동한 냄새처럼 온 몸 구석구석을 들쑤시고 다니다가 신열이 좀 가라 앉자 욕망은 〈날아가는 숯덩이 같은〉것으로 딱딱하고 검게 남아 있다. 그의 욕망은 〈유리창 속으로〉 달아나려 하고, 〈붙잡을 수 없는 덫〉이고 〈막 날아가는 숯덩이 같은 것〉인데, 이들에서 역설적 표현을 서슴없이 구사하고 있음에도 절묘한 짜맞춤으로 인한 배가의 효과를 얻고 있다.

시인은 〈숯덩이 같은 게 남아 있다〉가 아니고 〈막 날아가는 숯덩이 같은 게 있다〉로 표현한다. 평면 공간이 아니라 입체 공간을 활용하고 있다. 〈검은 하늘〉은 〈숯덩이 같은〉 연소하지 못한 갇힌 자아가 머무는 또 하나의 공간이다. 〈딱딱한 지하를 헤치고 날아갈 어둠의 앞잡이〉인 갇힌 자아는 냄새로 지상의 곳곳에 스며들지만 〈펼친 날개는 끝내 보여주지 않는〉다. 하늘에서 지상으로 다시 검은 하늘로 종횡무진 누비고 다니는 화자의 자아는 어디에서도 기거하지 못한다. 〈악착 같지만〉 〈결국 날아간다〉. 냄새의 이동 공간을 살펴 보면 이렇다. 제 몸→지상의 곳곳→불빛 밖→검은 하늘 · 딱딱하게 굳은 숯덩이 같은 것으로 고체화, 갇혀 있는 제 몸을 빠져나와 지상의 물체에 〈조용하고〉 〈악착 같이〉 스며들려고 하여도 〈결국〉 〈딱딱하고 굳은〉 고체로 검은 하늘로 〈막 날아가는〉것이다. 〈날자. 날자. 겨드랑이가 가렵다. 날개가 돋는 모양이다.〉는 이상의 갇힌 자아의 비상이 이 곳에서 저 곳에로의 공간 활용이라면 최정례의 그것은 4차원 공간 활용이다. 하늘도 〈검고〉 날아가는 갇힌 자아도 〈딱딱하게 굳어 있다〉. 「냄

새」에서 보여 주는 화자의 갇힌 자아는 출구가 없다. 그런데도 휘발성인 「냄새」로 제목을 정한 것은 시인이 노리고 있는 Irony의 충격이다. 게다가 어조까지 들뜨지 않아서 시치미떼고 아무렇지 않은 듯이 관조하고 있는듯한 화자의 갇힌 자아는 세상과 연락두절이 소통불능이다.

그의 시는 이미지즘시파에 속한 E. Pound, T.S.Eliot, Amy Lowell 등이 즐겨 쓰는 사물이 눈에 보이는듯한 생생한 이미지를 효과적으로 묘사하고 있다. 그 생생한 이미지를 묘사하면서 그 이미지의 대상에 자아를 투사하기 때문에, 그리고 무관심을 가장한 시치미떼기로 그의 시는 단순하지 않은 입체성을 획득한다.

> 능소화가 하늘 끝까기 뻗쳐오르고 금빛 꽃송이마다 나팔소리 잔잔히 울려 퍼졌습니다 왕궁에는 왕이 살았고 왕비가 살았고 시녀들의 긴 옷자락 끄는 소리 깊은 능소화가 하늘 끝까기 뻗쳐오르고 금빛 꽃송이마다 나팔그늘 덮을 때 그 때 캄캄한 바위 절벽 아래서 나는 다 듣고 있었습니다. 눈으로 가만히 눈물 흘려 버리고 나중에 눈먼 물고기로 살았습니다. 지느러미를 떼내고 바위 그늘에 숨어 오래 앓은 적이 있었습니다 그래 이런 부신 날에는 맑은 눈물이 솟고 가슴 한쪽이 뻐근해지는 것입니다 마을 이름은 왕궁리입니다 돌탑의 깊은 그늘이 능소화를 피워 올립니다 살찐 닭이 뒤뚱거리며 그늘을 뒤지고 매미 소리 폭포처럼 쏟아져 또 깊은 잠에 빠져듭니다

무너진 돌무더기의 마을 작은 문.

나중에 이 어둠 흘러가 하늘에 닿을 때쯤 저 나팔소리처럼 피어 나는 환한 꽃을 보리라 보리라 꿈 꾼 적이 있었습니다.

—「능소화가 있는 마을」 전문

나는 정원에 난 길을 걷고 있다
만발한 수선화와 선명하게 푸른 해총이 바람에 흔들리고 있다.
나는 무늬로 장식된 정원 길을 걷고 있다.
나는 수비단으로 짠 빳빳한 가운을 입고, 머리에 가루분을 바르고,
보석 장식이 달린 부채를 들고서
정원 길을 걷고 있는 내 모습은 참 특이하다

나의 드레스는 화려하게 무늬졌고
끌리는 옷자락은 정원 경계선의 자갈과 아르메니아 식물 위에
핑크와 은박 무늬를 만들고 있다
마치 유행복의 그림본대로
리본이 달린 하이힐을 신은 나의 발걸음은 경쾌하다.
나를 에워싼 어디에도 부드러움은 없다.
고래수염의 콜셋과 수비단으로 놓여진 가운 뿐
나는 라임나무 그늘 아래에 주저 앉았다
나의 정열이 빳빳한 수비단을 거역하기 때문에
수선화와 해총들은 홍에 겨워

미풍에 떨고 있다.

그리고 나는 운다.

나의 가슴 속의 라임나무, 조그만 꽃 한 송이가 뚝 떨어졌기 때문이다.

– Amy Lowell「patterns」의 일부

최정례의 〈능소화가 있는 마을〉과 Amy Lowell의 〈patterns〉의 공통점은 선명한 시각 효과이다. 두 시는 마치 그림이나 영화를 보고 있는 것처럼 풍경이 눈앞에 꽉 차버린다. 이미지즘의 시란 말의 정확을 기하고 주로 시각적인 야무진 이미지에 치중하고 자유시형을 사용한 것이었다. 두 시의 '눈에 보이는 듯한' 기법을 소개해 보았다.

〈산벚꽃나무하고 여자 그림자하고〉도 선명한 이미지 사용으로 시가 〈능소화〉와 〈산 벚꽃〉처럼 아름다울 수 있다는 것을 보여 준다. 〈그〉는 〈그녀〉이고 〈산 벚꽃나무〉이고 〈여자 그림자〉이다. 산벚꽃나무와 그녀 그림자는 그녀의 또 다른 모습이고 그녀에 의존해 살 수 밖에 없는 그는 온통 그녀 생각뿐이기 때문이다. 〈그〉는 〈산벚꽃나무〉와 〈여자 그림자〉로 대면되는 욕망을 버리지 못하지만 산벚꽃나무는 〈꽃잎 두 장 매달았다〉 떨구어 버리고 〈그녀는 세상에 없는 여자고〉 없는 것에 매달리며 살고 있는 그 존재 또한 부재에 가깝다. 이루지 못한 욕망 때문에 〈사막〉에 살고 있으면서 나팔 소리 울리며 언젠가 환하게 필 꿈을 기대하면서 화자는 허탈해진 욕망의 껍데기을 안고 〈그래도 그는 그렇게 밖에 살 수 없지요〉하는 체념의 모습으로 변형되기도 한다.

〈지락 와도〉라는 그림을 보면서 화자는 눈 시린 아침에 온 나귀가 〈내 눈 속으로 들어와 흙 묻은 발을 툭툭 털었어요〉라고 또 다른 자아가 살금살금 다가와 마음의 한 가운데 자리 잡았음을 표현하지만 〈다시 기울었어요 흰 달을 띄운 낮이 어스름 펼치는 저녁이 셀 수도 없이 지나쳤어요〉로 갇힌 자아를 대변한다. 〈자개 장롱 속으로 〉에서도 화자는 자개 장롱 위에 새겨진 당초무늬 · 모란 · 송학 · 달 · 구름 · 거북 · 복숭아 · 학 · 사슴 등에 하고 싶은 말을 담아 감칠 맛나게 묘사하다가 〈세상에 없는 끔찍하게 아름다운 무릉도원〉으로 끝맺음으로써 화자는 이 세상에 〈끔찍하게〉 갇혀 버리고 만다.

〈금새를 잡은 벼룩의 행복한 손〉에서는 이미 아이러니의 극치인 제목에서부터 역설이 기대되고 있다. 〈그녀〉는 〈순간을 잡〉고 〈새를 잡은 벼룩의 손〉인데, 바꾸어 말하면 순간은 잡을 수도 없고, 손도 없는 벼룩이 새를 잡는다는 것도 있을 수 없는 일인데 화자는 〈웬수야 벼룩의 간도 내어 먹을테냐?〉며 아무 것도 잡을 수 없음을 역설적인 독설로 내뿜고 있다. 즉 〈새를 잡은 벼룩의 손〉에서만도 역설적 표현인데 〈금새〉가 되고 〈행복한 손〉이 되었던 것이 〈벼룩의 간도 내어 먹을테냐?〉에 이르러서는 진일보하고 있다. 이 시의 핵심만 추려 보면 이렇다.

「그녀,

금새를 잡은 벼룩의 행복한 손

웬수야

벼룩의 간도 내어 먹을테냐?」

표현의 역설만큼이나 화자의 자아는 치명적으로 상처받고 난 후 간혀 버렸다. 마약의 환각을 맛 본 자는 환각이 사라진 후 지탱할 힘이 없다.

꽃잎 부스러기라도 담아야지 주워 올리는데

어디다 흘리는지 하나도 담겨지지 않는다

–「낮달」 부분

그 후로 길은 길이란 길은 다 멀고 캄캄했습니다

–「끝장면」 부분

새 떼가 높이 날았다 새들은 웅덩이를 끌고 어디로 날아갔나

길이 움푹 패였다

–「길이 움푹 패이다」 부분

아니 우리 집 뒷산 나무들

발갛게 불붙어 타고 있던 날
백 년이고 천 년이고 꺼지지 않아
눈감을 적마다
먼 날을 환히 비춰주던 날

–「공룡 발자국을 보러 갔다」 부분

새들
추워 눈 못 뜨고
깜깜한 곳으로 아득하게
날아 날아 오르려고
울면서

–「거울 속에 거울 거울 거울」 부분

화자는 〈길〉 〈새 떼〉 〈뒷 산 나무들〉 〈새들〉로 자아의 투시 대상을 수시로 바꾸면서 겨드랑이가 가려운 자아의 울부짖음을 침착한 저음으로 또박또박 말하고 있다. 〈울부짖음〉과 〈침착한 저음〉의 간격에서 그의 시치미 떼기가 빚어지고 있다. 〈불타고 있는 뒷 산 나무들〉인 자아의 열망은 눈을 감아도 꺼지지 않고 먼 날을 환히 비추기까지 한다.

그는 그가 사라진 줄을 모른다
바보처럼 한 때 천사였던 것도 모른다

너무나 깊숙이 사라졌기에

버려진 폐광의 내 속을 캐도 캐도

그는 이제 없다

나 혼자 라이터를 들이대는 웅덩이

떨면서 비추고 다시 일그러뜨린다

그를 비춰볼 웅덩이

그를 파낼 유일한 광부인

나조차 사라지면

그는 아예 없었던 게 된다

그가 잠시 찬란한 천사였던 걸

증거할 자도

세상 천지도

—「천사」 일부

화자가 짝사랑하는 상대방은 사랑 받는 줄도 모르는 상태에서 화자는 〈총을 사러 부산엘 가겠다고 돈을 꾸고 배를 사서 사막으로 뜨겠다고〉할만큼 〈간절히 총을 사고 싶은 적이 있〉을 만큼 무모하리만치 〈천사였고 덤불찔레였고 한 때 폭약이었던〉 그 천사는 이제 화자의 〈폐광 속을 캐고 캐도〉없다. 여기에서도 화자의 갇힌 자아의 일면이 드러난다. 상대와 소통이 되지 않아도 상대와 무관하게 자폭에 이를 만큼 화자의 열정과 순수와 광기는 갇혀 있다. 출구를 찾지 못한, 날개를 달지 못한 박제된 새가 어떻게 서서히 마모되어 가는가를 보여 준다. 그러나 〈나조차 사라지면〉〈세상 천지도〉〈그가 잠시 찬란한 천사였던 걸〉 알 길 없다. 사막편지에서 〈언제쯤 이곳을 건너게 될까요〉의 출구를 찾을 길 없는 울부짖음의 자아가, 화자가 사라지면 세상의 온갖 것도 사라지고 말 것이라는 갇힌 자아의 또 다른 담담함으로 농도가 엷어지고 있다. 갇힌 자아 속에서도 풀 한 포기 소중하게 가꾸어 나갈 수 있는 힘이 잠재되어 있는 것을 깨닫고 있다. 한 때 총을 사고 싶은 적도 있었던 너였기도 하지만 결국은 내가 존재함으로써만 너의 존재가 가능함을 깨닫는 순간, 갇힌 자아는 다음 단계로의 도약을 소리 없이 예비하고 있는 것이다. 아니면 「약국을 지나다」에서 〈그들이 지녔던 깨알 같던 희망도 죽어 정리되어 있으리라〉에서 보여주는 자폭에 가까운 심정처럼 화자의 소멸과 동시에 갇힌 자아의 마모 혹은 휘발로 형상화되는 〈나조차 사라지면 그는 아예 없었던 게 된다〉를 꿈꾸고 있는지도 모를 일이다.

「길이 움푹 패이다」에서 자아의 비상과 갇혀 있음을 〈새들이 웅덩이를 끌고 어디로 날아 갔나〉와 〈길이 움푹 패였다〉로 창과 방패의 팽팽함을 시적 긴장에 살려 보여 주고 있는 최정례라면 「천사」의 이와 같은 해석도 가능하다고 생각한다.

기형도와 다른 시인들의 작품에 관한 감상

기형도 – 포도밭 墓地 · 1

주인은 떠나 없고 여름이 가기도 전에 황폐해버린 그해 가을, 포도밭 등성이로 저녁마다 한 사내의 그림자가 거대한 조명 속에서 잠깐씩 떠오르다 사라지는 풍경 속에서 내 弱視의 산책은 비롯되었네. 친구여, 그해 가을 내내 나는 적막과 함께 살았다. 그때 내가 데리고 있던 헛된 믿음들과 그 뒤에서 부르던 작은 충격들을 지금도 나는 기억하고 있네. 나는 그때 왜 그것을 몰랐을까. 희망도 아니었고 죽음도 아니었어야 할 그 어둡고 가벼웠던 종교들을 나는 왜 그토록 무서워했을까. 목마른 내 발자국마다 검은 포도알들은 목적도 없이 떨어지고 그때마다 고개를 들면 어느틈엔가 낯선 풀잎의 자손들이 날아와 벌판 가득 흰 연기를 피워올리는 것을 나는 한참이나 바라보곤 했네. 어둠은 언제든지 살아있는 것들의 그림자만 골라 딛으며 포도밭 목책으로 걸어왔고 나는 내 정신의 모두를 폐허로 만들면서 주인을 기다렸다. 그러나 기다림이란 마치 용서와도 같아 언제나 육체를 지치게 하는 법. 하는 수 없이 내 지친 발을 타일러 몇 개의 움직임을 만들다보면 버릇처럼 이상한 무질서도 만나곤 했지만 친구여, 그때 이미 나에게는 흘릴 눈물이 남아 있지 않았다. 그리하여 내 정든 포도밭에서 어느 하루 한 알 새파란 소스라침으로 떨어져 촛농처럼 누운 밤이면 어둠도, 숨죽인 희망도 내게는 너무나 거추장스러웠네. 기억한다. 그해 가을 주인은 떠나 없고 그리움이 몇개 그릇처럼 아무렇게나 사용될 때 나는 떨리는 손으로 짧은 촛불들을 태우곤 했다. 그렇게 가을도 가고 몇잎 남은 추억들마저 천천히 힘을 잃어갈 때 친구여, 나는 그때 수천의 마른 포도 이파리가 떠내려가는 놀라운 空中을 만났다. 때가 되면 태양도 스스로의 빛을 아껴두듯이 나 또한 내 지친 정신을 가을 속에서 동그랗게 보호하기 시작했으니 나와 죽음은 서로를 지배하는 각자의 꿈이 되었네. 그러나 나는 끝끝내 포도밭을 떠나지 못했다. 움직이는 것은 아무 것도 없었지만 나는 모든 것을 바꾸었다. 그리하여 어느 날 기척없이 새끼줄을 들치고 들어선 한 사내의 두려운 눈빛을 바라보면서 그가 나를 주인이라 부를 때마다 아, 나는 황망히 고개돌려 캄캄한 눈을 감았네. 여름이 가기도 전에 모든 이파리 땅으로 돌아간 포도밭, 참담했던 그해 가을, 그 빈 기쁨들을 지금 쓴다 친구여.

(《한국문학》 156, 1986. 10.)

포도밭 墓地 · 1

기 형 도

주인은 떠나 없고 여름이 가기도 전에 황폐해버린 그해 가을, 포도밭 등성이로 저녁마다 한 사내의 그림자가 거대한 조명 속에서 잠깐씩 떠오르다 사라지는 풍경 속에서 내 弱視의 산책은 비롯되었네. 친구여, 그해 가을 내내 나는 적막과 함께 살았다. 그때 내가 데리고 있던 헛된 믿음들과 그 뒤에서 부르던 작은 충격들을 지금도 나는 기억하고 있네. 나는 그때 왜 그것을 몰랐을까. 희망도 아니었고 죽음도 아니었어야 할 그 어둡고 가벼웠던 종교들을 나는 왜 그토록 무서워했을까. 목마른 내 발자국마다 검은 포도알들은 목적도 없이 떨어지고 그때마다 고개를 들면 어느틈엔가 낯선 풀잎의 자손들이 날아와 벌판 가득 흰 연기를 피워올리는 것을 나는 한참이나 바라보곤 했네. 어둠은 언제든지 살아있는 것들의 그림자만 골라 딛으며 포도밭 목책으로 걸어왔고 나는 내 정신의 모두를 폐허로 만들면서 주인을 기다렸다. 그러나 기다림이란 마치 용서와도 같아 언제나 육체를 지치게 하는 법. 하는 수없이 내 지친 발을 타일러 몇개의 움직임을 만들다보면 버릇처럼 이상한 무질서도 만나곤 했지만 친구여, 그때 이미 나에게는 흘릴 눈물이 남아 있지 않았다. 그리하여 내 정든 포도밭에서 어느 하루 한 알 새파란 소스라침으로 떨어져 촛농처럼 누운 밤이면 어둠도, 숨죽인 희망도 내게는 너무나 거추장스러웠네. 기억한다. 그해 가을 주인은 떠나 없고 그리움이 몇개 그릇처럼 아무렇게나 사용될 때 나는 떨리는 손으로 짧은 촛불들을 태우곤 했다. 그렇게 가을도 가고 몇 잎 남은 추억들마저 천천히 힘을 잃어갈 때 친구여, 나는 그때 수천의 마른 포도 이파리가 떠내려가는 놀라운 空中을 만났다. 때가 되면 태양도 스스로의 빛을 아끼듯이 나 또한 내 지친 정신을 가을 속에서 동그랗게 보호하기 시작했으니 나와 죽음은 서로를 지배하는 각자의 꿈이 되었네. 그러나 나는 끝끝내 포도밭을 떠나지 못했다. 움직이는 것은 아무것도 없었지만 나는 모든 것을 바꾸었다. 그리하여 어느날 기척없이 새끼줄을 들치고 들어선 한 사내의 두려운 눈빛을 바라보면서 그가 나를 주인이라 부를 때마다 아, 나는 황망히 고개돌려 캄캄한 눈을 감았네. 여름이 가기도 전에 모든 이파리 땅으로 돌아간 포도밭, 참담했던 그해 가을, 그 빈 기쁨들을 지금 쓴다 친구여.

(《한국문학》 156, 1986. 10)

이정미 자필 메모

"주인은 떠나 없고 여름이 가기도 전에 황폐해 버린 그해 가을 포도밭 등성이로 저녁마다 한 사내의 그림자가 거대한 조명 속에서 잠깐씩 떠오르다 사라지는 풍경 속에서 내 弱視의 산책은 비롯되었네."

이 광경은 그대로 시인이 본 포도밭 풍경의 일면으로 볼 수도 있으나 시의 뒷 부분과 연결지어 볼 때, 주인(나의 죽음, 죽음의 갈망)이 한 켠으로 비껴서고 한 사내(죽음)의 그림자가 떠오르는 광경 속에서 시인이 느꼈던 기억들을 더듬어 가는 단초를 제공하는 이미지로서 '弱視의 산책'은 시작되는 것이다. 약시라 함은 시력이 약한 것을 의미하는데, 시인은 죽음을 그토록 갈망하는 속에서 삶의 일상이 비어 있음을 보았고 마른 포도 이파리들이 떠내려 가는 떼죽음 속에서 놀라운 '空中'을 만난다. 시인이 염원하는 죽음의 풍요 속에서도 텅 비어있음을 깨닫는 것이다. 그렇다면 시인이 갈망하는 것이란 삶이나 죽음이나간에 명백한 것은 없는 것이다. 텅 비어 있다는 것은 색깔도 없음을 뜻한다. 그것은 흐릿할 뿐이다. 명징한 것은 없다. 그래서 약시의 산책은 이 시 전체를 이해할 수 있는 상징어로도 볼 수 있다.

"희망도 아니었고 죽음도 아니었어야 할 그 어둡고 가벼웠던 종교들을 나는 왜 그토록 무서워 했을까."

죽음의 눈으로 바라 볼 때는 어두웠으나 일상의 자잘한 움직임들도 神의 섭리를 내포한 가벼운 종교들일 수도 있지 않을까? 인본주의 입장에서 볼 때 중세 암흑기의 무겁고 팍팍했던 종교관으로 본다면 평생 주홍글씨 A를 가슴에 달고 살아야 하는 대가를 치르는 사랑이 밀란 쿤데라 식의 한없는 존재의 가벼움으로 보자면 캔콜라와 같은 일회용 밤거리 사랑으로도 얼마든지 우리의 사랑은 같은 무게를 지닌 낙하불변의 법칙을 고수할 수 있는 것이다. 다시 말하면 관점만 달리 한다면 평생을 잊지 못하는 사랑도, 스쳐 지나가는 일회성의 사랑도 똑같은 사랑일 수 있다는 얘기다. 일상은 어디까지나 일상일 뿐인데 우리의 관념은 희망이라고도 죽음이라고도 말하라는 것이다. 우리들에게 끊임없는 속삭임의 유혹으로.

> "목마른 내 발자국마다 검은 포도알들은 목적도 없이 떨어지고 그때마다 고개를 들면 어느틈엔가 낯선 자손들이 날아와 벌판 가득 흰 연기를 피워올리는 것을 나는 한참이나 바라보곤 했네. 어둠은 언제든지 살아 있는 것들의 그림자만 골라 딛으며 포도밭 목책으로 걸어왔고 나는 내 정신의 모두를 폐허로 만들면서 주인을 기다렸다."

죽음을 기다리는 내 발자국마다 포도알들은 저희들의 의지와 상관없이 툭툭 떨어지고 벌레들이 이리 저리 뛰어 다니며 생명의 몸짓을 하는 것을 지켜 보고 있다. 포도알들은 떨어지고 (죽음) 어둠은 살아 있는 것들을 찾아 걸어 오고 시인은 자신의 정신을 폐허로 만들면서 주인(죽음)을 기다리고 있다. 시인은 방관자적 입장에서 죽음과 삶의 모습을 조응해 보고 있다. 시인은 죽음의 풍요를 기꺼이 맞이하려고 했으나 일상의 텅빔 속에서 기다릴 수 밖에 없다.

> "그리하여 내 정든 포도밭에서 어느 하루 한 알 새파란 소스라침으로 떨어져 촛농처럼 누운 밤이면 어둠도, 숨죽인 희망도 내게는 너무나 거추장스러웠네. 기억한다. 그해 가을 주인은 떠나 없고 그리움이 몇 개 그릇처럼 아무렇게나 사용될 때 나는 떨리는 손으로 짧은 촛불들을 태우곤 했다."

떨어진 검은 포도알들이나 한 알 새파란 촛농으로 떨어진 것이나 어느 쪽도 죽음이기도 하고 삶이기도 한 것이다. 포도가지에서 떨어진 포도알들은 죽음을 맞이 해서 죽음의 풍요 쪽으로 떨어지지 못하고 삶의 메마름편으로 똑 떨어진 한방울 촛농과도 같은 삶, 시인은 끊임없이 묻고 있는 것이다. 포도 가지에서 툭 떨어진 것은 나무를 기준으로 본다면 죽음일 수 있지만 대지를 기준으로 해서 본다면 삶의 시작일 수도 있기 때문에 삶은 죽음일 수 있고 죽음은 삶일 수도 있다는 것, 이것은 삶에 극도로 지쳐 보지 않은 사람에게는 분리가 아니라 하나라는게 이해하기 어려울지도 모르겠다. "그리움이 몇개 그릇처럼 아무렇게나 사용될 때" 이 구절은 죽음에서 "고개돌려" 텅 빈 일상들을 애착이 없어 돌보지 않은 채 짧은 생명의 촛불들을 태우며 죽음을 또 기다리고 있음을 말하고 있다. 시인은 호시탐탐 죽음만을 노리고 있어서 죽음이라는 애인의 품에 안기지 않는다면 매미나 뱀의 허물 벗은 빈 껍데기의 일상을 살아갈 것 같다. 일상의 공허함을 "그리움이 몇 개 그릇처럼 아무렇게나 사용될 때"라고 표현할 수 있을까? 달라짐을 예약하지 않는 "숨죽인 희망"은 통로가 아니라 벽이다. 죽음만을 기다리며 찾아 다니는 사람에게 삶은 죽음 그 자체이다.

> "그렇게 가을도 가고 몇잎 남은 추억들마저 천천히 힘을 잃어갈 때 친구여, 나는 그때 수천의 마른 포도 이파리가 떠내려가는 놀라운 空中을 만났다. 때가 되면 태양도 스스로의 빛을 아껴두듯이 나 또한 내 지친 정신을 가을 속에서 동그랗게 보호하기 시작했으니 나와 죽음은 서로를 지배하는 각자의 꿈이 되었네"

마른 포도 이파리들의 떼죽음을 보고서 염원하던 죽음의 풍요 속에도 텅 빈 공중을 보면서 역설적으로 생명의 존귀함을 느껴 폐허의 정신을 보호하기 시작했으므로 죽음과 시인은 서로를 갈망하는 꿈이 되었다. 여기에서도 시인은 죽음을 실현가능성이 있는 꿈으로서 유예시키고 있을 뿐 끈은 여전히 놓지 않고 있다. 죽음은 시인을 부르고 시인은 죽음을 부르는 끈끈한 유대관계를 지속하고 있다.

"나와 죽음은 서로를 지배하는 각자의 꿈이 되었네"라는 이 구절은 필자와 죽음이 주체와 객체로 양분화되어 있지 않고 강력한 흡

인력을 지닌 합일체의 상태로 느끼고 있는 표현이라고 생각한다.

> "그리하여 어느날 기척없이 새끼줄을 들치고 들어선 한 사내의 두려운 눈빛을 바라보면서 그가 나를 주인이라 부를 때마다 아, 나는 황망히 고개돌려 캄캄한 눈을 감았네."

죽음을 꿈으로 간직한 시인은 그러나 새끼줄을 들치고 들어선 죽음 앞에서 그해 가을이 참담했던 것은 죽음과 자신은 일심동체였으나 포도이파리들의 떠내려가는 죽음을 보고 자신도 예기치 못한 고개돌림의 이원분리를 용납할 수 없었던 시인의 정신분열의 참담함은 아니었을까? 죽음을 간절한 꿈으로 간직한 시인이었으나 실현시킬 수 없었으므로 '참담했던 그 해 가을'이었고 '그 빈 기쁨'이라고 살아 있는 '지금'쓰고 있는 것이라고 여겨진다.

서정주 – 鞦韆詞

– 춘향의 말(壹)

香丹아 그넷줄을 밀어라.

머언 바다로

배를 내어 밀 듯이,

香丹아.

이, 다수굿이 흔들리는 수양버들나무와 벼갯모에 뇌인듯한 풀꽃뎀이로부터

자잘한 나비새끼 꾀꼬리들로부터, 아조 내어 밀듯이, 香丹아

珊瑚도 섬도 없는 저 하늘로

나를 밀어 올려 다오.

채색한 구름 같이 나를 밀어 올려다오.
이 울렁이는 가슴을,
밀어 올력다오!

香丹아.

몸짓도, 발굴음도 없는,
西으로 가는 달 같이는
나는 갈 수가 없다.

바람이 波濤를 밀어 올리듯이
소리나게!
나를 밀어 올려 다오.

《文化》, 제 1권 제 3호 (1947.10), 45~46쪽에 첫 발표된「鞦韆詞」

香丹아 그넷줄을 밀어라.
머언 바다로
배를 내어 밀 듯이,
香丹아.
이, 다수굿이 흔들리는 수양버들나무와 벼갯모에 뇌인듯한 풀꽃뎀이로부터
자잘한 나비새끼 꾀꼬리들로부터, 아조 내어 밀듯이, 香丹아

봄의 정경임과 아울러 이 도령과 같이 밤을 보냈던 방의 정경들로부터 아예 벗어나버리고 싶은 작자의 마음이다. 그와 같이 보냈던 그 밤의 베갯모에 수놓아졌던 풀 꽃뎀이는 지금 그네 타는 들판에 피어 있는 풀꽃들보다 더 생생하게 눈앞에 어른거리기 때문에 그런 환영으로부터 벗어나고 싶어서 영영 아주 멀리 내치듯이 나를 밀어다오.

珊瑚도 섬도 없는 저 하늘로
나를 밀어 올려 다오.
채색한 구름 같이 나를 밀어 올려다오.
이 울렁이는 가슴을,
밀어 올력다오!

香丹아.

몸짓도, 발굴음도 없는,
西으로 가는 달 같이는
나는 갈 수가 없다.

첫 밤을 보낸 후 이 도령이 한양으로 떠난 후 다시 돌아오기를 애타게 기다리며 쓴 시인데 "채색한 구름 같이" 그리움으로 두둥실 떠있는 마음을 "산호도 섬도 없는 저 하늘로"는 의미는 손상시키지 않고 소재의 변형만으로 신선한 이미지를 전달하고 있다. 그가 올지 아니올지 모르는 상황에서 벗어나 장애물이 없는 밝은 기다림만 있는 곳으로 갈등이 없는 곳으로 가고 싶다. 살(육)의 그리움을 알아 버린 이상 무심한, 구름 속을 흐르는 달처럼 그렇게 평안한 마음으로 기다릴 수 없다.

> 바람이 波濤를 밀어 올리듯이
> 소리나게!
> 나를 밀어 올려 다오.

쏴아아 부서지는 파도 소리에 자신의 울렁이는 마음의 격정을 실려 보내고 싶다는 어쩌면 번민을 떨쳐 버리고 다만 그네줄의 힘을 빌려 무념 · 무상 또는 만날 기약이 뚜렷한 밝은 세계로 나가고 싶다는 간절한 바램이 있다.

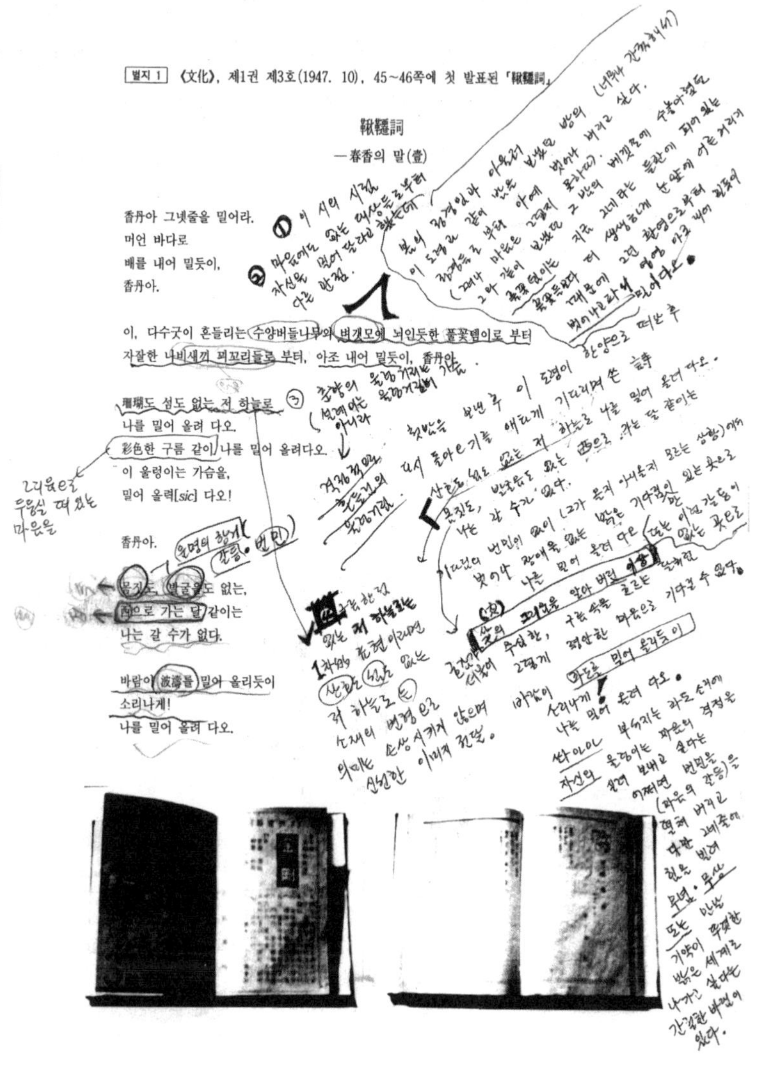

별지 1 《文化》, 제1권 제3호(1947. 10), 45~46쪽에 첫 발표된 「鞦韆詞」

鞦韆詞

—春香의 말(壹)

香丹아 그넷줄을 밀어라.
머언 바다로
배를 내어 밀듯이,
香丹아.

이, 다수굿이 흔들리는 수양버들나무와 벼갯모에 뇌인듯한 풀꽃뎀이로 부터
자잘한 나비새끼 꾀꼬리들로 부터, 아조 내어 밀듯이, 香丹아.

珊瑚도 섬도 없는 저 하늘로
나를 밀어 올려 다오.
彩色한 구름 같이 나를 밀어 올려다오.
이 울렁이는 가슴을,
밀어 올력[sic] 다오!

香丹아.

몸지도, 벗굴을도 없는,
西으로 가는 달 같이는
나는 갈 수가 없다.

바람이 波濤를 밀어 올리듯이
소리나게!
나를 밀어 올려 다오.

이정미 자필 메모

이성복 – 出埃及

1

오늘 다 외로워하면
내일 씹을 괴로움이 안 남고
내일 마실 그리움이 안 남는다
오늘은 집에 돌아가자 세 편의 영화를 보고
두 명의 주인공이 살해되는 꼴을 보았으니
운좋게 살아남은 그 녀석을 너라 생각하고
집에 돌아가자, 살아있으니
수줍어 말고 되돌아 취하지 말고 돌아가자
돌아가 싱싱한 떡잎으로 자라나서
훨훨 날아올라 충격도, 마약도 없이 꿈속에서 한 편의 映畵가 되어 펼쳐지자

2

내가 떠나기 전에 길은 제 길을 밟고
사라져버리고, 길은 마른 오징어처럼
펴져있고 돌이켜 술을 마시면
먼저 취해 길바닥에 드러눕는 愛人,
나는 運命의 곳간에서 뜬눈을 새우다가
헛소리하며 찾아오는 東方博士들을
죽일까봐 겁이 난다.

이제 제 집이 없는 사람은 할수없이 天國에 셋방을
얻어야 하고,
사랑받지 못하는 사람은 아직 欲情에 떠는 늙은 子
宮으로 돌아가야 하고,
분노하는 손에 닿으면 문둥이와 앉은뱅이까지 낫는
단다 主여

《뒹구는 돌은 언제 잠깨는가》중에서 p.26~7.「문학과 지성 시인선」

1연에서는 현실의 외로움과 괴로움이 자리잡고 있어도 현실을 잊고 꿈속에서나마 한 편의 영화처럼 풍요로움을 누려보자는 각박한 현실에서 탈출하고 싶은 강렬한 욕구가 있다.

내가 떠나기 전에 길은 제 길을 밟고

사라져버리고, 길은 마른 오징어처럼
퍼져있고 돌이켜 술을 마시면
먼저 취해 길바닥에 드러눕는 愛人,
나는 運命의 곳간에서 뜬눈을 새우다가
헛소리하며 찾아오는 東方博士들을
죽일까봐 겁이 난다.

내가 떠나려면 길이 있어야 하는데 내가 꾸는 꿈은 꿈일지라도 스스로 사라져 버리고, 그리움이란 갈망하다가 지치는 지점에서 얻어야만 감로수의 의미가 있는데, 취해서 길바닥에 드러 눕는 애인처럼, 꿈도 이상도 아닌 너절한 현실이 펼쳐져 있는 운명의 곳간인 이 삶의 터전에서 편안하지 못함으로 뜬 눈을 새우다가 아이도 잉태하지 못했는데(잉태할 수도 없는 상황–사랑이 없으므로) 축하한다고 너스레떨며 찾아오는 '헛소리 하며 찾아오는 동방박사'로 표상되는 세상의 위악과 허장성세와 권태로움 들을 '죽일까봐 겁이 난다.' 이 표현은 이중의 역설이다. 세상의 위악과 허장성세는 죽여야 마땅한데도 '죽일까봐 겁이 난다'는 것은 거짓을 뻔히 들여다보면서 거짓을 바라보고 있는 것이 잘못되었다고 스스로에게 다짐하고 있는 것과 같은 비틀기이다.

이제 제 집이 없는 사람은 할수없이 天國에 셋방을
얻어야 하고,

사랑받지 못하는 사람은 아직 欲情에 떠는 늙은 子
宮으로 돌아가야 하고,
분노하는 손에 닿으면 문둥이와 앉은뱅이까지 낫는
단다 主여

제 집이 없는 사람은 천국에도 셋방을 얻을 수 없으며 사랑받지 못하는 자가 욕정에 떠는 늙은 자궁으로 돌아가 보았자 더 춥고 외로울 뿐이며, 증오와 갈등과 위선이 판을 치고 있는 세상에서 사랑은 말로 상품으로 넘쳐나는 세상에서 차라리 진실하게 분노하는 손길이 문둥이 · 앉은뱅이를 낫게 할지도 모른다고 역설한다. 사랑의 위악을 정면으로 내리치면서 차라리 한 번의 스침만이라도 진실한 분노라면 문둥이와 앉은뱅이를 낫게 하지 않겠느냐? 그런 시시껄렁한 껍데기뿐인 사랑은 꺼져 버려라! 라고 일갈하고 있다.

마지막 문장은 '主여'와 '단다'라는 성질상 전혀 다른 호격과 동사 접미어를 병치함으로써 작자가 말하고자 하는 아이러니와 패러독스의 절정을 이루고 있다. '主여'라고 삼라만상의 창조주인 조물주를 불러 놓고 우리가 통상 또래나 아래 사람에게 말하는 화법으로서 '~한단다'라고 말 해버림으로써 비틀고 꼬고 내리치는 것이다. 여기에서의 '主여'는 '이 세상의 진실한 편에 한 번도 서보지 못한 자들'이라고 볼 수 있다.

1연과 2연 마지막 문장을 제외하고는 미래에의 희망이 예시되어 있지 않고 각박한 현실에서 꿈조차 꿀 수 없다는 것은 박제되어 버린 삶인데 마지막 문장의 날카로운 분노로 앞의 행들도 마지막 행의 행보에 박차를 가하기 위한 아이러니와 패러독스였다는 것을 더욱 명징하게 보여 주고 있다. 꿈도 사랑도 진실도 박제되어 버린 현실을 탈출하고자 하나 그 탈출은 현실에서 꿈과 사랑과 진실을 살아낼 때만 가능하다는 역설을 힘있게 보여 주고 있다.

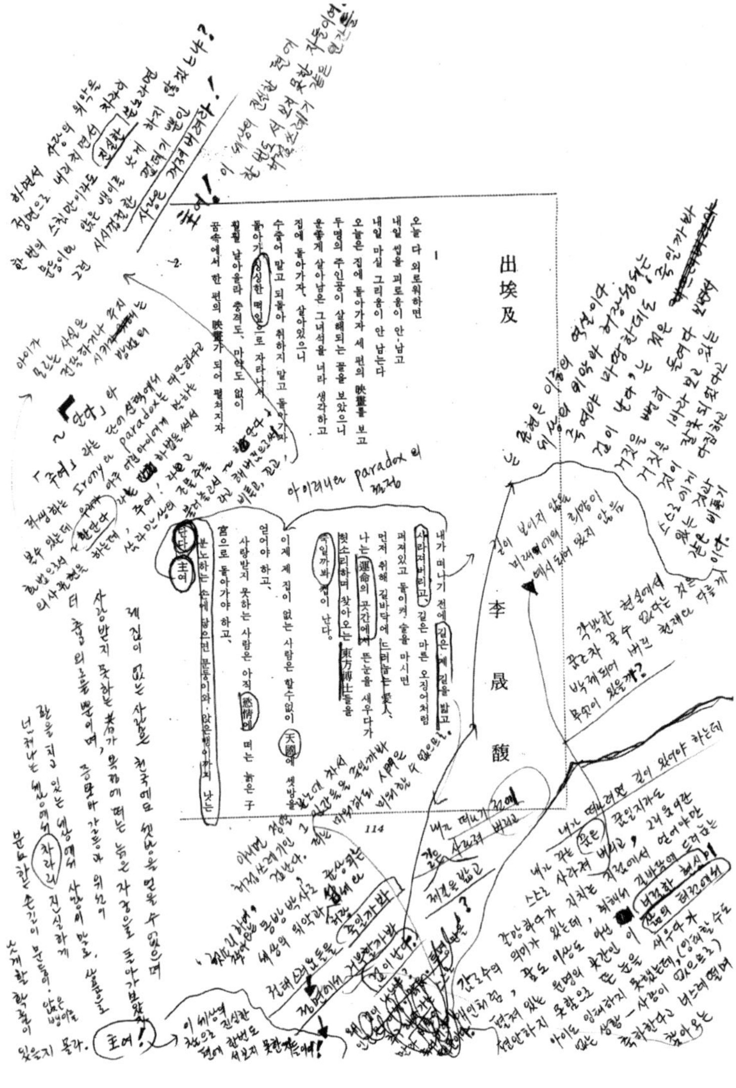

出埃及

李晟馥

1

오늘 다 외로워하면
내일 셈을 괴로움이 안·남고
내일 마실 그리움이 안 남는다
오늘은 집에 돌아가자 세 편의 映畫를 보고
두명의 주인공이 살해되는 꼴을 보았으니
운좋게 살아남은 그녀석을 너라 생각하고
집에 돌아가자, 살아있으니
수줍어 말고 되돌아 취하지 말고 돌아가자
돌아가 싱싱한 떡잎으로 자라나서
훨훨 날아올라 충격도, 마약도 없이
꿈속에서 한 편의 映畫가 되어 펼쳐지자

2

내가 떠나기 전에 길은 제 길을 밟고
사라져버리고, 길은 마른 오징어처럼
퍼져있고 돌이켜 술을 마시면
먼저 취해 길바닥에 드러눕는 愛人,
나는 運命의 곳간에서 뜬눈을 세우다가
헛소리하며 찾아오는 東方博士들을
죽일까봐 겁이 난다.
이제 제 집이 없는 사람은 할수없이 天國에 셋방을
얻어야 하고,
사랑받지 못하는 사람은 아직 戀情에 떠는 늙은 子
宮으로 돌아가야 하고,
분노하는 손에 닿으면 문둥이와·앉은뱅이까지 낫는

114

이정미 자필 메모

최승자 – 자화상

나는 아무의 제자도 아니며
누구의 친구도 못 된다
잡초나 늪 속에서 나쁜 꿈을 꾸는
어둠의 자손 암시에 걸린 육신.

어머니 나는 어둠이예요
그 옛날 아담과 이브가
풀섶에서 일어난 어느 아침부터
긴 몸뚱어리의 슬픔이에요.

밝은 거리에서 아이들은

새처럼 지저귀며
꽃처럼 피어나며
햇빛 속에 저 눈부신 天性의 사람들
아이들이 마시는 순수한 술은
갈라진 이 혀끝에는 맞지 않는구나
잡초나 늪속에 온몸을 사려감고
내 슬픔의 毒이 전신에 발효하길 기다릴 뿐.

뱃속의 아이가 어머니의 사랑을 구하듯
하늘 향해 몰래몰래 울면서
나는 태양에의 사악한 꿈을 꾸고 있다.

– 〈문학과 사회〉 1979. 가을호

1연에서는 세계와의 단절을 얘기하고 있다. 밝은 세상을 꿈꾸지 못하고 늘 자학과 불만족에 허덕이는 슬픈 자신의 모습이다. 2연에서는 이 세상의 밝음과 도저히 걸맞지 않는 어둠이라고 말한다. 3연은 질서와 화목과 부드러움과 사랑 등 이 세상의 온갖 긍정적 이미지에 길들여지지 않는 슬픔과 죽음과 어둠으로 가득 찬 그 자체라고 노래하며 4연은 어둠으로 존재 지워진 자신은 어둠이 빛을 이기지 못한다는 말처럼 닿을 수 없는 밝음의 세계를 향해 몰래 울면서 그 밝음의 최고 정점인 태양에로까지 '사악한' 꿈을 꾸는 것이다.

이 때 '사악한'이란 것은 자신은 세계와 합일할 수 없는 어둠이고 전신에 슬픔과 어둠의 독이 발효되길 기다리고 있는 존재라는 걸 투명하게 인식하고 있음에도 불구하고 이성이 아닌 본성은 어머니의 사랑을 구하는 뱃속의 아이처럼 절대절명의 이 세상의 밝음의 극치인 태양까지를 소망하고 갈구한다는 이율배반적이고 모순적인 자기감정을 직시하며 '사악한'이란 단어를 채택하고 있다.

송수권 – 山門에 기대어

누이야
가을山 그리매에 빠진 눈썹 두어 낱을
지금도 살아서 보는가
淨淨한 눈물 돌고 눌러 죽이고
그 눈물 끝을 따라가면
즈믄밤의 江이 일어서던 것을
그 강물 깊이깊이 가라앉은 苦惱의 말씀들
돌로 살아서 반짝여 오던 것을
더러는 물속에서 튀는 물고기같이
살아오던 것을
그리고 山茶花 한 가지 꺾어 스스럼없이

건네이던 것을,

누이야 지금도 살아서 보는가
가을山 그리매에 빠져 떠돌던, 그 눈썹 두어 낱
을 기러기가
강물에 부리고 가는 것을
내 한 盞은 마시고 한 盞은 비워두고
더러는 잎새에 살아서 튀는 물방울같이
그렇게 만나는 것을,

누이야 아는가
가을山 그리매에 빠져 떠돌던
눈썹 두어 낱이
지금 이 못물 속에 비쳐옴을.

—『산문에 기대어』, 서울 : 문학사상사, 1980.

누이야 가을 산 그림자에 '빠진' 눈썹을 보는가. 당신이 너무 보고 싶어서 '빠진' 나의 '눈썹 두어 낱'은 그리움의 극한의 표현을 극소화함으로써 그리움을 극대화하고 있다. 무한대의 양을 가장 경미한 것에 빗댐으로써 효과를 배가시킨 탁월한 시상연결이다. 그리움의 눈물을 돌로 눌러 보았지만 어둔 밤의 깊고 시커먼 강물로 일어서던 것을.

고뇌의 언어들이 물속에서 튀어나 살아나는 것을. 그리고 당신께 건네었던 꽃들도 함께 살아나는 것을.

그대여 지금도 보십니까? 나의 그리움의 한 잎새가 강물에 떠다니는 것을. 내 한 잔은 마시고 그댈 위해 한 잔은 비워 두리니 잎새에 튀는 물방울처럼 언젠가 만날 날도 있지 않을지.

그대는 아십니까? 당신에 대한 그리움이 지금 내가 바라보고 있는 이 못물 속에서 눈썹 두어 낱으로 둥둥 떠다니는 것을.

김수영 – 눈

눈은 살아있다
떨어진 눈은 살아있다
마당위에 떨어진 눈은 살아있다

기침을 하자
젊은 詩人이여 기침을 하자
눈위에 대고 기침을 하자

눈더러 보라고 마음놓고 마음놓고
기침을 하자

눈은 살아있다

죽음을 잊어버린 靈魂과 肉體를 위하여
눈은 새벽이 지나도록 살아있다

기침을 하자
젊은 詩人이여 기침을 하자
눈을 바라보며
밤새도록 고인 가슴의 가래라도
마음껏 뱉자

1연은 눈의 살아있음을 점층법으로 말하고 있다. 순결무구한 눈이 살아 있다고 말하고 젊은 시인에게 기침을 하자고 한다. 살아 있는 것에 대고 살아 있음을 알리자고 한다. 눈 · 기침 · 죽음을 잊어버린 영혼과 육체 · 가래의 살아 있음은 깨끗한 흰 눈에 대응해서 더러운 가래침을 뱉는 상반된 개념을 통해서 도달할 수 있는 것은 이 세상의 살아 있는 모든 것을 껴안고자 하는 작자의 심정이 나타나 있다. 살아 있는 하얀 눈에게 살아 있다는 것을 인식시키는 행위가 작위적이라고 느껴지지 않는 것은 흰 눈과 가래가 작가에 의해 살아 있음과 살아있음의 조응이 선명하게 부각되고 있기 때문이다. 오염에 물들지 않은 깨끗한 눈에 부끄럽지 않게 시인들은 의식이 깨어 있어야 하며 좀더 나아가 삶을 살고 있는 모든 사람들은 깨어 있는 의식과 행동으로 부끄러움이 없어야 한다는 것을 각성시키고 있다.

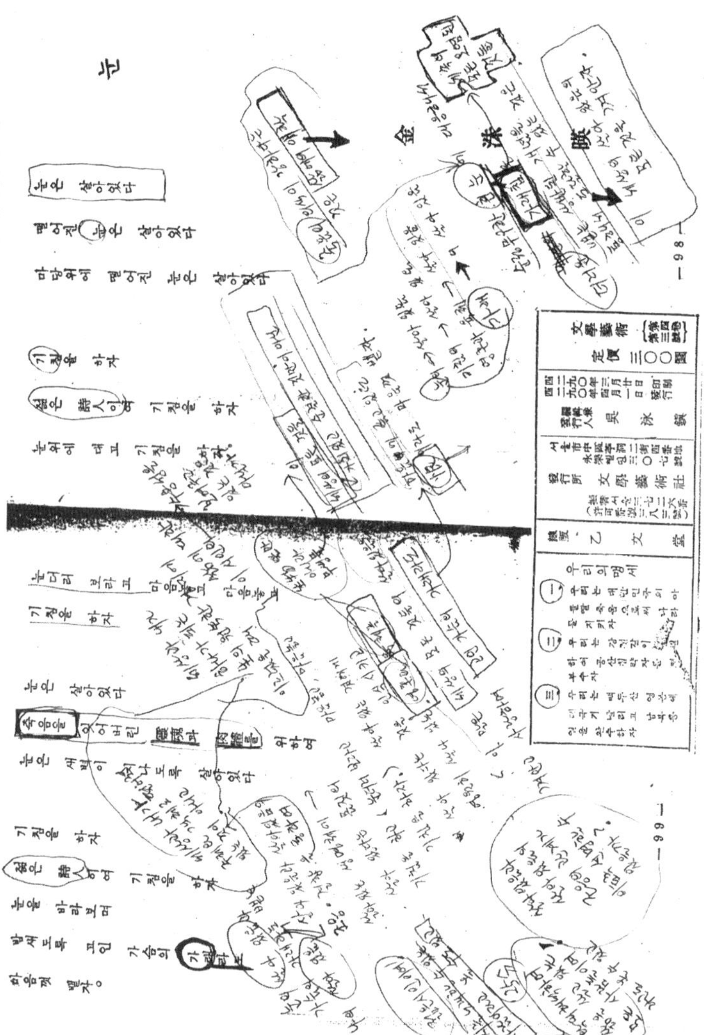

이정미 자필 메모

박재삼 – 水晶歌

집을 치면, 精華水 잔잔한 위에 아침마다 새로 생기는 물방울의 선선한 우물

집이었을레. 또한 윤이 나는 마루의, 그 끝에 平床의, 갈앉은 뜨락의, 물냄새 창창한 그런 집이었을레. 서방님은 바람같단들 어느 때고 바람은 어려울 따름, 그 옆에 順順한 스러지는 물방울의 찬란한 春香이 마음이 아니었을레.

하루에 몇 번쯤 푸른 산 언덕들을 눈아래 보았을까나. 그러면 그 때마다 일렁여오는 푸른 그리움에 어울려, 흐느껴 물살짓는 어깨가 얼마쯤 하였을까나. 진실로, 우리가 받들 山神靈은 그 어디 있을까마는, 산과 언덕들의 萬里같은 물살을 굽어보는, 春香은 바람에 어

울린 水晶빛 임자가 아니었을까나.

빛깔이 다른 또 하나의 추천사를 읽고 있는 느낌이다. 제대로의 만남과 사랑이었다면 수정 물방울이 아니었으련만 기약 없는 (물론 말로써는 기약이 있었지만) 사랑을 나눈 춘향의 마음을 물방울과 바람에 어울린 수정 빛으로 대귀를 이루며 헤어지고 말 것 같은 아슬아슬한 감정의 사랑을 노래하고 있다. 상황으로 보아서는 스러지고 말 것 같은 안타까움이나 그 안에서 오색영롱하게 빛나는 물방울이나 수정 빛과 같이 찬연하게 빛나는 그리움과 기다림이 삶을 지탱해주고 있지만 설령 안 온다한들 어떠리. 어쩌면 사랑의 본질이나 속성은 바람에 어울린 수정 빛은 아닐까나라고 시인 스스로 자문자답하는지도 모르겠다.

산신령이 있어서 이렇게 그리움에 떨고 있는 춘향이를 생각해서 바람 같은 이 도령을 바람결에 실어 데려올 일이지, 우리의 춘향은 찰나적인 영원을 맛본 스러지는 수정 빛이 되고야 말겠구나.

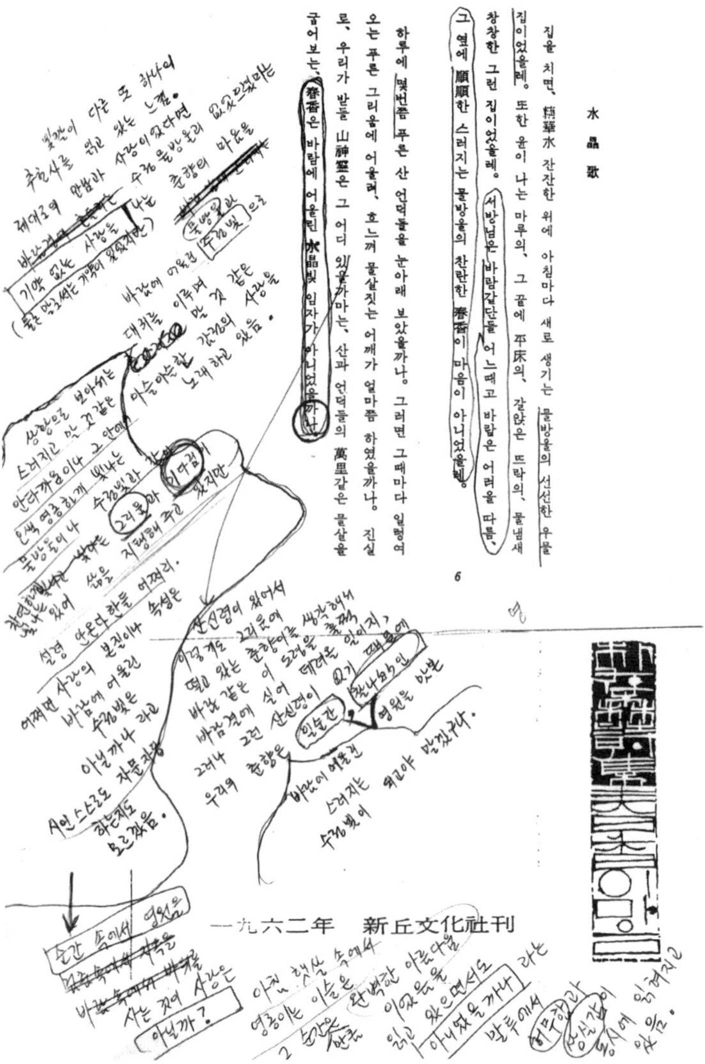

水晶歌

집을 치면, 精華水 잔잔한 위에 아침마다 새로 생기는 물방울의 선선한 우물 집이었을레. 또한 윤이 나는 마루의, 그 끝에 平床의, 갈앉은 뜨락의, 물냄새 창창한 그런 집이었을레. 서방님은 바람갈단들 어느때고 바람은 어려울 따름, 그 옆에 順順한 스러지는 물방울의 찬란한 春香이 마음이 아니었을레.

6

하루에 몇번쯤 푸른 산 언덕들을 눈아래 보았을까나. 그러면 그때마다 일렁여 오는 푸른 그리움에 어울려, 흐느껴 물살짓는 어깨가 얼마쯤 하였을까나. 진실로, 우리가 받들 山神靈은 그 어디 있을가마는, 산과 언덕들의 萬里같은 물살을 굽어보는, 春香은 바람에 어울린 水晶빛 임자가 아니었을까나.

一九六二年　新丘文化社刊

이정미 자필 메모

단편소설

단편 소설 : 그 해 여름의 미혹

1. 아가씨, 얘기 좀 합시다

여름의 새벽은 시간상으로 새벽인 것이지 환하기는 이미 밝아 버린 아침과 같았다.

그녀는 다방을 나서서 일행과 잘 가라는 인사를 건네고 천천히 하릴없이 걸음을 옮기고 있었다. 허탈하고 허무했다. 누구를 간절하게 그리워하지 않는다는 것은 고무공의 바람이 빠져 버린, 생을 사는 데 있어 의미를 잃게 하는 의욕상실의 질병을 유발시킨다는 것을 진하게 느끼고 있었다. 그 진한 허허로움은 한 걸음 한 걸음을 떼어 놓는 일마저 울고 싶은 기분이 들게 할 만큼 사람을 송두리째 휘감아 새벽의 길바닥에 내팽개칠 수 있는 위력을 지니고 있었다. 아무도 다니지 않는 새벽 다섯 시의 명동 상가 길 한 복판에 주저 앉아서 울고 싶었다. 심정적으로 울고 싶다는 게 아니라 속에서 울컥 울컥 또는 벌컥 벌컥 치밀어 오르고 있었다. 이 넓은 서울에서 전화로 불러 내서 차 한 잔 같이 할 남자가 없는가?

그 많은 휴일에 손 잡고 교외선을 타고 나가 시원한 강변 바람에 머리칼을 날려 보는 것은 또 얼마나 바라던 일인데…….

정말 이상한 일이었다. 이렇게도 사랑의 승부에 있어서 허약하리라고는 미처 생각해 보지 못한 일이었다. 한 때는 조숙하게 열렬히 지속적으로 5년 동안 거의 하루도 거르지 않고 만나 그리움의 향기를 듬뿍 맡아 두었다가 혼자 살금 살금 기억의 영상 속에서 꺼내어 사알짝 코끝을 스치게 하고 마개를 얼른 꼭 닫아 두었던 한 남자가 있었다. 그 향기는 소중하고 귀해서 열어 놓으면 마구 다 날아가 버릴 것만 같았으므로. 그 때는 정말 잘 살고 있다고 느껴졌고 지금 생각해도 잘 살았었다.

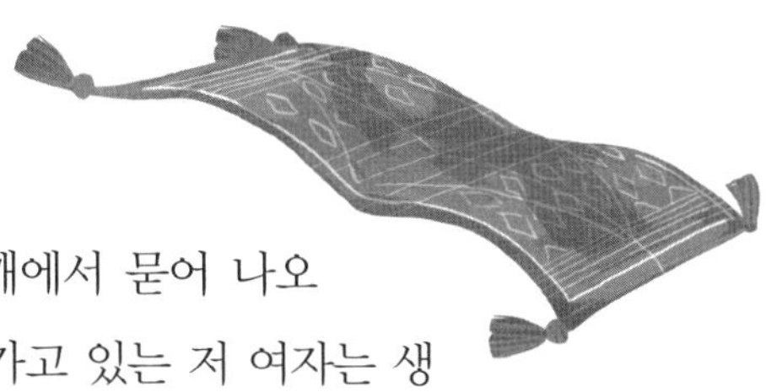

그런데 지금 여기에 선 그녀는 어떤가?

누가 그녀의 뒷 모습을 보면 어깨에서 묻어 나오는 허무의 체취 때문에 앞에 걸어 가고 있는 저 여자는 생을 포기하고 죽음에로의 취기가 강하여 생을 누리고 즐길 권리가 있고 의욕이 있는 산 자들과는 동떨어져 있어서 아마 누구도 관심을 기울이기가 어려웠으리라. 왜냐하면 사람들은 본능적으로 즐거운 일이 좀 많을 것 같은 사람에게 쏠리기 마련이었다. 그녀는 하마터면 신파조로 대로에 주저 앉아 울 뻔 하였다. 아무도 다니지 않는 새벽 한길가에서 크게 통곡하고 싶었다. 그러나 차마 그러기에는 의식의 한 부분이 그런 나약한 감성을 지켜 본다는 것은 쑥스럽고 부끄럽다고 손가락으로 쿡쿡 옆구리를 찌르며 타이르고 있었다. 그래서 마음 놓고 퍼질러 앉아 울지도 못하였다. 그러나 그녀의 등 뒤에서 열 발자국 내지 스무 발자국 떨어져서 그녀의 모습을 바라보는 또 하나의 그녀를 느낄 수 있었다. 최소한 앞서 걸어가는 그녀의 무릎이 꺾이어 주저 앉지 않을 정도로 지탱케 해 주는 어떤 보호 장치를 손전등처럼 쥐고 걸어 가고 있는 느낌이었다. 가냘픈 스물 여섯 살의 아가씨가 걸어 가고 있었다. 보통 키에 남색 바탕에 노란 꽃무늬가 아름답게 염색된 원피스를 입었다. 원피스의 목둘레와 소매 끝에 노란 실크로 바이어스를 댄 감각에 어울리게 가는 허리를 휘감은 노란색 벨트, 그리고 장단지의 알이라고는 찾아 볼 수 없는 밋밋한 다리에 로마 병정들이 즐겨 신었던 것과 같은 형태로 종아리를 x자로 서너 번이나 묶은 노란 헝겊천으로 된 샌들을 신고 걷고 있었다. 크지 않은 키에 그런 샌들이 어울릴 수 있었던 것은 아주 마른 체형 때문이었다. 머리는 상큼한 컷트로 동그스럼한 얼굴을 더욱 앳되고 귀엽게 보이게 하였다.

그녀는 멀지 않은 명동 한 복판의 한 구간이 참으로 아득하고 막막하였다. 그녀의 생각으로는 참 많이 걸었다고 느낀 것이 에스콰이어 핸드백 코너를 조금 지나서 기독교 서적 판매점을 지나고 있었다. 넓은 도로에는 그녀 혼자만이 걷고 있었다. 그럴 때의 막막함이란 절대로 뒤를 돌아 보아서는 안된다고 알려 주었는데도 분노하는 신인 야훼의 성정을 몰라 뒤돌아 봄으로써 소금 기둥이 되어 버린 롯의 운명이 떠올려지는 기분이었다. 롯의 소금 기둥은 초등학교 4학년 때 일년 간 만화방에 결근한 적이 없었던 수훈의 댓가로 얻어진 지식이었다. 그런데 무식하게도 몇 십 년이 지나 구약성서에 나오는 얘기라는 걸 성서를 읽으면서 마주치는 황당함이란 기가 질릴 지경이었다. 그런데도 재미있는 것은 이발소 프린트 그림 대 유명 화가의 진짜 그림과 같은 대비 구도가 가능한 만화와 성서의 구도지만 만화에서 받은 기억이 훨씬 강렬하고 지속적이었다. 그것은 어쩌면 10대와 20대의 감수성은 물고기의 비늘처럼 싱싱하고 파릇파릇하게 살아 있기 때문일 것이다.

넓은 도로에는 그녀 혼자만이 걷고 있었다.

스물 여섯 살 7월 7일 새벽. 직장의 동료들이 몇 십 년을 모여 같이 시간을 보내고 삶을 잇대어 가는데도 단지 동료일 뿐 그 이상의 정이 들지 않는 것처럼 대도시의 빌딩과 간판들은 위풍당당하긴 했으나 아무런 표정을 지니지 않았다. 패션 매장의 간판이 내려지고 사진관으로 바뀌면 그 간판에 따라 당장 용도가 바뀌고 전에 행했던 역할은 소리도 없이 폐기처분되는 것이다. 그것이 도시가 내보이고 있는 비정한 얼굴이었다. 우리가 어머니를 떠올릴 때 그 단어가 절대성을 내포할 수 있는 것은 이 세상을 온통 통째로 준다고 해도 어머니와는 대체할 수 없는 절대적 감정을 어린 유년부터 몸으로 익혀온 때문이었다.

그러나 도시가 안고 있는 특징은 익명이었다. 단지 건물들이나 상호들 뿐만이 아니었다.그 안에 몸 담고 살고 있는 사람들의 경우도 그랬다. 나 아무개, 유일무이한 지구상에 둘도 없는 아무개. 그런 것은 대도시에서 조롱과 비아냥거림의 조건일 뿐이었다.

A는 B부터 Z까지의 뒤 늦은 순서 앞에 버티고 있어서 A로 빛날 수 있었다. 백화점의 쇼윈도우에 차선책으로 진열된 B, C, D…. A만 살아 남을 수 있었다. 다른 것들은 A를 떠받들기 위한 소모품에 지나지 않았다. 그것이 자본주의의 논리고 힘이라고 도시는 눈하나 깜짝하지 않고 보여 주는 데 주저하지 않았다. 그녀는 대학 출발부터 순조롭지 않았다. 이미 청춘은 그녀에게 우호적으로 손 내밀고 있지 않다는 것을 단박에 알아챌 수 있었다. 출발부터 휘청거렸다. 이미 맛 본 실연의 참담함과 입시 낙방. 생의 무질서와 혼돈을 생각한다면 차라리 무위로 시작하는 게 훨씬 안온하고 축복 받은 출발이었을 것이다.

기억의 가혹함이란 시간의 흐름과 더불어 순기능 역할을 할 때보다 역기능 작용 쪽으로 자꾸 균형을 잃고 쏠려 버린다는 데에 예기치 못한 함정이 아가리를 벌리고 있었다.

'아가씨!' 뒤에서 불렀다. 대답 대신 대답할 필요도 없었으므로 힐끗 성의 없이 뒤돌아 보았다. 다른 느낌은 전혀 들지 않았고 키가 무척 크다는 인상만 안겨 준 채 그 그림은 그녀에게 전혀 의미 있게 다가오지 않았다. 그냥 걸었다. '아가씨, 이야기 좀 합시다.' 그 남자는 뒤따라 오면서 한 번 더 말했다. 아무 대꾸도 하지 않았다. 그녀는 고향같은 아늑한 사랑을 원하고 있는 것이지 도시 한 복판을 배회하고 어슬렁거리는 건들거리는 사랑을 원하지 않았다. 처음 보는 남자에게 호감을 느낀다는 건 쉽지 않았다. 반도 패션 매장을 지나서 ㅇㅇ 패션 매장의 간판을 비켜 서며 ㅇㅇ당 쪽으로 버스 정류장을 향해 걸을 때까지도 전혀 그 남자에게 신경 쓰지 않았다. 이미 날은 환해질대로 환해져서 또 정류장에는 몇 사람 쯤 서성거리고 있었으므로 특별히 맘 먹고 행패 부리기로 작정하지 않은 치라면 크게 염려할 것 까지는 없었다. '아가씨, 얘기 좀 합시다.' 그 남자는 잊지 않고 그 얘기를 반복하고 있었다.

그녀는 졸업한 대학교에서 2 년간 〈문학의 이해〉 쎄미나 강의를 맡고 있었다. 모교 졸업생 중 4 명이 추천되어 맡고 있었다. S대 대학원 2 명, 주부 1 명 그리고 K대 대학원 재학 중인 그녀였다. 그것은 영문학 학과장을 맡고 계신 대학 은사님 추천 덕분이었다. 그녀가 재학 중이던 때에도 그 커리큘럼은 운영되고 있었다. 가장 내실 있게 운영되고 강한 인상을 심어 준 교과과정이었다. 가령 이런 식이었다. 마르틴 부버의 '너와 나'를 읽고 그에 대한 감상문과 과제로 내 준 한 두 개의 주제에 대한 의견 피력이었다. 만남과 사귐의 차이는 무엇인가? 토론 수업이란 그런 점에서 참 매력적이었다. 십 여 명씩 한 조가 되어 자신의 의견을 말하고 상대방의 의견을 듣고 그리고나서 나름대로 정리된 의견을 리포트로 제출하면 담당 강사가 읽고 난 후 간단한 평과 아울러 평가한 리포트를 돌려주었다. 이것이 1~2 회가 아니고 1 년에 10~12회, 이것이 교양과목이었는데 4 년 동안 쌓이면 책을 읽고 나름대로 정리하는 체계가 잡혀 나갔다. 졸업하고 난 후 2 년 동안 평가자의 입장에서 얘기를 듣고 수렴하고 종합하고 평가하는 과정을 거치다보니 어느 정도 무식함에서 벗어나는 계기가 되었다. 어떤 주제에 대한 논리정연함을 익혀 나가다 보니 그렇지 않아도 말담이 있는 편인 그녀가 어쩌다 미팅에 나가 얘기를 풀어 놓다 보면 상대방들은 벌린 입을 다물지 못하고 스스로 나가 떨어지는 경우가 몇 차례 있었다.그것도 최고의 엘리트라고 자처하는 자들의 경우였으니….

2. 신분증 좀 보여 주세요.

"도대체 뭐하는 사람이예요?" 그녀는 반사적으로 조금은 퉁명스럽게 내뱉고 있었다.

'도대체'의 의미는 당신같은 사람에게 볼 일이 없을뿐더러 당신과 아는 사이도 아니니 스스로 알아서 나가 떨어져 달라는 달갑지 않은 기분을 내포하고 있는 말이었다.

"학생이예요, 대학원생이예요" 그 남자는 말하고 있었다. 그 말을 듣고 그녀는 처음으로 자세히 훑어 보았다. 그 남자 말의 진위

여부는 별개로 하드라도 그녀의 신분을 제대로 읽어 냈다는데 대한 기본 점수 정도는 줄 수 있을 것 같아서였다. 대학생용 가방을 든 그 남자는 머리가 빈, 가짜 학생 같아 보이지는 않았다.

“버스 타고 가야 해요.” 짤막한 대답과 함께 눈빛에서 무엇을 읽었는지 그 남자는 다시 입을 열었다.

“산보 좀 합시다.”

“아침이라 산보할 마음이 든거예요.” 그녀는 두 번 째로 입을 떼었다.

“아침이라 운이 좋았군” 혼자말처럼 나지막하게 중얼거렸다. 그 남자는.

그녀는 열 여덟이었다. 학교 수업을 마치고 집에 책가방을 놓고 양치질을 하고 도서관으로 향했다. 외관상의 스케쥴이 도서관이지 걸음은 어느새 선생님 하숙집을 향하고 있었다. 중 1 때부터의 선생님이었다. 그리고 그녀가 고등학생일 때에는 다른 학교에 계셨다. 중학교 1 학년 조무래기부터 고 3 언니들까지 하숙방에 진을 치고 있어서 많을 때에는 그 숫자가 열 명을 넘어 열 대여섯이 될 때도 있었다. 그런데도 그녀는 그런 사실이 장애물로 느껴지지 않았다. 마치 영웅의 일생에는 가혹한 시련이 많으면 많을수록 딛고 일어서는 장엄함이 빛나듯이 그런 정도는 그녀가 반드시 거치고 지나야 하는 통과의례 정도로 여겨졌다. 그녀의 머리 속에는 피라미드의 모형이 그려져 있었다. 지금은 저렇게 많은 숫자가 달려들지만 여러 해가 지나면 그 정점에는 오로지 그녀 혼자만이 우뚝 서게 될 것을 믿어 의심지 않았다. 어쩌다 서울 N여고로 진학한 En에게 레코드나 가벼운 책 한 권 정도를 전달하는 광경을 목도할 때도 있었지만, 크게 문제될 것까지는 없었다. 이미 그녀의 마음은 어떤 공격에도 난공불락의 천연 요새를 구축하고 있었으므로 웬만한 언니들의 유혹이나 혼기에 찬 아가씨들의 그 선생님에 대한 접근에도 아랑곳하지 않았다. 그 시절 그녀에게는 흔들리지 않는 마음 하나면 상대방의 마음도 허물어 뜨릴 수 있다는 마치 그것 하나면 사랑을 얻을 수 있는 최고의 비법이라도 되는양 신념과 확신에 차 있던 시절이었다. 그것은 행동으로 나타났다. 하루도 빠지지 않고 그의 하숙집을 방문했다. 그의 하숙집은 그녀의 집에서 걸어서 6, 7분 정도의 거리에 있었다. 그들은 말이 없어도 서로의 그림자 같았다. 불편하거나 거리감 따위를 느껴 본 적은 없었다. 엄마와 아이가 많은 말을 나누지 않아도 서로의 눈을 들여다 보고 원하는 것을 단번에 알 수 있듯이 그들도 그랬다. 그것은 놀라움도 아니었고 당연한 일이었다.

큰 길을 따라 올라가면 파출소가 나왔고 같은 반 친구였던 얼굴은 동그스럼하고 오리 걸음을 걸었던 착한 덕이네 자전거 점포가 나왔다. 거기서 좀 더 똑바로 걷다보면 왼 쪽으로 난 길을 따라 올라 가면 공고가 나왔다. 그런데 왼쪽으로 돌기 전에 곧장 좁은 길로 들어 서면 신흥 주택들이 몇 채 깔끔한 자태로 그만그만한 모양

과 크기로 아늑한 작은 마을을 이루고 있었다,

그의 하숙집도 새로 지은 집이었다. 굵은 막대 모양들이 모여서 문을 이루고 있어 안의 모습이 다 들여다 보였다. 마당에 들어서면 시멘트로 바른 공간이었고 현관문을 열면 현관 쪽에서는 정면이었으나 대문 쪽에서 보면 왼 편에 그의 방이 있었다. 그의 방을 열면 하숙생다운 단출한 살림이 눈에 들어 왔다. 방문 정면에는 낮은 책상의 옆구리가 맞아 주었고 그 쪽의 벽 모서리에는 깔끔하게 손질된 이부자리 한 채가 개켜 있었다. 그리고 다른 것은 없었다. 아, 그녀가 가정 시간에 수 놓은 연주황색 모서리에 베이지색 가운데 바탕에 녹색과 노랑으로 수 놓아진 해바라기가 그려진 방석이 수줍은 듯 얌전하게 놓여 있었다. 낮은 책상 앞 방바닥에. 방석은 두 장이었는데 하나는 그에게 갖다 주었고 다른 하나는 그녀가 간직하고 있었다.

그 당시 온통 그녀를 지배하고 있는 것은 그런 것이었다. 깨진 거울을 반 쪽 씩 나누어 가지고 있다가 먼 훗날 맞추어 봄으로써 어린 시절에 헤어진 인연이었음을 의심하지 않고 받아 들인다. 또는 똑같은 가락지를 하나 씩 끼고 있다가 서로의 인연을 알아본다 등 신화나 설화의 소재가 되었던 반 쪽을 온전한 하나로 맞추어 보는 패턴에 꽤 매력을 느끼고 있는 것 같았다. 그래서 작은 것 하나라도 두 개를 마련해서 하나는 그에게 내밀었고 나머지 하나는 그녀의 차지가 되었다. 미술 시간에 물망초– '나를 잊지 말아요'라고 나열했던 수건에서부터 방석 · 손수건 · 책 · 양초 · 생과자 · 티 스푼까지 하나씩 나누어 가졌다. 그런 징표가 있어야만 먼 훗날 한 공간에서 생활할 때 온전하게 짜맞출 수 있을 테니까. 치기어린 감상이었지만 그 시절엔 오로지 그녀를 살게 하는 유일한 이유였다. 하루 하루가 솜털처럼 부드럽고 솜사탕처럼 달콤한 날들이었다. 까맣게 타들어 가던 그리움의 고통만 아니라면 사랑의 충만함에 가슴 벅차던 짜릿한 시절이었다.

방문할 그 시간쯤이면 하숙집 아주머니는 저녁 밥상을 내오셨다. 나무로 된 조그만 밥상에 깔끔하게 차려진 대 여섯 가지의 반찬들. '같이 먹자' '전 먹고 왔어요.' 방 한 켠에 앉아서 그가 식사하는 모습을 지켜 보는 것은 행복 그 자체였다. 몇 십 년이 지난 후에도 음식을 씹을 때 입술의 형태와 저작하는 특징, 음식을 씹는 속도 등이 생생한데 그 때는 그와 분신이라는 느낌을 떨쳐 버릴 수 없었다. 식사를 마치고 나면 꼭 양치를 하러 마당에 나갔고 세수까지 하고 들어오는지 세수 비누의 향내를 묻혀 왔다. 그 순간 그녀는 강신재의 〈젊은 느티나무〉에서 여주인공이 이복 오빠에게 맡았던 비누 냄새와 동일한 것임을 연상하면서 아득한 설레임에 빠져들곤 하였다. 여름에 소매가 있는 흰 런닝셔츠 차림일 때도 있었고 남방 셔츠 차림일 때도 있었다. 방 안의 같은 공간에서 숨 쉬고 있다는 일체감 만으로도 표현하기 어려운 기쁨을 느꼈다. 선생님은 낮은 책상에서 책을 읽었고 그녀는 벽에 기대어 책을 읽었다. 그도 그녀도 상대에게 이물감을 전혀 느끼지 않았고 대기 속을 유유자적하게 유영하고 있었다. 한 두 시간을 넘기기는 일도 아니었다. 어느 때는 그녀가 손목의 시계를 들여다 보면 선생님은 얼른 한 시간 쯤 늦춰 놓았다. 그런 때 그녀의 가슴은 나지막한 물살이 일렁거리며 햇빛에 반짝이는 나뭇잎처럼 수런대었다.

시간이 이대로 멈추었으면!

그녀는 정말 원했다. 미래가 어떻게 펼쳐질지 상상해 본 적도 없을 만큼 그 때 그 순간에 충실했다. 그녀가 살아 온 생애에서 처음 맞이하는 일이었으므로 무엇을 예측하고 계획한다는 것은 불가능했다. 마치 개척자들이 신천지에 첫 발을 내디딘 후, 그 곳 지리를 전혀 알지 못하여 할 수 있는 일이란 게 앞으로 전진할 수 밖에 없었던 것처럼 그녀 또한 그녀의 생에서 무엇이 마련되어 있는지 가늠조차 할 수 없는 일이어서 온통 마음을 열고 쏟는 일 밖에 달리 어쩔 수가 없었다. 그녀는 그가 그립고 보고 싶으면 달리고 또 달려 갔다. 그는 언제 어디서나 따뜻한 가슴으로 소리없는 미소로 맞아 주었다.

여름이어서 오후 대 여섯 시인데도 해는 중천에 떠 있었다. 선생님과 그녀는 뒷동산에 걸어 올라 갔다가 내려 오는 길이었다. 나지막한 음성으로 몇 마디 건네다가 그녀의 손을 꼬옥 잡았다. 그녀는 갑자기 무게 중심을 잃어 버렸다. 아득한 황홀감에 그만 마음의 평온을 잃고 평평한 길을 걷고 있는데도 허방을 짚는 듯이 움푹 짐푹

야맹증에라도 걸린 사람처럼 제대로 걸을 수가 없었다. 우리의 생이란 그랬다. 계속해서 어느 한 면만을 보여 주진 않았다. 유년이 지나고 노년으로 접어 드는가하면 정신을 내밀다가 어느 땐 불쑥 육체의 모습을 들이밀기도 하는 변화무쌍한 그런 것이었다. 그런 낱장 낱장들이 켜켜이 쌓여 한 생을 이루어 나가는 것이었다. 바닷가의 퇴적층 무늬를 보고 있노라면 지구의 역사나 한 개인의 역사나 원리는 참으로 똑같은 것이구나. 밀물에 쓸려 떠내려온 혹은 이미 그 자리에 있었던 나뭇잎이나 곤충들 위에 쌓이는 모래와 흙들, 이것들이 나중엔 화석이 되는 것이고 우리네 삶이라는 것도 시간이라는 밀물에 떠밀려온 사랑과 미움, 신의와 불신, 소망과 고통 이 모든 것들이 생을 이루어 나가는 내용물들로 시간의 더께에 파묻혀 있다가 오랜 세월이 흐른 후 기억이라는 연장으로 메스를 가해 보면 화석으로 굳어진 시간의 흔적들, 생의 옹이박이가 거기 그대로 웅크리고 있었다.

모든 것은 처음이 지난한 것이지 첫 단추를 풀고 나면 그 다음은 시간의 흐름에 내맡겨 두기만 하면 되는 것이었다. 어느 때는 전날 저녁에 만나고 왔는데도 아침에 눈 뜨면 또 새벽에 달려 나가기도 하였다. 논두렁가에 접해 있는 그의 낮은 창문을 두드리면 그는 미리 알고 그녀의 이름을 불러 주었다. 조금 후에 슬리퍼 차림으로 그가 나와 맞아 주었다. 그들은 다정하게 손을 맞잡고 시끄럽게 울어 대는 개구리들이 살고 있는 논두렁을 헤집고 돌아 다녔다. 그리고 그 날 저녁에 또 그에게로 내달렸다. 그녀에게 학과 공부는 부업이고 그를 만나는 일이 주된 일이 되어 버렸다. 그 때 그녀는 그에게 매달린 시간만큼 마음의 깊이 만큼 헤어지고 난 후 찾아 올 심연의 고통과 상흔을 헤아릴만한 여유조차 없었다. 그가 없는 생의 시간들을 살아 간다는 것은 있을 수도 없고 상상조차 할 수 없는 일이었기 때문이었다. 학창 시절 온전한 5년 동안의 기억은 어느 것이 앞이고 뒤의 것인지 아니면 어디부터 가닥을 잡아 나가야 할지 아득하고 막막하기도 하였다. 그런 이유로 그와의 일들은 그녀의 추억 속에서만 실존이 가능했지 시 한 구절이 써지지 않았다. 너무나 익숙해서 생활화되어 버린 사람 그리고 시간들. 시의 대상이 남편이나 아내인 경우는 흔치 않듯이 그런 대상일 때에도 이별을 통해 새록 새록 반추하는 경우가 대부분일 뿐 같이 생활하고 마음에 한 가득 자리하고 있는데 대상화한다는 게 쉽지 않다는 얘기다. 마그리트 뒤라스의 〈연인〉을 영화로 비디오로 나중에 책으로도 읽었다. 역시 압권은 화면이 한 면을 가득 채운 영화관에서의 '연인'이었다, 맨 먼저 포스터에서 마주 한 두 갈래로 땋아 내린 머리에 쓴 밀짚 모자의 청순한 소녀는 오랜 세월이 지난 지금도 어제 본 것처럼 뚜렷하였다. 문화의 확연한 차이를 느꼈다. 주인공 고등학교 소녀는 대담하게 매일 밤 성관계를 갖고 난 후에도 학교에 잘 등교할뿐더러 학업 성적도 우수한 걸 보면 그들은 성생활을 생활의 한 부분으로 받아 들이는 의식이 확고하다는 것을 느낄 수 있었다. 작가 마그리트 뒤라스의 자전적인 소설이다. 그 소녀는 성장해서 몇 번의 이혼 후에 작가로 명성을 날리고 있었고 첫 사랑이었던 중국 부호는 파리로 여행을 하고 있었을 때 몇 십 년 전의 그 소녀를 기억하고 유명한 작가가 된 그녀에게 전화를 걸어서 '나의 사랑은 당신이라고 아직도 당신을 사랑하고 있다'고 말한다.

우리의 문화 풍토는– 적어도 그녀 시대의– 결혼 전의 여성의 성생활이 긍정적이고 바람직한 결과를 잉태하지 못한다고 여기는 쪽이 대부분이었다. 그러나 한편으론 의식의 변화가 현실을 지배하기도 한다는 점에서는 마냥 종속적이고 피해망상적인 사고의 탈피는 필수불가결하다고 여겨진다. 예전에 비해서는 여성들이 주도적이고 독립적인 성격을 띄게 되었지만 좀 더 주체적이고 당당한 성의식의 확립이 요구된다. 여성들의 학력과 경제력이 높아짐에 따라 연애의 실패에 인생의 명운을 걸어야 할 일은 아니게 되었다. 그러나 스쳐 지나갈 정도의 기억이라면 연애라 할 수 없고 한 생의 지축을 흔들 정도라야 연애랄 수 있을 것이니 연애와 상흔의 어느 지점쯤에 무게 중심을 두어야 그 균형에서 파생하는 일상의 소중함을 파멸이라는 괴물의 아가리에 먹히게 하지 않을 수 있을까?

3. 일곱 통의 편지

선생님이 보내 주셨던 일곱 통의 편지는 어디로 갔을까? 저녁 연기가 얌전히 하늘로 오른다던 그 동글동글한 글씨체와 친구에게 말하는 투로 정겹게 답장을 주었던 그 일곱 통의 편지는 언제 어디로 사라졌을까? 30대 후반에 그녀는 아파트 공터 쓰레기 소각장에서 대학 시절 주고 받았던 오백 통이 넘는 친구들과의 편지와 여고 1학년 여학생들의 오백여 통의 편지들 중 절반 이상을 태워 없애 버렸다. 후회는 얼마 안가서 금새 찾아 왔다. 그녀의 안타까워 하는 모습을 보고 그녀의 아버지가 한 마디 하셨다. 그녀가 먼저 말했던가. 유명 인사가 되면 그런 것들도 다 하나의 증거 자료가 되어 가치 있는 소장품이 될텐데 정말 안타깝다고. 그 말에 이어 바로 아버지의 답변이 이어졌다. 유명 인사가 결코 될 일이 없을테니 그런 걱정은 할 필요가 없다는 반은 독설이고 나머지 절반은 농담인 아버지의 대꾸였다. 그런데 유명 인사가 안 되었어도 그에 관한 기억을 반추할 때 글 한 줄 한 줄에서 풍겨나는 온화함과 정겨움이 글씨와 말씨를 통해서 민들레 꽃씨가 바람결에 날리듯이 그렇게 전해올텐데,

그에게서 받았던 연보라색 만년필과 예쁜 일기장처럼 기억 속에서만 실재하고 연기가 되어 어디를 날아 다니고 있는 것일까?

연보라색 만년필. 그것은 부끄러운 기억이다. 중학생이라 만년필을 사용해 본 경험이 없었다. 크기가 자그마한 앙증맞은 만년필이었다. 뚜껑을 열고 써보니 펜촉이 굵어서인지 글씨가 굵게 써졌다. 이건 아닌데. 그녀는 당황했다. 다시 꾹꾹 눌러 써보니 글씨는 더 굵어졌다. 그녀는 망설임없이 방 안에 있던 휴지통에 던져 버렸다. 단지 그 뿐이었다. 그것은 어쩌면 그녀가 생을 맞이하는 태

도의 축약된 행동 같은 것이었는지도 몰랐다. 세계와 자신에 대한 몰이해. 신호 체계가 왜 있어야 하는지 단지 경험이 없다는 이유로 그냥 도로에 뛰어 들었다가 달려 드는 차량의 경적으로 혼비백산이 되어 버리는 경우에 비유할 수 있을 것이었다. 현실의 문제에 있어서는 누가 혹은 무엇이 차량의 경적처럼 위험 신호를 보내지 않으므로 그냥 편안하고 단순한 채로 시간을 흘려 보낼 수 있다는 거, 어쩌면 그 차이 뿐인지도 모르겠다. 그리하여 인생의 후반기에 많이 남지 않은 시간 앞에서 이것은 아니었다고, 무엇인가 잘못된 것이라고, 내가 의도한 것은 결코 이것이 아니었다고 부글부글 끓는 분노의 심정을 뚫고 뽀로륵 솟구치고 있을 뿐이었다. 그것은 자신만의 생을 살아 가는 데는 별 무리없는 태도일지 모르겠으나 현실과의 균형감각에선 항상 뒤진다는 데 문제가 있었다.

백 년 동안의 고독

고치 한 마리가 눈을 뜨려고 한다.
알 수 없는 설레임과 수런거림으로 흔들거리던
대기의 푸르름을
월계수 이파리로 엮은 승리관 위에
앵무새의 되새김질로 새겨 넣었다.
삼 년의 세월을 어린 고치는 마구 내달렸다.
마을에선 저녁 연기가 피어 오른다는

글귀는 타닥 타다닥 솔방울 타는 소리와 함께
빠알간 불빛을 달고 부시럭거렸다.

어린 고치는 바깥 세상이 궁금해졌다.
처음 날아가 본 바닷가
여름 밤바다는 팽팽하게 부풀어 올랐다.
몰아 쉬는 흰 파도
그 해 여름은 속절없이 떠다니다가
흰 눈이 수북히 나앉은 배추밭 속으로 곤두박질쳤다.
어린 고치는 찢어진 날개를 달고
북쪽 하늘에서 빙그르르 맴돌았다.
아래쪽 어느 골짜기에서
목 쉰 봄날의 아지랑이가 저 혼자의 울부짖음을
부여 안고 스러져 갔다.

거두련다.
남녘 들까지 내달렸던 헤진 검정 고무신을
밤 열 시라도 뜨거운 밥 지어 올렸던 하얀 사기 밥주발도
파란 꽃무늬가 그려졌던 아버지 식탁의
수저받이 기러기발도
이제는

그 남자는 남산 쪽으로 난 지하도 입구를 향하여 계단을 밟고 내려가기 시작했다. 입구를 빠져 나와 남산 쪽으로 향한 도로를 걸으며 그가 물었다. “아가씨는 뭐해요?” “학생이에요. 대학원생이에요.” 그가 다시 물었다. “어느 학교 다녀요?” 그녀는 학교명을 댔고 대답을 듣고 난 그 남자는 그 학교의 특색에 대해서 흔한 비유이긴 하나 그의 목소리를 타고 미끄러지는 말들은 평범하게 들리지 않았다. 그녀도 똑 같은 질문을 했고 지하도 내려올 때 아침이라 운이 좋았다고 말할 때부터 이 남자가 말 좀 할 줄 아는 남자라는 느낌이 들었다. 그 남자가 물어 왔다.

“무얼 전공했어요?” “대학에서는 영문학을 전공했고 대학원에서는 교육학을 전공하고 있어요.” “나하고는 정 반대예요.” “무얼 전공하셨어요?” 그는 여유로웠다. “알아 맞춰 보아요.” 어어~~ 이 남자가 낯설지 않게 다가 오고 있네.

“좋아요. 나하고는 반대라고 했으니까 수학과요.” “그건 자연과학이잖아요.” 이 남자는 반대라는 개념을 잘 이해하지 못하는 것인가? 인문계의 대칭 개념은 자연계가 아니고 뭐야? 혼자 중얼거렸다. “그럼 인문계 중에서요? 사학과”

“아니예요, ㅇㅇ과예요.”

“몇 학번이예요?” 그 남자는 지루할만한 것들을 지루하지 않게 이끌어 가는 말을 할 줄 아는 남자였다. “그럼 스물 넷이겠네요.”

“스물 여섯이예요. 대학원에 조교생활 하다가 들어갔어요.”

“신분증 좀 보여 주세요,” 그녀는 악의없이 조금은 장난스럽게 그러나 필요에 의해 요청하고 있었다. 그 남자는 남방 셔츠의 주머니에서 무엇인가를 꺼내어 보여 주고 있었다.

"어머, 이건 주민 등록증이잖아요. 주민이라는 신분증이지 학생 신분증이 아니잖아요?"

그 남자는 이번엔 가방에서 손지갑 비슷하게 생긴 것을 꺼내어 펼쳐 보였다. 학생증이었다. 거기에는 이름과 생년월일이 적혀 있었다.

"으응, 그럼 유부남이구나."

"유부남이 뭐하러 새벽부터 나와 거리를 헤매고 다녀요?"

"그건 그렇다."

그녀는 상대방이 어떤 논리적 근거를 대서 이야기를 펼쳐 나가거나 가슴에 와닿는 얘기를 한다치면 서슴지 않고 긍정의 표현으로 그렇게 대꾸하였다. 그것은 그녀의 단순함과 화끈함의 이중성을 번갈아 보여 주고 있는 대목이랄 수 있었다. 유부남이라면 지금이 시간쯤 집에서 마누라와 늦잠을 잔다든지 일찍 일어나 집안 청소를 한다든지 아침 출근 준비를 서두를 그런 시각이었다. 마누라와 싸워서 집에 들어 가지 않고 길거리를 배회한 남자라면 이 정도로 침착한 분위기를 지니고 나직한 말투로 상대방에게 접근한다는 것은 그녀의 상상으로는 있을 것 같지 않았다.

"이 옆의 것은 여권이예요." 지갑의 다른 한 쪽을 보여 주었다. 그 때 그 남자가 말했다.

"해외에서 5년 만에 왔어요. 통행금지가 있을 때 갔다가 나와 보니 통행금지가 없어졌어요. 기분이 좋아서 어제 잠실에서 술 먹고 여기까지 왔어요. 다리가 아파서 쉬려고 다방에 들어 갔다가 아가씨를 보았어요. 아까 다방에서 나 못 보았어요?"

"카운터 아저씬 줄 알았어요."

"취직 걱정 안 해도 되겠구먼."

아~~. 아까 다방에서 맞은 편에 앉아서 뚫어지게 쳐다 보던 남자가 이 남자였구나.

그녀는 '문학의 이해' 쎄미나 종강 기념으로 의상과 학생 너댓 명과 디스코 클럽에 갔다가 버스가 다니는 시간을 기다리느라고 두어 시간쯤 음악 다방에 들어가 학생들과 함께 앉아 있었다. 기다리고 있다가 도중에 졸립고 지루해져서 두 팔을 탁자 위에 모으고 얼굴을 묻고 잠을 자고 있었다. 잠들기 전 서너 명의 남자들이 그녀 일행에게 말을 걸어 오는 것이 귀찮고 싫어서 더 잠을 청하였다. 그런 것이 정말 잠들었나 보았다. 고개를 들어 게슴츠레한 눈으로 주변을 휘둘러 보면서 그 남자들 일행이 없어진 것에 대해 다소 마음이 누그러지고 안온해짐을 느끼면서 정면을 응시하였다. 그런데 맞은 편의 남자가 뚫어지게 그녀를 바라 보고 있었다. 그 눈빛은 순진무구한 눈빛이 아니라 여자에 대해 무엇인가를 알고 있는 듯한 눈빛으로 바라보고 있었다. 나이 좀 든 남자란 다 저런 것일까? 일견 중년남자의 응큼한 눈빛으로 반사되었다. 아까 그 강렬한 눈빛의 남자가 이 남자였구나. 그런데 유심히 살펴 보질 않아서 이 얘기를 듣기 전까지 그 남자와 연관지어 생각해 본다는 것은 불가능하였다.

“내가 다방에 들어가서 앉아 있는데 그 때 아가씨가 막 잠에서 깨어 났어요. 참 이뻤어요. 잠에서 깬 모습은 꾸밀 수가 없어서 거짓말을 못해요.”

그녀가 응수했다.

“우리 대학 1학년 때 영 · 미 에세이를 읽었는데 D,H.로렌스가 이런 얘기를 했어요, 여자는 20%만 빼고는 예쁘다는 얘기를 다 좋아한다. 아주 예쁜 10%의 여자는 너무 당연한 얘기를 한다고 해서 시큰둥하고 예쁘지 않은 10%의 여자는 놀린다고 생각하고, 그 20%를 제외한 여자들은 다 좋아한다. 그런데 제 생각은 90%의 여자는 다 좋아하는 거 같아요. 신문을 보니까 브룩 쉴즈같은 여자도 아름답다는 얘기는 참 듣기 좋다고 했더군요.” 그녀는 그 때 100%의 여자가 다 좋아 한다는 얘기는 하지 못했다. 100% 보다는 90% 정도가 수치상에서 오는 신뢰감이 더 있을 것 같기도 했고, 얼핏 그 정도의 생각이 그녀를 지배하고 있기도 했다.

“아마 D,H, 로렌스가 한 얘기는 아닐 거예요.”그 남자가 제동을 걸었다.

“D,H, 로렌스가 우리에게 장편 작가로 알려져서 그런 작가는 에세이를 쓰지 않았을 거라는 유추를 하신 것 같은데, 우리 여고 다닐 때 K여고 출신의 독일어 선생님이 계셨어요.이런 말씀을 들려 주셨거든요. 대학 4년 동안 책과 노트만 들고 왔다 갔다 했어도 4년 후에 전공학과에 따라 분위기가 아주 독특하게 구분된다고요. D.H. 로렌스가 쓴 것이 꼭 맞고 안 맞고를 떠나서 전공하지 않은 사람의 상식적인 얘기보다 전공한 사람의 얘기가 훨씬 깊이가 있는건 사실인 거 같아요." 그녀는 전공분야의 우위를 다짐하고자 사알짝 이야기의 뒤축을 눌러 두었다.

"으음, 전공과 관련이 있어서인데 000씨 아세요. 지방의 N 고등학교 출신이거든요. 외대 00과 출신이고 국어 교과서에 시를 번역하기도 하셨는데 배의 뱃고동 소리를 남저음 목청이라고 번역한 구절이 들어 있기도 하구요."

"우리 학교 다닐 때는 없었어요." 그럴 수도 있겠지. 국어 교과서에 실리는 시도 몇 년주기로 바뀌니까.

"국립대학이 아니라 사범대 출신이예요."해외에서의 유학을 말함이었다. 자신이 밟은 최고의 코스가 아니라는 것을 은연중 암시하고 있는 얘기 같았다. 길거리에서 만났다는 불안감을 제거하는데 가장 믿음직스러운 근거를 제시해 주고 있는 것 같아서 오히려 안도감을 느낄 지경이었다. 그녀는 다소 마음이 누그러지는 것을 느끼며 물었다.

"아까 신분증 보자고 한 것 화나지 않았어요?"

"화나지 않았어요. 사실을 사실대로 보여 주면 되죠, 뭐. 속고만 살았어요?"

"아니요."

"그럼 지금까지 한 말 중에 거짓말 한 거 있어요?"

"아니요."

배[船]

지셴紀弦

저 배 바다를 산보散步하고
난 여기 파도 흉용洶湧한 육지를 항행航行한다.
내 파이프 자옥이 연기를 뿜으면
나직한 뱃고동, 남저음男低音 목청.
배는 화물과 여객을 싣고
나의 적재 단위積載單位는
'인생人生'이란 중량重量.

몇 년의 세월이 흘렀어도 '남저음 목청'과 '인생이란 중량'의 구절이 불쑥 불쑥 떠올랐다.

5. 그렇다. 천 년 전에 본 적이 있다.

길은 어느 사이 좁은 계단이 많은 골목길을 타고 올라서 남산 순환 도로쪽으로 접어 들고 있었다. 사실 남산에 걸어서 올라가 보는 것은 처음이었기 때문에 노선의 이름을 정확하게 댄다는 것은 어려운 일일 것 같았다. 여름의 아침은 살아 볼만한 시간이었다.

파아란 빛깔을 띠고 환하게 다가오는 기분 좋은 대기의 흐름. 그것은 파란 하늘의 열림을 온전하게 보여 주고 있었고 수목은 7월의 영롱한 아침 이슬을 머금고 힘찬 생명의 용트림을 하고 있는 것처럼 보였다. 5월과 6월 초의 연초록 빛을 띤 순진무구함과는 다르게 7월의 신록은 〈채털리 부인의 사랑〉에서 웃통을 벗어 제치고 장작을 패는 남정네의 모습이 자꾸만 연상되는 조금은 무겁고 칙칙한 원시의 본능을 일깨우는 남자의 모습을 지니고 위풍당당한 위용을 자랑하며 검푸른 녹색으로 채색되어 있었다. 검푸른 수목의 빛깔에서, 특정인과 관계없이 남자의 가지색 입술 빛깔에서 소녀 시절부터 그녀는 어지럼증나는 성의 체취를 맡을 수 있었다. 신문 칼럼 기사에서 보았다. 우리 선조들이 연달래는 아가씨의 유두 빛깔을 비유하는 데 반해 진달래는 유두 빛깔이 진해진 데 비유하기도 했다는 기사를. 그녀는 〈대부〉 영화를 보았다. 그 때 남자 주인공이 첫날 밤에 신부의 드레스를 벗기자 서 있던 신부의 옷은 흘러내리고 그 자리에 연분홍 빛이 연하다 못해 살색과 거의 비슷했는데, 위치로 보아 틀림 없던 유두의 빛깔을 오래 기억하고 있었다.

연분홍일 듯 말 듯 하던, 수줍은 색깔이라기보다는 맥아리 없는, 그러나 꼭 처녀일 것만 같은 믿음을 주던….

그 빛깔을 음미하게 했던 그 장면은 〈대부〉의 전체 내용의 카리스마와 대조를 이루어 〈로마의 휴일〉에서 오드리 헵번이 공주의 신분을 위장하고 궁 밖으로 탈출하여 커트머리를 하고 혀끝으로 아이스크림을 핥아 대던 청량감만큼이나 톡 쏘아 대는 마력을 지닌 영화의 명장면이었다. 무엇인가 색깔이 진해진다는 것은 순진함을 벗어나 있다는 것을 알게 된 것은 철들기 시작할 무렵 공중목욕탕에서 자주 마주치는 임산부들의 유방을 통해서였다. 손바닥만큼 넓어져버린 팥죽색의 젖꽃판을 보고 있노라면 수증기가 꽉 찬 목욕탕에서 현기증을 느끼곤 하였다. 무언가 성의 징후가 나타나는 것은 왜 다 그 빛깔일까?

아! 절망이다. 뚜렷한 이유를 찾지 못하겠는데 왜 성은 어지럼증으로 다가오는 것일까?

시 한 편 소개한다.

고추 먹고 매앰맴

목간통 하얀 김 서리 서리 어른대고
배부른 여자 젖통
손바닥만한 젖꽃판
왜 이리 어지러워
왜 이리 메스꺼워

한 밤중의 울렁거림
신발 꿰어 차고 숨가쁘게

쪼그려 앉은
뒤란 배추밭

얼마를 쳐다 보면
어린 날 몸져 누운 천장하고 똑 같아
사방 연속 무늬가 퍼지고 퍼져 나가다
어지럽게 빙빙 맴돌아 버리던
배추인지 배앵뱅인지

손바닥만한 젖꽃판
천장 무늬처럼 빙빙 돌아 가는
고추 먹고 맴맴
배추 보고 매앰맴
어지럼이고 울렁거림이다
너는 나에게
매앰맴

성에 처음으로 눈을 뜬다는 것은 꼭 성관계만을 의미하지 않는다. 날카로운 첫 키쓰의 추억은 얼마나 강렬한가. 성에 처음으로 눈을 뜬다는 것은 그처럼 두렵고 놀라움을 안겨 주는 것일까? 성교가 아니라 해도 성에 눈뜨게 되는 계기는 참으로 다양한 것이었다. 성에 처음으로 눈 떴던 무렵 집 뒤란 배추 밭에 쪼그리고 앉아 그 파란 배추들만 보고 또 보고 하였다. 세상은 온통 배추들 뿐이었다. 너무 오래동안 배추들만 쏘아 보고 앉아 있으니까 배추 한 포기가 그녀의 시야를 다 차지하고 있었다. 물체가 흐릿하게 보이니까 턱없이 확장되어 보였다. 그녀는 작은 비밀을 지니게 되었다.

몇 만 년 전의 동굴이 동굴인 채로 그대로 침묵하고 있다가 그곳을 찾는 사람들에게만 신비의 비밀스러움을 내맡기는 것과 같이 수 십 만 년일지 수 억 년일지 모를 인류의 역사에서 누구에게나 다가 오는 그 성에 눈뜸은 맨 처음 한 사람만이 발을 내딛음으로써 그 비밀스러움에 당도하게 된다는 점에서 성에 눈뜸과 동굴에로의 진입은 같은 뉘앙스를 풍기고 있었다. 성과 동굴은 그 동안 존재해 왔던 시간만큼이나 앞으로도 또 존재할 것이다.

"남자 친구들 많게 생겼어요."

"네버" 영문과라 몇 개의 유행 단어가 있었다. 결코 아니란 뜻의 네버라든가 정말로? 라고 물을 때 "리얼리?" 또는 어쨌든 이란 뜻의 "에니 웨이", 그저 그렇다의 '쏘우 쏘우'등과 같이 일상화된 몇 개의 단어들이 툭툭 대화 중에 거침없이 튀어 나오던 그 시절이었다.

"한국 남성들 모두 다 눈이 삐어서 안과에 가야 되는 것 아니예요?"

"제 눈에 안경이지, 머"

그 남자는 여자의 심리를 알고 있었다. 같은 얘기지만 대화를 부드럽게 이어 가는 법을 알고 있었거나.

"사랑해 보았어요?" 그 남자가 물었다.

"여고 때 사랑에 대해서 쓴 기사를 읽었어요. 사이공대에 재학 중인 여대생이 월남 패망을 눈 앞에 두고 신문에 기고한 내용인데 '나는 자유니 평화니 조국이니 하는 등의 큰 이념을 알지 못한다. 다만 스물 세 살난 여자가 바라는 것은 약혼자가 전쟁터에서 하루 빨리 돌아와 신방에 촛불이 켜지기만을 바랄 뿐'이라는 요지의 글인데 가슴에 와 닿았어요. 있는 그대로의 직설적 의미로도 와 닿았고 약혼자와 신방을 꾸미기 위해서는 자유 · 평화 · 조국이 선행되어야 한다는 것을 강조하는 것으로도 느껴졌고 여자의 사랑의 심리가 잘 드러나 있는 글이라고 여겨져서 기억에 생생해요."

여고 때 첫사랑을 열렬히 해보았다는 말 대신에 그녀는 신문기사를 들먹거리고 있었다.

"올됐다."

조숙하다는 표현으로 알아 들었다. 올기쌀 할 때 빨리 거두어 들인 쌀 정도의 의미를 지닌 '올'인 거 같았다. 그녀는 체력이 약한 탓으로 조금 헐떡이며 걷고 있었다.

"힘들어요?"

"조금요."

"앉아 쉬어 갑시다."

그녀는 파란 잔디밭 위로 조심스럽게 손수건을 핸드백에서 꺼내 펼치고 앉았다.

"우리 고향 모교에서 0대에 300 명이 넘게 합격했어요."

"그렇게 많이요?"

"우리 때는 0대에 합격한 숫자가 열 몇 명이었는데 지금은 대도시가 무시험제라 그 쪽으로 다 몰려서 그럴 거예요." 학교 얘기를 시작으로 그 남자는 자신의 얘기를 하기 시작하였다.

"석사 과정 2학년 때 해외로 유학을 갔어요. 3년 만에 석사 학위를 마치고 박사 과정 수료했어요. 아마 제일 빨리 끝낸 셈일 거예요. 거기 유학생들 중에서."

"대단한 브레인이구나. 우리 아버지도 O시에서 성명 석 자를 대면 웬만한 사람은 다 아는 분인데 일제강점기 때 K 중학교 5년제를 졸업하시고 일본 S대 경제학과를 나온 수재예요."

그녀는 자의식이 싹틀 무렵부터 그러니까 학교에서 공부의 위상을 인식할 즈음부터 아버지의 위풍당당한 학벌에 한껏 자부심이 부풀었다. O시에서 그녀의 아버지보다 학벌이 좋은 사람은 없었다. 적어도 그녀 아버지 또래에서. 탁월하다는 것은 감히 남이 넘볼 수 없는 어떤 경지 하나를 배경으로 두고 있는 것으로 느껴져 마음 속으로 뿌듯하였다.

"유학 시험을 치르는데 국사과목에서 무엇 무엇을 쓰라는 것이었는데 연대순이 잘 생각이 안나요. 그럴 때는 방법이 있어요. 두리뭉술하게 풀어 쓰면 되요."

그 남자의 말이 그녀의 뿌듯함을 비집고 들어섰다.

저 남자의 입에서 나오는 이야기는 언어의 연금술사가 내 놓는 것이어서 그의 말은 그대로 작품이 되었다. 남산 잔디밭에서 들려주는 그 남자의 말은 작품 속의 이야기가 되었다. 미사여구도 아니고 다변도 아니며 현학적인 체 하는 것도 아닌 말이 매력적인 이야기로 술술 풀려 나왔다. 혼이 담긴 영혼의 향기가 내뿜어졌다.

태초에 말씀이 있었다. 그런데 지금 이 순간 세상의 말들이 사라져버렸다.

오직 그 남자가 내뿜는 한 마디 한 마디만이 지상에서 말의 의미로 받아 들여지고 소통되고 있을 뿐이었다. 향기로운 님의 말소리에 귀 먹고 눈 멀었다는 수식은 얼마나 단순한가. 그 순간 그 싯귀는 시적 수사의 기능으로서만 의미있을 뿐 실존적 무게를 지니지 못하였다. 아니 오직 그님의 말소리만 들려 오고 그 님만 눈에 보이므로 가장 절실한 표현이기도 하였다. 영혼의 고즈넉한 품을 느껴서인지 그 남자의 프로필을 자세히 보았다.

그레고리 펙이나 제임스 딘 또는 윌리엄 홀덴 등의 미남 배우에게서 보았던 돌출한 이마로 인해 코의 각도가 아그리빠의 그것과 일치하고 있었고 단정한 여밈을 갖춘 윗 입술의 지성과 도톰한 아랫 입술의 감성을 조화로운 턱이 받치고 있었다. 그녀는 그 때까지 그처럼 우뚝하게 잘 빠진 조화로운 코를 보진 못했다.

남산 아래로 도시의 아침 시가지를 내려다 보았다. 도시의 온갖 조잡하고 경박한 건물들과 따스함이 결여된 그 모든 풍물들은 이제 그 위용을 잃어 버리고 그 둘을 위한 소품에 지나지 않았다. 어렸을 때 보았던 공룡 영화에서 공룡에게 시가지는 이쑤시개로 만들어 놓은 장난감에 불과해서 짓밟고 다니는 모습이 우습게 느껴지기까지 했던 장면이 떠올랐다. 확실히 긴장이나 흥미는 팽팽한 두 세력 간의 갈등에서 비롯되는 것임을 그녀는 어렵지 않게 감지할 수 있었다.

남산의 잔디밭에서 느끼는 서울은 예전의 의미없던 서울이 아니었다.

아, 그래 맞다.

천 년 전에 절벽에서 붉은 꽃을 따서 안겨 주던 소를 몰고 가던 남자였어. 아니 학식 높고 잘 생긴 원효 대사였어. 어쩌면 탑돌이 할 때 시선을 한 시도 떼지 않았던 이웃 마을에 사는 순진하고 듬직하게 생긴 돌쇠일지도 몰라.

그럼 '나'는 누구일까?

불공을 드리러 정성껏 치장하고 절에 갔다가 솔향기가 배인 잘 생긴 도승의 강렬한 눈길에 발길이 얼어 붙었던 고려 시대의 공주였을까?

마치 곤충 한 마리가 끈끈이 주걱이나 거미줄에 걸리어 옴싹 달싹도 못하던, 만두 가게에 갔다가 회회아비에게 손목 잡혀 부끄러움에 가슴이 새까맣게 타들어가던 그 매력적인 아가씨였나?

몇 개의 파노라마가 머리를 스치고 겹쳐졌다 사라지고 새롭게 떠오르다 사라져 갔다. 그녀는 옆에 앉아 있는 그 남자의 옆 얼굴이 너무 익숙해서 흠칫 놀랐다. 누구와 닮아서 어떤 영화 배우와 닮아서 등의 감상과는 차원이 다른 진지한 느낌으로 '내' 남자가 거기 그렇게 앉아 있었다. 시간 이전부터 그 남자는 그대로 존재하고 있는 것 같았다.

태초에 말씀이 있었고 그 남자가 거기 그렇게 있었다.

쌍화점

강가에 띄워 갈대 사이로 떠내려 오는 바구니에 담긴 아기
나일 강의 희망찬 역사에 노를 저었지
하류에서 상류로 거슬러 오르는 강가에서
하얀 긴 옷을 입은 아랍인 사공과 가녀린 까만 머리 동양 아가씨
쌍화점의 틀림없는 주인공이면 어때

크루즈 선내에서 전형적인 아랍 노래가 흘러 나오고
DJ에게 숨가쁜 유럽 곡을 요구하였지
서서히 곡조에 땀내를 비벼 섞었고
람세스 2세를 닮은 젊은 아랍인 가이드 회회아비가
눈빛을 한없이 비비 꼬아대기만 하였네
쉬임 없이 춤에 절어 찬바람에 블라우스 앞 섶을 내주려 할 때
회회아비가 그림자 밟고 뒤쫓았으나 멍하니

둥근 선상 테이블에서 숨을 고르고 둘은 눈빛만 씨근덕거렸지
그 때 회회아비와 동갑인 한국인 이혼녀가 동석하였네
얼마쯤 흘렀을까

테이블 위에선 흰 이를 드러낸 함박 미소가
테이블 아래선 이혼녀의 끈적한 손바닥이 회회아비의
불룩한 허벅지를

이 소문이 번지면
늘어지게 춤 잘 추던 노처녀 네 탓이라 하리라
나도 자러 가리라
그 잔 곳같이 난잡한 데가 없으리

"몇 째 같아 보여요?"

"둘 째요. 우리 둘 째 오빠와 비슷한 또래니까요."

"그것보다는 큰 아들 같으면 지금까지 결혼 안하고 못 배기죠. 부모님 성화에 못 이겨서… 더운 나라에서 몇 년 있다 보니까 얼굴이 새까매요."

남자도 여자처럼 흰 얼굴에 대한 애착이 있나 보았다.

"나는 코가 높아서 그런지 콧대가 높아요." 그 남자는 밑도 끝도 없이 갑자기 그 얘기를 했다. 내용은 돌출된 것이었으나 저음과 침착함에 기대어 무난한 얘기로 빛깔이 칠해졌다.

"시내로 나갑시다. 지금은 돈을 바꾸지 않아서 한화가 없어요."

"이름이 뭐예요?" 남산에 오를 때 그 남자가 물었다.

"조정 정이예요." 그 남자는 '정원'의 '정'자를 쓰고 있었다.

"산에 올라 왔으니 갓머리만 떼면 되죠."

"그럼, 다음에 두 배로 갚아야 해요, 꼭요." 그들은 택시를 잡아 타고 시내로 향하였다. 이순신 장군 동상을 지나 바로 오른 편 광화문 거리에서 내렸다. 족발 가게 골목으로 들어 가서 해장국을 시켰다. 골목엔 뒤집어 파놓은 흙더미가 쌓여 있었다.

"지하철 공사 하나봐요."

"전화선 공사예요." 그 남자는 건성으로 사물을 보는 것 같지 않아서 맘에 들었다.

"00 사람들은 옛날 것에 덧보태어 문화를 쌓아 가는데 우리는 예전 것을 다 없애고 새 것을 세워요."

이 한 마디 말에 그 남자의 지적인 수준이 함축되어 나타나고 있었다. 한 마디 한 마디에 진지함이 묻어 있었다. 자그마한 보잘 것 없는 다방이 근처에 있었다. 아침이라 한산했다. 모닝 커피인지 쌍화차인지 달걀 노른자를 동동 띄워 내놓았다.

"이름이 뭐세요?"

"아, 이름 생각해 볼께요. 학생증 볼 때 보았는데… 둘 중의 하나인데…."

"말해 보아요."

"일 아니면 용."

"여자 이름이게요."

"그 두 자 아니면 잘 모르겠어요."

"여기 이 글자하고 비슷해요." 다방의 의자 흰 커버에 칠성사이다라고 씌어 있었다. 분명히 흰 커버를 가리키고 있었는데 그 다섯 글자 중의 어느 하나도 적합하다고 느껴지지 않아서 대답을 못 했다. 그 남자는 어떤 글자를 손가락으로 가리켰다. 모르는 것은 쥐어 줘도 모르는 법이라서 전혀 떠오르는 생각이 없었다. 기다리고 있다가 그 남자의 입에서 한 글자가 튀어 나왔다.

"여기에 한자로 써보세요."

조그만 메모지에 한자로 조그맣게 쓴 글씨는 필체가 썩 좋지 않았다.

그 남자는 그녀에게 전화 번호를 가르쳐 달라고 하였다.

"000" 그 남자가 먼저 국을 말하였다.

"와아! 집요하다. 집요해. 아까 음악 다방에서 학생들에게 불러 준 거 외우고 있었죠?"

"집요한 거 없어요. 말소리가 들렸을 뿐이예요."

"0000" 나머지 번호를 그녀가 채워 주었다.

그 남자와 그녀는 시내 버스 승강장에서 7월의 아침 바람을 맞으며 서 있었다. 그녀가 먼저 시내 버스에 올라 손을 흔들었다.

"안녕!"

세종로 양쪽 가로수 이파리들은 초록별처럼 아침 햇살을 받아 아기 손바닥만하게 팔랑거리고 있었다.

6. 사막의 라이언

"이 수박은 얼마예요? 이 참외는요."

"학생! 전화 왔어요. 빨리 와서 받아 보아요."

슬리퍼 차림으로 주인댁 아주머니는 골목 앞 가게에까지 뛰어오셨다. 이 쪽 동네로 이사한지 불과 며칠이 지나서였다. 서울에 이런 사람도 있나?

그러나 도대체 누구일까?

"나예요."

"아, 아저씨…."

"제발 호칭 좀 바꿉시다."

"말 잘 듣고 예쁠 때에는 아무개씨, 말 안 듣고 미울 때에는 아저씨."

"여기 국도 극장 앞이예요. 시원한 맥주 한 잔 합시다."

"시간이 벌써 늦었어요. 오늘은 늦어서 안되겠어요."

"택시 타고 잠깐 나왔다 들어가요. 오늘 안 만나면 만나기 좀 어려울걸요."

"택시 타고 나와요."

"나, 아저씨 얼굴 잘 몰라요."

"긴 사람만 찾으면 되요."

무엇에 이끌리듯이 그녀는 옷을 갈아 입고 택시에 몸을 실었다. 서울의 여름 밤거리는 전혀 밤의 한적함을 느낄 수 없었다. 택시에서 내렸다. 그 때 국도극장의 입간판이 안소니 퀸 주연의 〈사막의 라이언〉이었다. 그녀가 그 영화를 본 것은 그 극장은 아니었다. 그 영화에서 가장 잊혀지지 않는 장면이 있었다. 사막 한 가운데에 마지노선을 정해 놓고 자신의 진영을 사수하기 위해 수 백 명의 병사들이 허벅지에 쇠줄을 감고 쇠줄과 연결된 말뚝을 땅 속 깊이 박아서 적군들이 쳐들어 왔을 때 한 발 자국도 뒤로 물러서지 못하고 적군의 말발굽과 칼에 장렬하게 전사하던 모습을 잊을 수가 없었다. 대형 광고 간판에는 아라비아 사람들이 머리에 터번을 쓰고 무용수들이 입는 것과 비슷한 소매통이 넓은 흰 블라우스를 입고 보기에도 무지막지한 큰 칼을 휘두르며 말 타고 달리는 모습이 그려져 있었다.

그 긴 남자는 그녀가 걸어 가고 있는 반대 방향을 열심히 바라보고 있었다. 등을 보이고 서 있었다. 마치 놓치면 안되기라도 하는 양 골똘하게 온 신경을 집중시켜서 지하계단을 바라보고 서 있었다. 뒷 모습을 보고도 곧 알 수 있었다. 그녀는 등 뒤에서 그 남자의 몇 번 째 등뼈인가를 손가락으로 쿡 찌르며 지하 계단 쪽으로 내려 갔다. 그녀의 자연스런 태도에 그 남자도 얼떨결에 내려 오고 있었다.

"시골에 갔다가 언제 오셨어요?"

"오늘요."

"왜 그렇게 빨리 오셨어요. 보름이나 한 달쯤 있다가 오실 줄 알았어요. 부모님 돌아 가셨어요?"

"우리 부모님 들으시면 서운하겠어요."

부모님이 계시다면 해외에서 오랜 만에 돌아 온 아들에게 씨암탉을 잡아 준다, 용든 약을 헤먹인다, 평소에 좋아 하는 갖가지 음식들을 해먹이기에도 일주일이나 열흘도 빠듯한 날 수인데 이삼일만에 그녀 앞에 나타나서 이상하다는 느낌이 들어 물어 본 것이었다. 이번에도 어김없이 그 남자는 말을 잘 하고 있었다.

"어디 아는 데 있어요?" 그 남자가 물었다.

"잘 몰라요." 광화문 지하 계단을 내리 가로 질러서 동아일보 신문사 쪽으로 나와서

명동 쪽으로 걸어가고 있었다.

"아가씨 만나려고 이발하고 염색도 했어요. 염색하지 않으면 흰 머리가 많아요."

명동 반도 호텔 옆의 〈꿈과 같이〉는 제목이 맘에 들어서 두 세 번 드나들었다. 커피를 끓여 주는 기구가 흔하게 볼 수 있는 것이 아니어서 커피 끓이는 전 과정을 지켜보는 것은 심심하지 않았다. 사이폰 커피인가 하는 것인데 과학 시간의 실험 실습 기구 모양으로 삼각 플라스크가 아닌 원통형 플라스크였는데, 맹렬한 불꽃에 휩싸인 유리병 속에서 커피가 펄펄 끓고 있는 것을 보노라면 이러다가 유리병이 터지지나 않을까 조바심하고 있을라치면 다 끓은 커피는 쪼르륵 아래로 내려 오곤 하였다. 가끔 혼자 들러서 그 광경을 보고 있을 때의 느낌이란 이 삭막한 대도시에서 온전히 그녀 자신만을 위해서 그녀 바로 앞에서 이 작은 커피 기구가 끓고 있다

는 생각에 다소의 위안과 함께 둘이 아닌 혼자라는 사실에 가슴이 싸아하게 저리곤 하였다.

밤이라 2층으로 올라 가라는 종업원의 권유에 이층의 맥주 파는 곳으로 올라 갔다. 아래 층은 이미 커피를 팔지 않는 것인지 아니면 밤이라 커피보다는 맥주가 매상을 올릴 수 있어서 올려 보내는 것인지 알 수 없었다. 어쨌든 올라 갔다. 옆 좌석에는 불량기가 있어 보이는 사람들 서넛이 모여 앉아 힐끗거리고 있어서 불안하였다. 주문을 받으러 왔다.

"안주는 무엇으로 하시겠어요?"

"나, 돈이 5천 원 밖에 없어요. 맥주만 주세요." 이 남자는 지난번엔 한화가 없다고 하더니 이번엔 거리낌없이 숙녀 앞에서 오천 원 밖에 없다고 하고, 좀 우습게 보는 것 아니야. 그녀는 다소 씁쓸하여 입맛을 다시고 있었다. 그 남자는 담배를 꺼내 물었다. 옆자리의 불량기 있어 보이는 남자 한 명이 다가와 담배를 달라고 하였고 그 남자는 선선히 몇 가치를 꺼내어 건네 주었다. 그녀의 불안한 마음과는 달리 상황은 무사한 쪽으로 옮겨 갔다. 맥주 두어 병을 비우고 난 후, 그 남자는 "으장에 갑시다."라고 했다.

그녀는 놀라서 반문하였다. "으장요?"

"고기들이 노는 곳요."

"아, 어장 말씀이군요."

"내가 서울로 대학교 와서 제일 혼난 것이 그 말이었어요. 내가 무슨 말하면 전혀 통하지 않고 사람들은 웃기만 하고."

"내가 대학교를 다녀 보니까 대학교 다니는 사람 치고 내처럼 가난한 사람은 없었어요.당신이 나를 이해하려면 내가 얼마나 가난했는지를 이해해야만 할꺼요."

"이해는 무슨 이해…. 공통 분모만 공유하면서 사는 거지, 뭐."

그 남자는 그녀에게 '당신'이라는 호칭을 사용하고 있었다. 애정의 호칭으로 들려 싫지 않았다. 아니 좀 더 정확히 말하면 그 남자가 그 호칭을 사용했기 때문에 싫지 않았다.

그녀가 응수했다. "말을 하지 않으니까 그렇지 더 곤란했던 사람도 많았을 거예요. 사람들은 누구나 자신이 가장 어려운 처지에 있다고 생각하는 법이죠."

"내보다 더 가난한 사람은 없었어요." 그 남자는 단정적으로 말하였다. 두 사람은 중앙 우체국 옆의 도로에서 택시를 기다리고 있었다. 콜택시 몇 대가 그들 앞에 멈추어 서도 그냥 보내고 보내고 하였다. 어휴, 짠돌이! 일반 택시가 왔을 때야 비로소 택시에 오를 수 있었다. 동숭동 마로니에 공원. 옛날 S대 인문대 자리였다.

"000가 인문대에 대해서 쓴 수필을 읽어 보니까 별 것 없었어요. 우리 학교 다닐 때 이 근처에 '학림'이라는 다방이 있었어요. 자주 갔는데 고향의 한 여학생이 앉아 있었던 적도 있어서 같이 자리한 적이 있었어요. 저기 저 아파트 자리에서 하숙한 적도 있었어요. 대학교 때 술집에 술 마시러 갔다가 한 아가씨에게 술집을 그만 두고 나오라고 말해 주었는데 그 뒤로 하숙집에 몇 번인가 전화도 왔었어요."

문과생다운 호기와 치기가 함께 어우러진 뭐 그런 것이었겠지.

벤치에 앉았다. 웬 사람들이 잔디밭에 이 곳 저 곳 적잖이 있었다. 밤에 이런 곳에 나온 것은 처음이었으니까 그런 광경은 상상하지 못했다. 어느 순간 그 남자는 그녀의 어깨에 가볍게 팔을 두르고 있었다. 그와 동시에 그녀의 입술을 다른 입술이 누르고 있었다. 순식간에 일어난 일이었다. 전혀 예기치 못한 돌발 사태가 일어 났다. 다른 입술이 떨어져 나갔음을 느낀 한참 후까지도 그녀는 눈을 뜨지 못했다. 돌연함과 부끄러움으로 두 눈은 언제까지 감겨 있었다.

"눈 좀 떠봐요." 나지막한 목소리였다.

아, 맞아. 지금껏 눈을 뜨지 못했지. 눈을 뜰 시간은 바로 지금일 거야. 눈을 떴다고 생각했으나 눈꺼풀을 들어 올릴 수가 없었다.

"이렇게 빨리 이러리라고는 꿈에도 생각해 본 적이 없어요."

"그럼, 할아버지처럼 가만히 있었어야 좋았어요? 우리도 저 쪽으로 갑시다." 자리를 옮기어 잔디밭 쪽으로 걸음을 옮기니 파란 잔디 위에 하얀 빨래들이 이 곳 저 곳에 널려 있는 것처럼 보였다. 여름이라 하얀 옷들이 대부분이어서 그렇게 보였다. 그녀는 그런 광경을 처음 보았다.

"경치가 좋구먼"

"배추나 양파껍질을 벗기고 벗기면 아무 것도 없듯이 인간도 마찬가지일 거예요. 무엇인가 한 꺼풀 남겨 두어야 신비감이 있어서 관계가 지속될 것 같아요."

"그러면 이 세상 부부들은 다 헤어져야겠네요."

그녀는 그것이 연애와 결혼의 차이일지도 모른다고 말을 하고 싶었으나 표현하지 못했다. 공원 수위가 어슬렁거리고 있었다. 그 남자가 재촉했다.

"나갑시다, 나가라고 해서 나가는 것은 죽기보다 싫으니까요."

그들은 공원 옆의 동숭동 골목길을 걷고 있었다. 하이델베르크 호프 주점 근처의 가로등 불빛은 겨울에 내리는 은빛 눈발 같았다. 다시 고개를 들어 가로등 불빛을 올려다 보았다. 여전히 은가루는 자꾸만 날리고 있었다. 끊이지 않고 부우옇게 흩어져 날리고 있었다. 마음은 가볍게 흔들리며 설레임으로 가만히 부풀어 오르고 있었다. 외갓집 배나무에서 배를 따다가 쐐기에 쏘이면 어느 새 부풀어 오르는 부기처럼 순식간에 부풀어 올랐다. 그냥 이 거리만이 계속되었으면 좋겠다. 그녀는 조심스럽게 걷다가 그 남자 쪽으로 걸음이 쏠리고 있는 것을 느끼면 얼른 떨어져 균형을 유지하려고 애쓰다 보니까 등뼈에 힘이 주어졌다. 불빛이 하얀 눈발 가루로 쉬임없이 흩어져 날리던 것을 그 날 동숭동 밤거리에서 두 눈으로 똑똑하게 보았던 것이다.

혜화동 로터리 횡단 보도 앞에 서 있었다.

"무얼 생각해요?" 그 남자가 침묵을 깼다.

"신호등 보고 있었어요."

"신호등 보면서…." 그 남자는 언어의 아름다움을 누리고 있었다. 그녀는 그 남자에 취했다. 그 말은 오랫동안 그녀의 심층에 자리하고 있었다.

'찔린 몸으로 지렁이처럼 기어서라도, 가고 싶다. 네가 있는 곳으로. 너의 따뜻한 불빛 안으로 숨어 들어가 다시 한 번 최후로 찔리면서 한없이 오래 죽고 싶다.'– 최승자의 〈청파동은 기억하는가〉 중에서.

그 때는 몰랐었다. "신호등 보면서…."

그 짧은 말 한 마디가 그녀의 심장을 망령처럼 떠돌아 다닐 것을.

동숭동 가로등 불빛, 아름다운 밤, 같이 걸어가는 기쁨. 도로에서 둘은 택시를 기다리고 있었다.

"가지 말아요.

"가야 해요."

빈 택시가 냉큼 달려 오지 않았다.

"가지 말아요."

"가야지요."

그 남자는 그 여자에게 진지하게 말하였다. 그 남자는 언제나 서두르지 않고 진지하게 말함으로써 '힘'을 얻고 있었다.

"가지 말아요. 같이 있어요."

"그럼, 우리 밤새도록 걸어요. 공원으로 가요."

그녀는 그 남자가 잠실에서 명동까지 밤새도록 걷기도 했거니와 그 남자와 밤새도록 걷는 일은 후회할 일이 아니었으므로 걷기로 작정하였다.

"우리 삼청동 공원으로 가요." 얼마 동안 걸어 갔다.

"내가 대학교 총 학생회장으로 출마했을 때 라이벌이 O시 N고 출신이었어요." O시 N고는 그녀의 여중고와 같은 재단의 지방의 명문 학교였다. "출마 전에 약속했어요. 누가 떨어지더라도 된 사람을 도와주기로요. 그런데 그 친구는 약속을 지키지 않았어요. 난 떨어졌어도 약속은 지켰을 거예요."

"상대방 이름이 뭐였어요?"

"김 아무개라고 모를 거예요. 유학 가서도 사소한 일이지만 N고 출신하고는 사이가 안 좋았어요. 그 때 선거 유세에서 대학내에서부터 금권타락을 척결해야 한다고 했어요.

많이 쓰면 되고 조금 쓰면 떨어지고 하는 풍토부터 없애야 한다고 했지요. 그 얘기에 호응을 얻어서 근소한 차이로 되었어요. 개천에서 용난 거지요."

그 남자는 걸어 가면서 대학 시절의 이야기를 나지막하게 들려주었다.

그녀는 'Das Leben ist scho"n ob es sich zwar nicht immer nach unserem Wunshe gestaltet.(인생은 우리가 원하는 바가 이루어지지 않았다 할지라도 아름다운 것이니라)'는 그녀의 아버지가 좋아 했던 한 구절이 떠올라 들려 주었다.

"난 독일어는 잘 몰라요." 그 남자가 자연스럽게 말했다.

"학생, 전화 받아요." 주인 댁 안방으로 뛰어 갔다.

"토요일인데 데이트 하러 나가지도 않았어요?"

"L호텔 1층 커피숍으로 나갈께요."

조교 생활할 때 교수님께서 데리고 가신 곳이었다. 그 때 자이언트 아이스크림의 크기에 처음엔 놀랐고 먹어 보곤 맛이 괜찮았다는 느낌이 들었었다.

"오늘은 왜 김이 빠졌어요."

"여기 8층에 미용실이 있어요. 앞머리만 자르고 올게 20분 정도만 기다려 주세요."

"싫어요."

토요일 한낮의 커피숍은 알맞게 붐볐다.

"점심 먹었어요?"

"네, 먹고 나왔어요." 주문 받으러 사람이 왔다.

"커피요."

"자이언트 아이스크림 말고 가장 양이 적은 아이스크림 주세요."

두 사람은 택시를 기다리고 서 있었다.

"뚝섬으로 갑시다."

어느 대학교 쪽에서 택시가 멎었다. 맞은 편 대학 쪽으로 다리를 건너고 있었다. 대학원 다닐 때 이 쪽으로 M.T.를 왔어요. 남자들은 소주를 마시고 여학생들은 사이다를 마시고 그랬어요."

그 여자가 이어 갔다.

"대학교 4학년 때 혼자 남해안으로 여행을 갔어요. 그 때 해금강으로 가는 배를 타고 배의 뒷 편에서 하얀 물보라를 바라보면서 시인과 인생을 생각했어요. 인생은 배의 몸체이고 시인은 인생의 의미를 헤아려 보려는 시인들의 작품으로, 접근해 보지만 결국 언제나 물보라를 바라보면서 배의 본체를 뒤쫓게 되는….”

그 때 여행에서 돌아와 〈인생〉이라는 시 한 편을 쓰게 되었다.

7. 인생

구조라로 향하는 바다 한가운데
배는 하얀 물보라의 목덜미를 꼿꼿이 일으켜 세운다
배의 후미에선
지치지 않는 물보라의 흰 함성
일제이 길길이 일어서 뛴다
산으로 물로 바람으로
그립고 아프게
나직한 목소리로 시각을 다투어
살았던 시인
공중에서 해체된 줄기 줄기
물보라 기둥 속에서
가는 목덜미를 뽑고
긴 빛을 뿜는다
물보라는 앞으로 고꾸라지듯 달려 들지만
늘 고꾸라지는 법은 없다

배의 몸체는
완강한 물보라를 앞서 달리는
넋의 선구

한줄기에서 치솟아 물보라
그 물보라에서 무지개빛 뿜어 내는
시인의 깊은 눈빛을 담고
허연 목덜미를 내민
배 쫓는 물보라
지치지 않는 물보라의 흰 함성 속에서
시인의 눈빛을 줍는다

"지금도 흘러 나오는 노래는 옛 향기겠지요. 그런 슬픈 눈으로 나를 보지 말아요. 지나간 날들이지만 잊혀지닌 않을 거예요." 그녀는 흥얼흥얼 노래를 부르며 이어갔다.

"전 한강을 지날 때면 항상 기분이 좋았어요. 강이나 바다는 항상 기분이 좋아요."

그 남자가 대꾸했다.

"바다가 없는 뭍에서만 살아서 일 거예요. 난 한강을 지날 때는 항상 욕을 해요."

"누구 욕을요."

"세상 욕요. 학교에 다닐 때 군밤 타령에 개사해서 정치하는 사람들 욕하고 그랬어요. 우리도 정치에 관여했어요."

"대학생들이 얼마나 깊이 관여했겠어요? 그저 그랬겠지."

"우리는 우리가 정치할 때만큼은 지금 욕하는 정치는 하지 않기로 결심했어요."

그 얘기는 맘에 드네. 이 남자의 힘은 이런 것이라니깐….

"아가씨, 아가씬 내가 보기에 정치하게 생겼어요."

"정치, 정치는 무슨 말라 비틀어진 정치!"

"왜 그렇게 싫어해요?"

"정치하게 생겼다는 말은 여자답지 않다는 말 같아서 싫어요. 대학교 1학년 때에도 미팅 나가면 과 대표가 아니냐 학도호국단 간부 아니냐 이런 얘기 듣기 싫어서 죽을 뻔 했어요."

"정치한다는 것하고 여자답지 못하다는 말하고 무슨 관계가 있어요?"

"아무튼 싫어요."

"맘에 들고 예쁜 짓 할 땐 00씨, 맘에 안들고 미운 짓 할 땐 아저씨라고 부를 거예요. 오늘 우리 고기 먹어요."

"얼마나 부자예요?"

"아휴, 매력 없어. 자취하느라고 얼마나 애써? 내가 돈이 많아서가 아니라 모처럼 밖에 나왔으니까 고기 먹자. 말이라도 이렇게 하면 얼마나 좋아요. 매력 없이 얼마나 부자예요?"

"혼자 통반장 다 해요."

“000씬 연애하긴 다 틀렸다.”그녀가 가볍게 응수했다.

한식 집에 들어가 저녁을 먹고 나니 어느새 어둑어둑해졌다.

‘초연이 쓸고 간 깊은 계곡 깊은 계곡 양지녘에 홀로 선 적막감에 울어 지친 울어 지–친 비목이여. 먼 고향 초동 친구 두고 온 하늘가 그리움 마디 마디 이끼 되어 맺혔네.’

2절이 이어졌다.

“야, 노래 잘한다. 조금만 갈고 닦으면 되게 멋지겠다.”

“그런 말은 하는 거 아녀–”

그 남자는 그녀의 머리를 가볍게 알밤으로 한 대 쥐어 박았다.

“고등학교 때 노래자랑 대회에 나가서 2등 했어요.”

“고등학교 3학년 때까지 점심을 먹어 본 적이 없어요. 어머니가 밭일을 하셔서 할머니와 함께 살림을 꾸려 가셨어요. 아버지는 살림이 어떻게 되는지 알지도 못하고. 나는 지금도 보리밥을 안 먹어요. 보리밥이 어쩌고 하면 아버지나 잡수시소 해버려요.

“그런데 왜 형편이 어려웠어요?”

“작은 아버지가 사업을 하실 때 아버지가 사업 자금을 다 대었어요. 그래서 남는 게 하나도 없었어요. 어머니가 하루 종일 밭을 매면 내가 도와 드렸어요. 내가 힘들어서 멍하니 바라보고 있으면 눈이 제일 게으르니라. 하시고 또 밭을 매셨어요. 고등학교 때까지 돈 100원을 써 본 적이 없어요.”

“다른 사람들도 다 곤란했어요. 60년 대 우리 한국 경제가 어땠는데요.”

사실 그녀에게도 집안 형편이 안 좋은 때가 있었지만 아주 어렸을 때 기억이라 상처가 되지 않았다.

강가로 내려 가니 비취 파라솔은 아니고 평상 두어 개가 놓여 있었다. 한 남자가 다가 와서 술 드시겠냐고 물었다. 그 남자는 아니라고 하며 보트를 빌려 달라고 하였다.

저녁 무렵이라 너무 깊숙이 들어 가지 말라고 경고하였다. 그녀가 약간 들뜬 기분 탓인지 보트장에서 일하는 그 남자와 사소한 입씨름이 몇 번 오고 갔다. 그런데도 그 남자는 아무 말 하지 않고 지켜 보고 있었다. 같이 간 여자 편을 들어 주지도 않고 구경꾼으로만 있다니 신사도를 모르는 사람이라고 맘 속으로 힐난하였다. 그녀는 위 아래를 흰 옷으로 입고 있었기 때문에 보트에 앉을 때 치마를 젖혀 올리고 속치마 바람으로 앉아야 했다. 보트의 앞 부분이 철벅 물에 적셔 있고 나무도 물 때에 절어 있었기 때문이었다.

그 남자도 바지를 걷어 올려서 장단지가 드러 났다. 장단지에 털 하나 없었다.

"어머, 우리 엄마는 장단지에 털 없는 남자는 독해서 싫다고 하시는데요."

"조선 사람은 머리하고 성기에나 털이 있는 거지요."

"노래 해 봐요."

"그 때 그 사람 부를께요."

"하지 말아요."

"그럼, 다른 노래 할께요."

"햇빛 쏟는 거리에 선 그대 그대 고독을 느껴 보았나 그대 그대 우리는 너 나 없는 이방인 왜 서로를 사랑하지 않나 모진 바람 거센 파도 멀리 멀리 사라지고 먼 하늘에 저 태양이 웃는다."

"당신의 눈 속에 내가 있고 내 눈 속에 당신이 있네. 우리 서로가 행복했노라 아아아 그 바닷가 파도 소리 밀려 올 때에 겨울 나무 사이로 당신은 가고 나는 한 마리 새가 되었네. 나는 한 마리 새가 되었네."

"노래는 내가 낫다."

"노래를 잘 하진 못해요."

노를 젓는 폼이 옛날 선생님을 따라서 ○○ 연못에서 몇 번 탔던 때와 다르게 유연하지 못했다.

"어머, 이렇게 노를 못 젓는 남자는 처음 봐요. 노동의 신성함을 느끼고 있겠지요."

"칫, 이런 게 노동이라구요?"

주위가 새까매서 보트에 올라 탔다는 느낌을 제한다면 그리고 간혹 물결이 출렁거리는 소리가 들리지 않았다면 물 위라는 느낌이 절실하지 않았다. 그녀는 단지 그 남자와 함께 어둠을 공유한다는 사실이 즐거웠다. 까아만 물가 옆의 수풀 사이로 보트를 저어 나가는 것은 정글 속에서 사랑하는 두 남녀가 아슬아슬하게 안전한 곳을 찾아 헤매이는 영화씬을 연출하고 있다는 만족감에 순간 젖어 들었다. 타인의 사랑을 구경한다는 것과 스스로의 사랑을 체험한다는 것은 하늘과 땅 만큼의 차이가 있었다. 그녀는 그 남자와 함께 있다는 사실에 즐거워 했다. 확실한 느낌이었다. 좌석 버스에 올랐다. 미도파 앞에서 내려서 명동 입구에 접어 들었다.

"나는 명동을 싫어해요." 그 남자는 백화점도 싫어한다고 했다.

"부르조아에 대한 치기 어린 반발?"

"아무튼 난 싫어요."

000이란 디스코 텍에 들어 가서 자리를 잡고 앉았다. 무슨 사람들이 그렇게 많은지 발 딛을 틈이 없이 복잡하였다. 플로워에 나가서 둘이 몸을 놀려 보았으나 어깨와 어깨끼리 부딪혀서 춤을 추기 어려웠다. 맥주를 따라서 둘은 건배했다.

"000씨의 아들을 위해!"

"네가 내 아들 놓아 줄래?"

"글쎄요, 이미 아들 하나쯤은 있을지도…." 그녀는 속으로 뇌까렸다.

그 남자는 분명히 경험이 없는 순진한 남자가 아니라는 것은 감지되었으나 그 남자의 마력 때문에 거부하지 못하고 이끌려 가고 있었다. 헤어짐은 예감되었으나 손을 빨리 털어 버리고 일어서고 싶지 않았다. 소설을 읽어 보면 머리 속에 뭔가 들기는 든 여자들이 제대로 된 사랑을 하지 못하는 것을 구경하던 입장이었는데 그녀는 그런 예감을 어렴풋이 느끼면서도 팽팽한 즐거움을 느끼고 있었다. 택시를 타고 집 어귀의 골목에서 내렸다.

"나는 여자를 만나면 집까지 꼭 데려다 줘요. 대학 1학년 때 0대생과 카니발이 있었어요. 둘이 노래를 부르고 상품으로 스타킹이

나와서 그 여학생 주었어요. 파트너를 집 앞까지 바래다 주었는데 내 손목을 꽉 붙잡고 가지 말라는 거예요."

"내가 이러면 못 빠져 나갈줄 알고?"라며 손목을 요리조리 비틀며 빼내고 하숙집에 왔어요. 하숙집에 가서 선배들에게 얘기하니까 '에라 빙신'하는 거예요. 지금 생각하면 가만 있을 걸 그랬어요." 이상했다. 별다른 이야기가 아닌데도 그 남자의 입에서 나오는 얘기들은 그녀에게 특별한 의미를 지니고 가슴을 파고 들었다.

"나는 지금까지 여자에게 궁핍함을 느껴본 적이 없어요."

그 말에 수긍이 갔다. 그녀도 그 남자에게 많은 매력을 느끼고 있는데 다른 여자들도 마찬가지일 거라고 느꼈다. 바로 그 점이 그 남자와의 이별을 예고하는 확실한 증표였다.

명문대 총학생회장 출신, 해외유학생 박사과정 수료, 키 1m 80cm에 쭉 빠진 몸매, 갸름한 얼굴에 우뚝한 콧대, 자그마한 눈매에 상황 판단에 대한 기민함과 노련함이 서려 있고 자신감에서 우러나오는 자긍과 자존은 상대방 여자들을 더욱 안달나게 할테고 인문학을 전공한 인문학도답게 인생의 통찰에서 비롯되는 안목과 말들이 진지함의 빛깔로 태어나곤 하였다. 그런 남자가 음악 다방에서 마주친 여자에게 접근했다는 것에 생각이 미치면 그 남자와의 만남은 게임일 가능성이 크다는 생각에 순간 순간 절망하였다.

"바래다 주어서 고마워요."

"고맙다고 하는 거 아녀."

"잘 가요. 안녕!"

"정외과 나온 친구하고 같이 있어요. 친구에게 소개시켜 주려고… 택시 타고 빨리 나와요."

"어디예요?"

"여기가 어딘지 모르겠어요. 00회관인가… 내가 나갈테니 코리아 극장 앞으로 나와요."

그 남자는 코리아 극장 앞 전화 부스에서 전화를 걸려고 하다가 뒤를 돌아다 보고 전화기를 내려 놓았다. 그 남자는 반갑게 어깨에 손을 얹고 자연스럽게 걸어 갔다.

"나 어젯밤 꿈에는 00씨 부인 봤다."

"얼굴 이쁘디?"

"얼굴은 자세히 나오지 않고 모습만 나왔어요."

그녀는 차마 꿈 속에서 부인이라는 여자가 한 손에 예닐 곱 살 된 딸, 다른 한 손에 서너 살 된 아들을 데리고 있었더라는 얘기는 하지 못했다. 꿈에 대한 100% 확신은 없었으니까…. 그 남자는 '얼굴 이쁘디?라고 반문함으로써 사실의 수긍 여부를 교묘하게 회피하는 노련함을 보이고 있었다. 그녀는 그렇게 느끼고 있었지만 꼬치 꼬치 따져 묻지 않았다. 그 남자를 만났던 것이 그녀의 의지가 아니었듯이 흐르는대로 내맡기고 싶었다. 명명백백하게 무엇을 밝혀서 끝내는 것보다 아련한 의심과 더불어서 심장이 팔딱 팔딱 뛰는 설레임을 멈추고 싶지 않았다.

8. 꿈 얘기

맞으면 진실이고 틀리면 만화예요
맞아도 틀려도 아무 말씀 하시면 안되요
꼬옥

어느 조그만 꽃궁전에 이런 저런 꽃들이 피어 있었고
꽃과 이파리들은 한 줄기 바람에도
별빛으로 빛나며 떨고 있었네
아기손 초록별 맞아 그대 이름은
초록은 초록이어서 좋아라
초록은 생명

초록은 작은 시내를 이루고
저편에 여인은 어느새 초록성에
발을 들여 놓았네
어머나
공주님과 왕자님을 양손에……
누구십니까?
조금전에도 초록 콩줄기를 타고 초록 나무 끝까지
올라가서 아름다운 꽃궁전을 내려다 보고 있었어요
초록잔디는 마치 초록빛 바다였구요

초록초록 반짝이는 키작은 나무 잎사귀
꽃이파리들은 하늘하늘 웃음 머금고
임금님은 꽃길을 다정하게 손잡고
초록 애기도 들려 주셨어요
그런데도
이 성을 떠나야 하나요?
뜨거운 눈물은 강이 흐르고

아기손 초록별들은 뜨거움에 시들며
하나씩 하나씩
모두 잠들어 버렸다
초록은 생명
나는 영영 쓰러졌다

"나는 당신이 남자를 많이 아는 것 같아서 싫어. 여럿을 안다는 게 아니라…."

그녀는 대꾸하지 않았다. 못했다. 짙은 안개같은 미혹에서 빠져나올까봐 두려워서….

00회관이라는 곳은 처음 가보는 곳이었다. 들어 가서 그 친구와 앉았던 자리에 가보았으나 친구가 가버린 모양이라고 했다. 친구와 10년 만에 만났는데 그 친구는 돈 많은 여자와 결혼했다고 하였다.

"집에 들어 가서나 큰 소리 치고 살아야지."하고 후렴귀를 달았다.

"정말 잘난 남자는 안 그래요."그녀의 응수였다.

플로워에서는 반나의 여자가 춤을 추고 있었다. 그녀는 무슨 춤인지 분간하기도 어려웠으나 "저건 혼자 하는 거예요."그 남자가 대화를 이어 갔다.

"나는 해볼 건 다 해보았어요. 학점도 올 A도 받아 보았고 어려운 철학 시험도 제대로 치러 내었고…."

또 무슨 얘기 끝에 "순수한 게 뭐예요. 서로가 진실로 원한다면 순수한 것 아니예요?"

플로워에 내려가서 춤을 추었다. 그녀는 조금 뛰니까 배가 꼿꼿하게 아파 오기 시작했다.

"나 배가 아파서 그만 추어야겠어요."

"너무 잘 춘다."

"개강 종강 때만 추어도 이 정도는 추어요." 그러나 사실 춤 솜씨는 그녀가 그런 곳에 자주 들른 탓은 아니고 운동 신경처럼 다소 생래적이었다.

그녀는 아무 일도 없이 견디기보다 살아 보고 싶었다. 대학 4년 동안 관념의 벽에 갇히어 자신의 관념의 세계가 현실인지 외부의 환경이 현실인지 구분하기조차 어려웠다.

생에서 너무 멀리 떨어져 있어 타인들의 삶과 그녀의 삶에는 유리로 차단되어 있어서 육안으로 구경할 수는 있었으나 그 안에 들어 갈 수 없었다. 〈나는 살고 싶다〉는 외국 영화에서 주인공이 외쳐 대는 절규만큼 절절함이 흘러 내리고 있었다. 그녀의 내면은 항상 피를 흘리고 있었다. 살고 싶다고 외쳐 대는 그녀의 정열이 전혀 살고 있지 못한 그녀의 무력함 앞에서 번번이 패배하여 낭자한 내상의 출혈만이 그녀를 간신히 지탱하게 하고 있었다.

옛날 5년 동안 한 시도 잊어 본 적이 없는 사람이 있었듯이 달려가기만 하면 거기 그렇게 사랑이 있었듯이 다시 한 번 살아 보고 싶었다. 사랑하는 사람의 창에 불이 켜져 있는 것을 먼 발치에서 본다는 것은 가슴이 빠개지는 아릿한 그리움이 있었다. 또 이것은 어떻고. 학교에 등교하기 전 한여름 6시 쯤 그리운 사람의 창을 똑똑 두드리면 "00냐" 그 사람은 슬리퍼 차림으로 금방 달려 나왔다. 두 사람은 개구리들이 울어 제끼는 보리밭 이랑 사이를 손 잡고 말없이 걸어 다녔다. 참으로 많이 그리워하면 말이 없어도 답답하기는커녕 잔잔한 설레임이 알맞게 지치는 법 없이 일렁이었다. 저녁시간에 방문하여 저녁 상이 차려 들어오면 어김없이 같이 먹자고 권유하는 것을 점잖게 사양하는 것은 스스로 참한 행동이라고 자족하기도 하였다. 식사를 하고 양치질 하고 들어 왔을 때 향기로운 비누 냄새는 〈젊은 느티나무〉에서 주인공이 계모가 데려온 오빠에게서 느끼는 바로 그 냄새였었다. 여름날 하얀 런닝셔츠를 입은 해맑은 사람의 모습. 그것은 차라리 싸아한 고통이었다. 저 아름다운 남자와 이별이 없기를. 선생님은 책상에 앉아 책을 읽고 그녀는 한켠에서 벽에 기대고 쉬었다. 답답함이나 초조함은 눈꼽만큼도 없었다.

"저 갈께요."하고 말을 건네면 그녀 손목의 시계를 한 시간 쯤 뒤로 돌려 놓았다. 같이 한 시간들이 참 많아서 몇 개를 선택하여 끄집어 낸다는 것은 쉬운 일이 아니었다.

애태웠던 사람과의 이별 후에 그녀는 몸과 마음을 가누지 못하여 병이 들어 버렸다.

생을 거부하고 있었다. 엄청난 이별의 무게를 견디지 못하고 좌초하고 말았다.

백 년 동안의 고독

고치 한 마리가 눈을 뜨려고 한다.
알 수 없는 설레임과 수런거림으로 흔들거리던
대기의 푸르름을
월계수 이파리로 엮은 승리관 위에
앵무새의 되새김질로 새겨 넣었다.
삼 년의 세월을 어린 고치는 마구 내달렸다.
마을에선 저녁 연기가 피어 오른다는
글귀는 타닥 타다닥 솔방울 타는 소리와 함께
빠알간 불빛을 달고 부시럭거렸다.

어린 고치는 바깥 세상이 궁금해졌다.

처음 날아가 본 바닷가
여름 밤바다는 팽팽하게 부풀어 올랐다.
몰아 쉬는 흰 파도
그 해 여름은 속절없이 떠다니다가
흰 눈이 수북히 나앉은 배추밭 속으로 곤두박질쳤다.
어린 고치는 찢어진 날개를 달고
북쪽 하늘에서 빙그르르 맴돌았다.
아래쪽 어느 골짜기에서
목 쉰 봄날의 아지랑이가 저 혼자의 울부짖음을
부여 안고 스러져 갔다.

거두련다.
남녘 들까지 내달렸던 헤진 검정 고무신을
밤 열 시라도 뜨거운 밥 지어 올렸던 하얀 사기 밥주발도
파란 꽃무늬가 그려졌던 아버지 식탁의
수저받이 기러기발도
이제는

"여기 청기와 주유소 앞이야."
"왜 전화하셨어요?"
"보고 싶어서…."
"시원한 맥주 한 잔 마시고 들어가."

합정동 로터리에 있는 어느 맥주 집이었다. 흰 고무신을 신고 그 남자는 성큼성큼 들어섰다. 빨래줄에서 바람에 날려 나부끼는 깨끗한 흰 빨래같은 청량감을 풍기고 있었다.

그 남자는 손을 내밀고 악수를 청했다. 그녀는 굳이 악수를 하고 싶은 기분은 아니었으나 하고 보니 한결 나아진 기분을 느낄 수 있었다.

"만나서 반가워요. 반쯤은 포기하고 있었어요. 역시 송충이는 솔잎을 먹고 살아야 하는 거 같아요" 그녀는 뭔가 그녀의 페이스가 아닌 그 남자의 페이스에 말려 들어가고 있다는 생각이 들었기 때문에 솔직하게 털어 놓은 심정이었다. 합정동을 지나서 둘은 걸었다.

줄곧 대로를 걸어 나가니까 신촌 시장 입구의 육교가 나타났다. 둘은 유쾌하게 얘기를 나누었다. 치킨 통닭 집이었다. 그 남자가 물었다. "무엇에 제일 자신 있어요?"

"말하기, 군계일학처럼 뛰어 나고 싶은 끊임 없는 욕망."

"오늘은 어쩐 일로 그렇게 솔직해요? 그 둘다 정치에 필요한 것이예요."

"난 정치를 염두에 두고 하는 말이 아니예요." 사람은 자기 자신이 관심 있는 곳에 신경을 곤두 세우기 마련인가 보았다. 자기 자신이 정치에 뜻을 두다 보니까 상대방에게도 그런 점을 찾아 내려고 하는 것은 아닐까? 구두를 사려고 맘 먹었을 때에는 거리에 나가면 남들 구두가 가장 먼저 눈에 띄듯이 그런 것인지도 모를 일이었다. 그 남자는 유학 가서 장학금을 탄 돈으로 시가 500만 원쯤

되는 전축을 기념으로 사 놓았다고 말했다. 유학 온 학생들 가운데서 자신이 가장 많은 책을 보유하고 있다고 자랑하였다.

"어떻게 자신이 가장 많은 책을 가진 줄 알 수 있어요?"

"유학을 끝내고 짐을 부칠 때 보면 알 수 있어요."

"새벽 2시까지 각자 공부를 하고 아침에 일어 나서 차 한 잔을 같이 마시는 친구가 있었어요." 그 남자는 주말에는 가끔 한국의 부부 집에 초대를 받아 영계백숙을 대접 받기도 한다고 했다. 그녀는 통닭 구이 한 마리를 시켰다. 기름이 제거될 정도로 바삭 바삭 잘 익혀진 통닭이 나왔다.

"드세요."

"같이 먹어요."

그녀는 손도 대지 않았다. 자취 생활을 6년간 해 오면서 규칙적인 식사 습관을 지키지 않고 영양 실조가 되어 식욕은 거의 없다시피 하였다. 어떤 음식을 보아도 식욕을 불러 일으키지 못하였다. 확실히 모든 기관이라는 것이 안쓰면 퇴화하기 마련인 모양이었다.

"이게 닭갈비 계륵이예요. 삼국지에 양수라는 장수가 있었어요. 어느 날 조조와 저녁 상을 같이 한 자리에서 조조가 병사에게 오늘 밤 암호는 '계륵'이다는 말을 듣고 '아, 먹자니 그렇고 안 먹자니 아깝고 그렇다면 오늘 밤 공격은 없겠구나'라는 생각을 하고 식사가 끝난 후 병사들에게 오늘 밤 공격개시는 없을 거란 얘기를 했어요. 이 얘기가 조조의 귀에 들어가자 조조는 이처럼 자신의 속마음을 제대로 꿰뚫는 부하가 있다는 사실에 깜짝 놀라서 당장에 그 장수의 목을 치라고 하였어요. 사람은 말조심을 해야 해요.”

그 남자는 계륵에 관한 고사를 들려 주었다. 삼국지를 원서로 예닐 곱 번이나 읽었다고 하였다.

“어느 할아버지와 할머니가 살았대요. 할아버지와 할머니가 싸웠는데 둘은 서로 절대로 입을 열지 않았어요. 먼저 말을 하면 질 테니까요. 그런데 도둑이 들었어요. 그 도둑은 물건을 다 훔쳐가 버렸어요. 그리고나자 둘은 ‘내가 이겼다’라고 말했대요.”

글쎄, 이 남자는 이 말을 이 시점에서 어디에 앵글을 맞추어 두었을까?

데이트 할 때 너무 자존심만 내세우다 서로를 알기 이전에 끝이 나는 어리석음을 범하지 말자는 얘기일까? 좀 더 확대 해석해서 인생의 제반 문제에 해당되는 이야기니까 우리 모두가 새겨 두어야 할만한 교훈이 담겨있다는 의미일까? 어찌되었건 만나서 처음으로 그런 교훈적인 얘기를 들려 주는 그 남자가 믿음직스럽게 느껴졌다. 서로를 수단으로 여기지 않고 목적까지는 가지 않더라도 과정을 진지하게 받아 들이자는 암묵적인 제안쯤으로 여겨지기도 하였다. 그 남자는 담배 한 갑을 시켰다. 그녀가 지갑에서 돈을 내는 기척을 보이자 그 남자는 “돈은 남자에게 건네서 남자가 치르게 하는 편이 좋아요.”

“칫, 도대체 이 남자는 자신의 위치가 갑이 아니어도 전혀 위축되는 것도 없이 오히려 자연스럽게 가르치면서까지 자신의 페이스로 이끌어 가는 저력은 어디서 나오는 것일까?”

그만큼 상대방을 만만하게 여기는 것은 아닐까? 그만큼 상대방에게 빠지지 않았다는 것을 의미하는 것은 아닐까? '내'가 흔들리지 않고 감정의 손상이 전혀 없다는 것은 '사랑'이라 말할 수 없다는 것쯤은 잘 알고 있었다, 그녀도. 그런데도 이 남자를 만나고 싶은 것은 무엇 때문일까? 이 남자의 전화를 기다리는 것은 왜일까? 노련함이나 노숙함의 매력이 어설픔을 몰아 내서일까? 감정은 명확한 이론이 아니었다. 어딘지 모르게 약간 갸우뚱하면서도 끌리는 것은 어쩔 수 없었다. 오히려 역설적으로 상대방이 나에게 푹 빠지지 않았기 때문에 끌리는 것은 아닐까? 참 알 수 없는 노릇이었다. 그녀는 만 원짜리 지폐 한 장을 꺼내어 건네 주었다.

"너무 많다."

"거스름 돈은 저 주세요."

삼국지- 조조와 양수

신촌의 통닭구이 집
잉크처럼 물에 풀려 나오는 [삼국지]의 조조와 양수의 이야기
양수는 조조와 저녁상을 같이 하고
조조는 소리쳤다.
오늘 밤 암호는 [계륵이야!]
이 말을 들은 양수는 병사들에게 오늘 밤 공격은
[없다!]

부하들, 어떻게 아셨을까?

먹자니 그렇고 안 먹자니 아깝고 하는 [계륵 때문이야!]

양수의 풀이

속마음을 꿰뚫린 조조는 양수의 목을 [치라!]

왜 그 날 밤

네가 조조처럼 느껴졌는지

나는 매곱시 양수처럼 목이 달아날 것만 같았고

그래 맞았어

꼭 들어 맞았어

너는 조조처럼 떠나 갔고

나는 양수처럼 죽어 남았다.

여보, 영감 왜불러, 마누라

할아버지와 할머니가 한 이불에 살았더래요

할아버지와 할머니가 싸움을 했더래요.

둘이는 서로 서로 입을 먼저 열지 않겠다고

다짐을 했더래요

그러던 차에 도둑이 들었어도 서로 입을 열지 않았더래요

먼저 말을 하면 질테니까요

도둑이 물건을 훔쳐 가 버리고나자

둘은 서로 "내가 이겼다"
잘 했군 잘 했어
그렇게 너는 할아범처럼 의리없이 떠나버렸고
이렇게 나는 남아 할멈처럼 늙어 심통만 부리고
잘 했군 잘 했어 잘 했군 잘 했어
그러게 내 마누라지 그러게 내 영감이라지

둘은 통닭집을 나와서 신촌의 거리를 거닐며 도시의 밤거리를 수 놓으며 지나갔다. 포장마차를 지나면서 "우리 저기 들어 갈까?" 하고 그 남자가 물었다.

"저런 데서 먹으면 배 아파요."

"문학도가 저런 데서 술도 못 마시고 재미 없다."

"00 아가씨들은 아주 적극적이어서 한국 유학생과 한 번 사귀면 놓치질 않으려고 해요.

아가씨들이 오히려 남자를 학교 앞까지 와서 기다리기도 하고 그래요. 내가 알고 있는 한 유학생도 한국에 가정이 있는데 00에 유학 왔다가 사귄 아가씨하고 살림 차리고 사과 장사한다나봐요. 난 이 나이에 사랑 때문에 어쩌지는 않아요."

그 남자는 걸어가면서 적절하게 얘기의 맥을 끊지 않고 이어 나갔다. 그 남자는 요란하지 않게 적절하게 조화롭게 이야기를 끌고 나가는 힘이 있었다. 그 남자에게는 어떤 상황을 삐걱거리게 하지 않고 완만하게 이끌어 가는 힘이 도도히 흐르고 있었다. 그 힘이 여자를 끌어 당기는 또 다른 힘이 되어 나타났다.

“우리 집은 할머니하고 어머니가 살림하셨어요. 아버지는 작은아버지가 사업한다고 하셨을 때 가산을 모두 팔아서 뒤를 대주었어요. 어머니가 밭에 나가서 하루 종일 일 하실 때 호미 들고 나가서 도와 드렸어요. 일을 하다가 손을 놓고 휴우!하고 한숨 쉬면 어머니께서는 ‘눈이 제일 게으르니라’하고 말씀하셨어요.”

“옛날 분들은 못 배우셨어도 사물의 이치를 깨달아 적절하게 표현을 잘 하셨어요.”

“우리 어머니는 고녀를 중퇴하고 열 일곱 살에 시집 왔대요.”

한 번 본 적도 없는 사람에게로 이처럼 강한 신뢰와 호의를 느낄 수 있을까?

그러기에 예술가들이 직접 교류가 없어도 그의 작품을 통하여 그 사람의 사상과 성격을 짐작할 수 있는 것이리라. 이 남자의 어머니는 어떤 분일까? 어떻게 생긴 분일까?

하늘을 올려다 보았다. 새까만 하늘에는 별들이 총총이 박혀 있었다. 그처럼 무미하던 서울의 밤거리가 동화 속의 환상의 무대로 바뀔 수 있다는 사실을 서울 거리에서는 처음으로 체험한 신비였다. 신촌 시장에서 하수동 쪽으로 난 길은 오히려 짧았다. 당인리 발전소가 멀리 보였다. 정말 아름다운 밤이었다. 이 밤을 놓치고 싶지 않았다. 그 무엇으로라도 비끌어 맬 수만 있다면….

서울의 거리가 이처럼 안온하고 다정할 수 있는 것인가의 체험은 동숭동 골목에서 은빛 가루로 휘날리던 가로등 불빛 이후 두 번째 경험이었다.

'눈이 제일 게으르니라' 고 저음으로 말하는 이 남자를 어떻게 쉽게 잊을 것인가! 물론 구체적으로 잊지 않아야겠다고 다짐한 적도 없고 그럴 필요도 없는 것이었으나 그녀가 느끼는 감정들의 반짝거림은 그녀 자신에게도 충분히 감지되어 마음의 파도가 되어 출렁거리고 있었다. 쉽게 기억 속에서 사라질 것 같지 않은….

그 당시에 같은 〈문학의 이해〉쎄미나 강사 중에 머리가 좋은 L이 있었는데 독일어 공부를 열심히 하였다는데 그녀는 '미혹'이라는 단어를 독일어로 설명해 주었다. Täuschung(미혹, 착각)이 시간이 지나면 Enttäuschung(실망, 환멸)이 되는데 시간이 지나서도 Täuschung(미혹, 착각)으로 남으면 그건 정말 '미혹'인 것이라는 멋진 얘기를 들려 주었다.

9. 하수동 빈터의 옥수수와 깻잎은 기억하는가

동교동에서 신촌으로 나가는 입구
[프린스]라는 찻집 앞을 지나며
[프린스. 참 이뻐요.] 라고 말할 때
이뻤던 이름

남방셔츠의 앞섶을 가볍게 날리며
하얀 고무신을 신고 긴 팔을 내미는
악수의 신선함을 고이
수만 개의 초록 물방울들이 밤하늘 속을
가벼이 떨며 떠다니는 합정동 로터리의
7월을 살며시

동숭동 가로등 불빛의 현란함
수 만 마리 은빛 새들의 축복의 날개짓
무게 중심을 잃고
나란히 걷는 사람 발 밟을까봐
"어디예요? " "멀리요."
"제주도예요?" "아니요."
"그럼 지도상에 없는 데예요?"
정말이지 아무렇지도 않은 이 말이
'순이야, 하얀 지도 위에 흰 눈이 펄펄 나린다.'는
윤 동주의 싯귀보다 더 아릿하게
가슴을 후벼 파

너의 음성, 너의 눈빛, 너의 발걸음
그럴 수만 있다면
하수동 빈터의 옥수수와 깻잎은 기억하는가

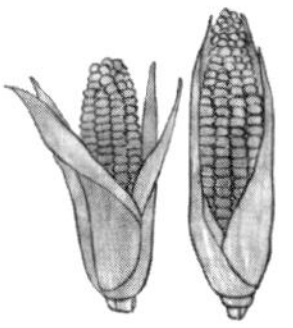

그 여름 돌무더기의 이야기들을.

초록콩 넌출 넌출

초여름 줄장미 향기
하수동 담장가 젊은 연인들을 동화 속으로
끌어 들이고
어느 문으로 들어 가면 그 때 부턴
다른 세계가 펼쳐 지던 설레던
느낌 그대로

사과 향기 라일락 향기
달콤한 줄장미 향기
밤하늘에 보석처럼
하수동 담장가에 꼭꼭 박혀 있던 그 밤들
어깨를 두르고
허리를 두르고
나란히 걸어 가는 걸음걸이마저
설레임으로 서투르게 행복을 깨버릴까봐
차마 숨도 고르지 못하던
그 걸음 걸음

옥수수와 깻잎들 등 뒤로
돌무더기에 나란히 앉아
몇 시간의 얘기를 듣기만 하여도
그대와의 만남
초록 콩줄기 넌출 넌출 뻗어 가던 것을

그렇고 그런 옥수수와 깻잎들이
우리 얘기를 가슴 떨리는 기쁨으로
색칠해 주는 마법의 풍경일 줄
내 손 잡아 주던 그대는
짐작이나
하수동 빈터의 옥수수와 깻잎은 기억하는가
숨도 고르지 못하던
그해 여름 동화를.

10. 날이 가고 달이 갈수록 내 맘 속에

그 날 저녁은 그녀가 줄곧 전화를 기다리고 있었다. 며칠 후면 다시 해외로 나간다고 말했고 물론 어떤 조건을 전제로 만나진 않았지만 마음 한 켠에선 항상 아슬아슬한 외줄타기 심정이 도사리고 있었다. 미혹의 안개가 걷히고 나면 더 분명한 노선이 마련되어 있는 것이 아니라 그것으로 끝날 것만 같은….

전화가 오긴 왔는데 그녀가 기대하는 어떤 분위기가 아니라 너무 일상적인 태평한 분위기인 것을 감지하고 그녀의 한 켠에 내재해있던 떠나 보내주어야 할 때가 왔음을 본능이 직감하고 있었다. 그 날 저녁에 만날 수 있는 상황이면 만날 수 있고 아니면 못 만날 수도 있다는 뉘앙스에 그녀는 기가 한 풀 꺾였다. 그 날 저녁에 그녀의 마음은 심란하였다.

벽돌 한 장 한 장을 쌓듯이 견고하게 무엇을 짜맞추어 온 것도 아니고 음악 다방에서 본 남자가 길거리에서 말을 걸어 와서 20 여 일 남짓 기간에 10 여 차례 만나서 호감을 갖고 알아 가고 있는 도중에 다시 해외에 나가서 공부를 더 해야 한다고 하는 사람에게 그녀 입장에서 취해야 할 태도는 애매하였다. 단지 그 남자처럼 멋진 남자가 그녀에게 다가 온 것도 그녀의 의지가 아니었듯이 그 남자가 떠나간다면 그것 또한 그녀가 어떻게 할 수 있는 일은 없었다. 속수무책이었다. 그날 밤 걸으면서 그 남자가 들려준 얘기였다.

서로가 서로의 벽을 뛰어 넘지 못했을 뿐이라고. 그 뿐이라고. 둘의 만남이 사랑이라면 어떻고 게임이라면 어떻고… 하는데 분명히 알아 듣지 못했다. 이별을 앞에 두고 어떤 말들도 효력을 갖지 못했다.

"OO야, 그동안 참 미안했어."

"전 참 고마웠어요."

"뭐가 통한다."

"뭐가요."

"뭐가…."

그 남자는 음악 교과서에 실려 있는 노래를 불러 주었다.

"날이 가고 달이 갈수록 내 맘속에 사무쳐 자나 깨나 너의 생각 잊을 수가 없구나"

함께 부르다가 "잊을 수~~가 없구나."하는 대목에서 "수~~가" 아휴, 그럴 줄 알았다는 식으로 가볍게 힐난하였다. 지금 무엇이 그게 중요하단 말인가! 그녀의 마음 속엔 다른 무엇이 차지할 여력이 없었다. 20 여 일 동안 이런 사람을 평생에 한 번 만나 보았다는 것만으로도 벅차서 누구와 쉽게 이 감정을 공유할 수 없었다. 그녀는 한 마디 불쑥 던졌다.

"담대하고 굵고 스케일 큰 00씨가 여자의 마음을 이해할 수가 있나요?"

"에이, 기분 나빠서 나 가버릴란다."

"잘 가요, 00씨, 잘 가요. 안녕!"

뒤 돌아서서 걸어 가는 그에게 소리 질러 안녕을 고했다. 그녀의 비통하고 참담한 심정을 들킬까봐 아닌 듯 가장하며 짐짓 명랑하고 큰 소리로 골목 어귀에서….

그녀는 대문을 열고 들어가 숨도 제대로 고르지 못했다.

"제대로 잘 들어 갔겠지."

익숙하고 설레이던 남저음 목청. 그보다 먼저 보도블럭 위로 뚜벅 뚜벅 걷는 그의 익숙한 발걸음 소리가 들려 왔다. 타다닥. 쏜 살

같이 뛰어 나갔다.

"잘 들어 갔으니까 됐다."

그냥 보고만 있었다. 뒤 돌아 왼 편으로 돌아 나가던 가슴 저미던 그의 모습을.

그해 여름의 삽화

"여기 청기와 주유소 옆이야, 보고 싶어서…."
세상은 모두
7월 아래서 무릎을 꿇고 비굴하게
부서지고 있었다

"미안해"
한밤은 소스라쳐 낭자한 출혈을 목놓아 토해내고
눈뜬 노오란 잠은
밤바다의 수면 위를 둥둥 떠다녔다
굵고 낮은 유령 목소리
밤은 더욱 밤다워
전화기는 멈추지 않는 벨소리로
언제나 안개처럼 희부옇게 떨고 있다

간절한 열꽃봉오리

되도록 차가운 기운 부어 슬기롭게
머리에 달린 초롱한 이슬
설레이는 두 뺨은 빨갛게
물바가지에 버들잎 띄워
까만씨의 찬찬한 마음은
두 손으로 바쳐 드리고저
초록비명을 내지르며
하늘로 하늘로 퍼져 나가던 합정동 로타리
한강의 물빛은 숨을 죽였다

하얗게 시린 눈밭의 마음 속
저벅 저벅 두드리며 다가 오는
골목길의 발자국 소리
가깝게 가깝게
냉장고 모터의 쉴 새 없는 소음 속을
돌고 있을 때
세상은
여전히 오만하게 우뚝 서 있었다

11. 비와 바람과 초록의 날에

그렇다.

천 년 전에 본 적이 있다. 바닷가에서 그 때도 이렇게 나란히 앉아 있었다. 지난 시간들이 상흔의 허물을 깨끗이 벗어 내던져 버리고. 가슴 속에선 사정없이 둥둥둥 울리던 여명의 북소리가 아직은 이르게, 상쾌한 새벽 대기의 투명함을 타고 전달이 될까봐 조바심하던 남산의 푸르른 잔디는 봄을 만나 예전의 그대로 푸른 빛이건만 꽃이 피어도 네 곁에 나는 없다.

은빛가루가 되어 중량없이 낙하하던 동숭동 골목길 가로등 불빛의 현란함 때문에 혹시 자신의 물리적 결함을 미처 깨닫지 못한 것은 아닌가 하고 유쾌하게 등뼈를 곧추 세우고 걸음걸이를 바로 잡아 보려고 애쓰던 그 부우옇던 불빛은 수 만마리 은빛 새들의 축복의 비행처럼 보이기도 했던 것을. 흔히 행복할 때에는 그것을 느끼기가 어렵다는데, 자신이 미혹되어 있음을 충분히 감지할 수 있는 행운까지 얻어 [모래가 산만큼 높이 쌓여서 새 한 마리가 모래 한 알씩 물어 가서 산이 없어지고, 한 알씩 물어 와서 산 만큼 다시 쌓고, 이러기를 수없이 해도 그것은 영원의 처음 시작도 아니됨]이라는 J. Joyce 소설의 한 구절을 떠올리고, 지금 느끼는 이 미망이 앞으로의 많은 날들에 비해 채 시작도 아니 될 것이라는 득의만만한 만선의 깃발을 흔들어 보였다. 모두를 향해서. 엊그제 중앙청 맞은 편, 미풍의 봄인사로, 가로수 이파리들의 초록별 명멸은 은빛 새들의 날개짓을 불러 들이고 그것을 바라보는 난 공허처럼 행복했다.

불안은 태동했다. 쉽게 대하려 하는구나. 조금은 삭은 기분으로 그러나 분명한 것은 좋았으므로. 삶의 일회성을 생각하고 조르바를 기억해내곤. 확대경으로 물을 보면 대장균이 우글거리는데 마시지 않을거냐, 확대경을 치우고 물을 마실 거냐. 인간의 입장에서도 신의 심판에서도 과연 어느 쪽을 벌할 것이냐. 욕망의 극기를 통해 super ego에 이르는 것이나 욕망의 충족으로 다다르는 것이나 방법의 차이에 불과할 뿐인거다는. 동양인들은 욕망을 극소화함으로써 행복을 모색했고, 서양인들은 욕망의 극대화를 추구함으로써 행복을 탐색해 왔다는 행복관의 편린을 끄집어 냈을 때, 욕망이 무한하다는 전제라면 동양인이 상수가 아닐까? 그러나, 어느 때 부턴가 욕망이라는 것도 인간의 욕망만큼의 크기일꺼라는 나름대로의 체험에서 배태된 사고 때문에, 또 인간 욕망의 자유로움을 부르짖으며 살고 있는 이 시대적 상황 안에서의 인간인 까닭에, 조르바의 버찌 한 바구니에 상당한 공감을 하고는 자신의 불안을 위로하려 했으나, 이별의 불시착을 위한 최초의 꿈은 미끄러지듯이 찾아 들었다. 활활 타오르는 불을 꺼버리는.

초연히 서있는 비목의 적막함도 가슴으로 느낄 수 있는 사랑스러운 남자 같았다. 노래자랑대회와 함께 남사당패가 떠오르고 전생에서 집시나 남사당패였음에 분명타는 천 경자의 긴 얼굴이 close-up 되었었고. 방방곡곡을 정처없이 떠돌아 헤매던 애끊는 정선 아리랑 가락이 그 그리움의 한 때문에 곡조를 이기지 못하고 자맥질하던 강물의 시퍼럼을 보았다. 어둠 속에서. 바람이 분다. 거대한 분노의 휴화선이 가슴의 심연에서 미처 다 꺼져 버리지 않은 불씨로 남아 있음을 보여 주었고, 정의의 깃발을 이념의 푯대 끝에 매달 줄 안 이의 위대로움에서 생기하는 숙연함의 기여로 끝까지 들어주는 인내심을 발휘할 수 있었다.

난 눈물의 풍어가를 부르며 힘차게 닻을 던졌다. 영원을 위해!

갑시다! 이 섬짓한 한 마디는 온갖 좋은 인상. 기억 등을 일시에 상쇄시키도 남음이 있어 해일처럼 거대하게 분출하는 굴욕을 출산시켰다.

신선히 들어 섰다. 위로 빼내 입은 남방셔츠의 앞 섶 양끝자락에 싸아한 바람을 자그맣게 일으키면서. 그 날 따라 정결했다. 악수를 청했다. 언제 어디서 누구에게나 효과적인 당당함. 이것은 소리없이 나의 영역을 조금씩 침식해 오고 여린 난 보호 본능으로 안으로 안으로 잦아 들었다. 말이 되어 나오지 않는 답답함이 자리하기 시작했다.

물냉면을 맛있게 먹던 때의 이쁜 모습.

거리에 나섰을 때, 온 몸에서 발하는 신선함으로 합정동 로터리

일대의 공기가 녹원의 풋풋함이 부럽지 않은 초록으로 침착되어 가벼웁게 떠다니고 있었다. 같이 걷는 게 자랑스럽다는 사실을 처음 느껴 보고 저만치 떨어져 신선한 모습을 박아 두려 애썼다.

불과 며칠 전의 체념의 연습에도 아랑곳 않고 함께 할 수 있다는 기쁨이 나른한 권태처럼 온 몸에 스며 퍼졌다. 어느 새 마음은 빌로오드처럼 등불처럼 부드럽고 매끄러운 평온을 좇아 감미로운 기쁨을 도처에 끌고 다녔다.

계륵. 말조심을 해야 한다는. 삼국지를 열 번 이나 원서로 읽었다니 주 유를 화 치밀어등창터져 죽게 한 제갈공명의 독심법도 여간 잘 알고 있지 않을 거란 생각으로 search light앞에 서 있는 당혹감에 잠시 사로 잡혔다. 그럼에도 불구하고 도시의 밤속을 걸어 가면서, 그 속에서 속삭임과 비밀스런 이야기의 작은 섬을 이루어 내고 있었다. 눈이 제일 게으르니라. 아찔한 만큼의 친밀감을 어떤 형태로든지 표현하지 않으면 안되는 절박함을 느꼈으나, 힐끗 표정을 살펴보는 그 여유로움이 웬지 전 중량을 싣고서 다가오지 않는 미흡함–안타까움을 느끼게 해 주었는데도, 볼 수 없다는 것은 그보다 더 견디지 못할 듯 싶었다.

어차피 산다는 것은 phenomenon과 noumenon과의 거리를 산다는 것일 테니까. These와 Anti–these와의, 또 logos와 pathos와의.

[표]와 [리]의, [실]과 [허]의, [이상]과 [현실]의, [꿈속]과 [실제]의, [말]과 [생각]의,[참]과 [거짓]의, [분노]와 [온유]의, [금욕]과

[욕망의 충족]의, [깸]과 [미혹]과 또 그리고 [돌아 가고 있는 세상]과 [그에 대한 반발]의, 좋으면 좋은 만큼 싫으면 싫은 만큼의 그 거릴 사는 것이다. 기본강령인 서로에게 호감을 느낄 수만 있다면, 보여도 주어도 모자라는 마음을 이끌어 내는 대상이 현존해 있다는–그것도 가까이에– 인식만으로도 행복할 수 있는 첫째 조건은 아니 될는지. 그러니, 지엽적인 것은 눈을 좀 작게 뜨고 보면 되는 것이겠거니. 설마 대상에 미혹되어 바다에 몸을 날려 버린 Sappho의 그 시심까지야 닮지 못했겠지.

영원히? 뽀그륵. 공기를 못만나 말로 빚어 지질 못하고 목구멍 속으로 이내 꺼져 버렸다. 영원히라면!! 다시 한 번 내부의 진홍빛 열정의 자아가, 굳고 시커멓고 무뚝뚝한 외부의 자아에 대한 모반을 강력하게 시도했다가 출구를 찾지 못하고 미로에서 헤매인 그 열기 탓으로 체적이 팽창할대로 하여 펑! 가슴은 풍선의 공중파열 모냥 너덜 너덜 튀어 올라 두 어 바퀴 선회했는데, 그것을 치어다 보느라 유일하게 남아 있는 머리를 들어 올리는 순간, 우뚝하게 잘 빠진 콧대만이 그 높이로 하여 시커먼 밤 하늘 속에서 희게 빛나게 있었는데, 음영의 조화와 원체 그 자체의 탁월함이 조상의 그것처럼 비현실적인 기분을 드리우고 있었다.

눈을 감았으므로해서 더욱.

그러나 많이 훔쳐 보았다. 설레이면서.

공항에는 나오지 말고. 그것도 마음이 쓸쓸해지니깐.

나는 보았다. 진실의 부재를. 나는 들었다. 말의 허허로움을.

정공법의 한계성을 스스로 드러내 보인 것이다. 더 이상 무게를 지탱치 못하고. 괜찮아.한꺼번에 놀래키지 않으려고 가끔 자기 dogma에의 침몰을 어쩌다 슬며시 한자락 밝히게 하는 고마운 배려도 잊지 않았었잖어.

다 그런거지. 뭐 그런거야 그러길래 미안미안해.

다행스럽게도 닭다리는 이미 뜯겨져 나갔기에 그 신파에도 어쩌질 못하고 보자기 안에 그대로 그렇게 편안할 수 있었다.

~~둥둥둥둥둥둥둥둥둥둥둥둥둥둥둥둥~~

조급함의, 안타까움의, 미흡함의, 미움의, 내주고 싶지 않음의, 붙잡아 두고 싶음의, 어떻게 해야 진실을 바로 보는 것인지의 끊이지 않는 북소리는 전화의 남저음 목청에서부터 골목굽이의 뒤돌아선 걸음걸이까지 망령처럼 따라 붙었다.

그 놈의 지랄같은 북소리 땜에 도통 아무소리도 할 수 없었다.

통.

〈내 기다림은 끝났다.

내 기다리던 마지막 사람이

이 골목굽이를 넘어 간 뒤

인젠 내게는 기다릴 사람이 없으니〉

–서정주님의 시 차용–

– 4월의 극렬한 그리움이 대분화를 일으키던 비와 초록과 바람의 날에

12. 떠나감

〈삶과 더불어 흘러 가는 시간은 누구에게나 공평하게 주어진다. 붙잡고 못잡고의 차이가 있을 뿐이다. 누리고 못누리고의 다름이 있을 따름이다.

시간은 인간에게 결단을 떠맡긴다. 휘어 잡으면 휘어 잡힌다. 망가뜨리면 무너져 버린다. 시간의 미분인 순간은 인간에게 지체없는 결단을 요구한다.

일회의 순간과 일회의 삶을 어떤 모습으로 누리느냐는 인간의 결단에 달렸다. 거짓과 허황의 삶이 결단되었을 때의 비극을 돌아 본다면 시간은 인간에게 어떤 결단을 요구하는지가 분명해진다. 〉

관속에 누워가다가도 주머니 속을 뒤지지 않을지 염려스러운 일이 있습니다. 0형이 00으로 떠나시기 전날, 본심과는 전혀 달리, 사

실과 관계없이 그토록 무책임한 언어를 난발할 수 있었던 자신을 생각할 때, 공든 탑이 무너진 느낌입니다. 뭐가 한꺼풀 씌였었다는 생각도 들고 또 한편으론 평소의 수양되지 못한 인격의 표출이 아니었나는 자책이 들기도 합니다. 내부의 자아와 외부의 자아의 일치도가 근사하면 할수록 인격의 성숙을 의미하는 것이겠지요. 걷잡을 수 없이 뛰노는 외부의 자아를 내부의 자아가 저지하지 못했을 때 빚어 지는 현상은 필연적으로 자학일 수 밖에 없을텐데 말입니다. 그런데 그것이 타인에 대한 공격으로 시위가 당겨지면 상대방은 어이 없는 피해자가 된다는데 자못 간과할 수 없는 문제점이 있다 하겠습니다. 결국의 피해자는 본인 자신이라는 것은 말할 나위도 없겠고. 저는 저대로 내심은 전혀 그런 마음이 아니었기 때문에 쏟아 내뿜어지는 말들이 상대방의 자존에 심각한 영향을 미치리라고는 전혀 염두에 두지도 않은 터이였으므로. (한 달 후면 나온다고 했다가 하룻만에 아주 들어 간다고 번복하던 일, 꼼꼼하게 잊지도 않고 공항에 나오지 말라고 당부하던 얘기들로 온 신경이 곤두서 있던 참에 마지막 날에는 확신을 가질 수 있는 암시라도 있을까 해서 저녁부터 꼬박 앉아 전화를 기다린 결과 너무나 여유있게 친구 집에서 전화를 한다는 얘기. 일련의 이러한 것들은 '헤어짐'을 통고하는 완곡한 표현으로밖에 생각할 수 없었던 것까지는 그럴 수 있다고 하겠는데, 이러한 느낌을 솔직하게 얘기하지 못하고 엉뚱한 방향으로 비난의 화살을 퍼부었던 것은 아무리 생각해 보아도 이해하기 어려울 정도의 유치함이었습니다.)

그토록 불안하던 이유가 '너무 좋음'에서 연유한 것이라는 사실을 왜곡하려는 불성실함을 타파할 수 있는 용기를 가지기만 하였더라도…….

'실수한다'는 것도 개인이 지니고 있는 '됨됨이'의 일면이라고 생각할 때, 과연 긍정적 차원에서만 이해될 수 있겠는가라는 의문이 생깁니다. 커뮤니케이션의 어려움을 이토록 절실하게 실감해보기는 처음인 것 같습니다. '말하기'보다 '제대로 말하기' 또는 '말하기의 어려움'을 배워야 하겠습니다.

인간이 어떤 일에 능동적이고 긍정적으로 임했을 때 결코 한은 남겨지지 않을진대 그렇지 못했을 때 그 찌꺼기를 용해하려는 허망한 몸짓을 이렇게 다시 한 번 연출해야만 하는 것이 그들의 생존방식인 것입니다. 처음에는 '만남'을 그르치게 한 직접적 요소로써 그 일을 후회하였으나, 시간이 흐를수록 자신을 사랑하지 않음에서 기인한 언행이었음에 부끄럽고,

더욱이 놀라운 것은 본심과 표현의 차이가 그토록 엄청날 수 있겠는가라는 것입니다.

살아오면서 이유없는 '비틀림'을 너무 많이 자행해온터라 '사귐'을 제대로 받아 들이고 있는 자신이 대견스럽터이었는데, 잠재해있던 악습은 어김없이 출현하고 말았으니 또 다시 유치한 자아가 승리한 것입니다. 동시에 해원같은 풍요는 흔적도 없이 사라져 버리고. 이러한 시행착오를 마름하는 날, 처음으로 인간이 될 수 있을 것 같습니다.

O형! 이렇게 글로, 밝히지 못했던 마음을 전달하는 행위가 자학과 등가물이라고는 생각하고 싶지 않습니다. 잘못된 일에 대해서 그 잘못을 명백하게 밝힘으로써 너무나 싸늘한 남남의 동행이긴 하나 오해만큼은 서로 지니지 말고 살았으면 하는 작은 바램인 탓입니다.

말이나 글은 어차피 삐뚤어지게 마련인 것을 감안한다면 이 작업에도 다소의 회의를 느끼지 않는 것은 아니나, 본인의 의지와는 전혀 관계없이 구심점을 잃어 버리고 난무했던 언어들의 혼을 위로하고 잠재움의 의식- O형께 정중하게 진심을 전하는 일을 통해 한 해를 마무리할까 합니다

〈삶과 더불어 흘러 가는 시간은 누구에게나 공평하게 주어진다. 붙잡고 못잡고의 차이가 있을 뿐이다. 누리고 못누리고의 다름이 있을 따름이다.

시간은 인간에게 결단을 떠맡긴다. 휘어 잡으면 휘어 잡힌다. 망가뜨리면 무너져 버린다. 시간의 미분인 순간은 인간에게 지체없는 결단을 요구한다.

일회의 순간과 일회의 삶을 어떤 모습으로 누리느냐는 인간의 결단에 달렸다. 거짓과 허황의 삶이 결단되었을 때의 비극을 돌아 본다면 시간은 인간에게 어떤 결단을 요구하는지가 분명해진다.〉

진실의 바른 숨결만이 순간을 영원으로 이어낸다. 거꾸로의 결단

은 오명의 영원으로 떨어진다.

진실의 숨결만이 영원을 구한다.

진실의 숨결만이 영원을 구한다.

13. 백 년 동안의 고독

광장에 모인 군중들 가운데에는 호세 아르카디오 부엔디아도 끼어 있었다. 난 데 없이 하늘을 가르는 집중 사격이 가해졌다. 호세 아르카디오 부엔디아는 죽은 듯이 엎디어 있다가 어디론가 버려지기 위해 열차에 실려져 달리다가 기관실의 반대 방향을 향해서 뛰내닫으며 밟고 넘어섰던 시체들의 숫자는 족히 삼 천을 헤아렸음직 했다고 마을에 돌아 와서 얘기하지만 그 얘기를 정말이라고 믿어 주는 사람은 아무도 없었다. 광장에 모여 같이 있던 사람들은 남김없이 모조리 죽었으므로 그 기막힌 체험은 전적으로 아르카디오 그 혼자의 것이었다. 그것은 전율이었다. 머리 속이 텅 비거나 새까만 물감을 풀어 놓은 상태이거나 둘 중의 하나를 간단없이 교체해 나가는 민첩한 파노라마만이 확실하게 머리 속에 실재해 있었으므로 상대방의 말들은 기득권을 행사하고 있는 이 물리적인 현상에 밀려 외곽지대를 맴돌다 해체되어 사라져 버렸기 때문에 대꾸한다는 것이 불가능했다는 사실을 상기하기란 어려운 일이 아닐뿐더러 기쁨의 존속은 속절없는 일이라고 알고 있었으므로 어차피 되돌아 가야 할 일이라면 빨리 돌아 가고 싶은 심정도 만에 하나쯤은 있었다.

천칭의 받침 접시 위에 놓아 올려진 놀람의 무게와 그에 상응한 외계의 충격에 내구할만한 요지부동의 마음이랄 수 있고 또는 초연함이라 이름지을 수 있는 추와의 기울기가 팽팽히 맞서 버티며 세력 균형을 유지했을 때 역학적으로 '지속'이라는 시간 개념이 자연스럽게 산출될 수 있을 것인데, 놀람의 무게에 그만 평정을 잃고 현혹되고 말아 엉뚱하게도 반대 방향으로 옮겨져야 할 추를 놀람의 방향으로 황급히 이동시킴으로써 긴장은 여지없이 와해되어 곤두박질치고 말아 '희화'라는 평면 공간을 형성해 놓고 말았다. 놀람 때문에 희화일 수 있었다. 엄청난 놀람으로 채색되어 그로테스크한 전위 감각으로 다가 서던 그 희화가 세월이 가져다 주는 마음의 평온에 힘입어 시나브로 진실의 무게를 더해 가고 있는 것이다. 이것은 참으로 아이러니다. 시간으로 따지자면 삽화에 불과할 뿐이겠지만 또 시간의 한계로 말미암아 정이나 사랑으로 전이되기 이전의 호감 단계에 머물고 말았다는 사실에 애석해 하고 있지만 그 호감의 강도라는 것은 아르카디오 체험만큼이나 전적으로 그녀만에 속한 것이었다. 이렇게 20여 년의 세월이 지나서도 Enttäuschung(실망, 환멸)이 되지 않고 Täuschung(미혹, 착각)으로 남았으니 세월 앞에서도 거꾸러지지 않은 믿기 어려운 'Täuschung(미혹)'인 것이다.

2017
7 14

이정미 수필집
햇빛 속에 도망친

인쇄 2019년 8월 26일
발행 2019년 8월 30일

지은이 이정미
발행인 서정환
펴낸곳 수필과비평사
주　소 서울특별시 종로구 삼일대로32길 36(운현신화타워 빌딩) 305호
전　화 (063) 251-3885, 275-4000
팩　스 (063) 274-3131
이메일 essay321@hanmail.net
출판등록 제300-2013-133호
인쇄 · 제본 신아출판사

ISBN 979-11-5933-237-1 03810
값 14,000원

이 도서의 국립중앙도서관 출판예정도서목록(CIP)은 서지정보유통지원시스템 홈페이지(http://seoji.nl.go.kr)와 국가자료종합목록구축시스템(http://kolis-net.nl.go.kr)에서 이용하실 수 있습니다. (CIP제어번호: CIP2019032657)

Printed in KOREA